LES
CODES CAMBODGIENS

SAIGON

IMPRIMERIE NATIONALE

—

1881

LES CODES CAMBODGIENS

COCHINCHINE FRANÇAISE

———

LES
CODES CAMBODGIENS

———

SAIGON

IMPRIMERIE NATIONALE

—

1881

LES CODES CAMBODGIENS

I. — LOIS CONTRE LES MALFAITEURS (LAKKANA CROM CHOR) (1)

DISPOSITIONS PRÉLIMINAIRES

Dans le livre bali *Pra thom musat* on distingue huit catégories de malfaiteurs (chor) :

1º Ceux qui commettent eux-mêmes les crimes ;

2º Ceux qui font commettre les crimes en leur nom et place ;

3º Ceux qui enseignent les moyens de commettre une action criminelle ;

4º Ceux qui, sciemment, donnent refuge à des malfaiteurs ;

5º Ceux qui, sciemment, se lient d'amitié, font société avec des voleurs, des malfaiteurs, dans l'intention d'en retirer un profit ;

6º Ceux qui, connaissant un malfaiteur, se contentent de lui reprendre ce qui leur a été volé, sans faire connaître le coupable à la justice ;

7º Ceux qui donnent refuge aux malfaiteurs, les cachent, les aident et leur fournissent les moyens d'échapper à la justice par la fuite ;

8º Ceux qui recèlent des objets volés, soit pour en user, soit pour les consommer, soit pour les dénaturer, les fondre, etc...

Les individus des trois premières catégories sont regardés comme des malfaiteurs (chor) dans toute la rigueur du mot ; ceux des cinq dernières sont considérés comme complices.

Après avoir distingué entre les malfaiteurs proprement dits

---

(1) *Lakkana* ou *Lakkena* (selon le dictionnaire de M. Aymonier) est un mot provenant du pâli, qui signifie : signe, nature, lois, État, ordres, propriétés d'une chose.

et les complices, le *Pra thom masat* passe à la distinction des crimes, qu'il divise en cinq catégories, qui sont :

1º Ocrot tûs ;
2º Mohanta tûs ;
3º Caru tûs ;
4º Mochhim tûs ;
5º Lohu tûs.

PREMIÈRE CATÉGORIE.

(OCROT TUS.)

Les crimes qui sont renfermés dans la première catégorie, qu'on regarde comme les plus graves, sont les suivants :

1º Pénétrer en armes dans le royaume pour le piller ;
2º Piller, dévaliser avec violence les bonzes ;
3º Incendier le palais ou le trésor du roi ;
4º Brûler les livres sacrés, les pagodes (pehear), les *sala* des bonzes (hangar où ils reçoivent les étrangers), les *kedey* (demeure des bonzes), les maisons, soit des mandarins, soit des particuliers ; saisir et lier les bonzes ou leurs élèves, ou les particuliers pour les mettre à mort, soit à coups de fusil, soit à coups de sabre, soit à coups de lance, soit en les brûlant, soit en les foulant aux pieds, soit en les plongeant dans l'eau, soit en les enterrant pour prendre leurs biens ; saisir des personnes du palais pour les mettre à mort ; tuer son père ou sa mère ou son instituteur (cru) ; tuer un mari pour avoir sa femme ; tuer les pères et mères pour prendre leurs enfants ; tuer celui qu'on a poussé à voler pour avoir le produit du vol ; voler des statues de *Somama cudom*, qu'elles soient d'or, d'argent, de bois, de pierre, d'étain, de cuivre jaune, de cuivre rouge, de vermeil, de briques ou autres choses semblables, considérées comme racine-mère de la religion (rus Khêo Pra Pût sassena) ; saper, renverser, miner une pagode (pehear) ou un *séma* (caveau de pagode), pour en extraire les objets qui ont été offerts et qui y sont conservés pour la future transmigration ; couper, arracher ou renverser l'arbre sacré (dom pôu) (1) ; voler les livres sacrés bali ; voler les objets des bonzes pour les détruire.

---

(1) Figuier religieux.

DEUXIÈME CATÉGORIE.

(MOHANTA TUS.)

Les crimes compris dans cette catégorie sont :

1° Voler, à la faveur des ténèbres, les objets d'un ennemi dont on veut se venger secrètement, mais sans intention d'en retirer un profit, soit en les conservant, soit en s'en servant, soit en les consommant, mais uniquement pour les jeter afin qu'ils soient perdus, ou pour les détruire au détriment du maître ;

2° Se réunir en bande pour effrayer quelqu'un par des cris ou des coups de feu et l'obliger à prendre la fuite, afin de s'emparer de ses biens ou des objets qu'il a abandonnés.

TROISIÈME CATÉGORIE.

(CARU TUS.)

Les crimes rangés dans cette catégorie sont :

1° Voler ou enlever des objets quelconques, abstraction faite de leur valeur, pour les dépenser ou les fondre ;

2° Voler ou piller les biens, les objets d'un individu quelconque, soit sur les grands chemins, soit sur un marché, soit dans les forêts ou dans des endroits solitaires, et prendre ensuite la fuite ;

3° Voler les biens d'une personne qu'on a endormie ou enivrée par des potions, des drogues ou des sorcelleries, de manière à lui faire perdre connaissance ou à la priver d'intelligence ou de mémoire ;

4° S'embusquer dans les bois, les forêts ou dans les fossés qui bordent les chemins, ou dans d'autres endroits cachés, pour y guetter les passants qui portent de l'argent ou des marchandises, et les dévaliser ;

Dans ce cas, si le voleur, découvert ou surpris, dit pour s'excuser qu'il l'a fait pour s'amuser, cette excuse n'est nullement recevable ;

5° Aller d'un bord à l'autre d'un lac, d'un étang ou d'un cours d'eau, pour voler.

QUATRIÈME CATÉGORIE.

(MOCCHIM TUS).

Les crimes dont se compose la quatrième catégorie sont :

1º Les vols commis par ceux qui se cachent dans un fossé pour profiter d'un moment propice afin de détrousser les passants ;

2º Les vols commis par ceux qui se cachent sous l'eau pour enlever la cargaison d'un bateau ;

3º Les vols commis en secret ;

4º L'assistance que donnent aux malfaiteurs ceux qui, après les avoir accompagnés jusqu'à mi-chemin, reviennent garder la maison où est déposé le butin de ces voleurs ;

5º Les vols commis par ceux qui coupent, soit le sac, soit la valise, soit les paquets, soit la hotte de quelqu'un pour en prendre le contenu ;

6º Les vols de barques, de pirogues, de chariots ou d'autres objets laissés devant une maison, sur le bord d'une rivière ou dans l'enceinte d'une habitation close avec une haie ; les vols commis dans les maisons mêmes ou quelque part que ce soit. Dans les cas précédents, quiconque sera pris en flagrant délit, ne pourra s'excuser en prétextant qu'il n'a pas voulu voler, mais seulement emprunter l'objet déplacé par lui.

7º Les vols commis par ceux qui, sans porter chez eux les objets volés, les vendent, les dépensent ou les consomment avec des amis, dans les marchés ou dans des lieux solitaires.

CINQUIÈME CATÉGORIE.

(LOHU TUS.)

Les crimes de cette catégorie sont :

1º Abuser de la confiance, soit de son père, soit de sa mère, soit de son épouse, soit de ses enfants, soit de ses proches, soit de ses amis, pour voler leurs biens ;

2º Se lier d'amitié, faire société avec des personnes connues comme voleurs ; se rendre complice des voleurs ou des malfaiteurs ;

3º Se lier, sciemment, d'amitié ou agir de concert avec des complices de malfaiteurs.

Des peines édictées contre les crimes des cinq catégories précédentes.

Tous ceux qui se rendent coupables d'un des crimes de la première catégorie, qui est *antaiung ocrot tûs*, doivent être punis de mort ; mais il y a vingt-et-une manières, plus ou moins cruelles, de la leur faire subir :

1º Les exécuteurs, après avoir fait de larges blessures, d'où le sang jaillit à flots, à la tête du patient, la font mettre sur une barre de fer rougie au feu et l'y laissent jusqu'à ce que toute la chair soit consumée et qu'il ne reste plus que l'os nu ;

2º Ils lui écorchent la tête, de manière à faire retomber la peau sur le visage pour le couvrir ;

3º Ils versent de l'huile dans la bouche du coupable, tenue ouverte au moyen d'un bâillon, et l'enflamment avec une mèche ;

4º Ils lui fendent la bouche des deux côtés, jusqu'aux oreilles, et la tiennent béante avec un bâillon jusqu'à ce que le patient expire ;

5º Ils lui enveloppent les dix doigts des mains d'une toile imbibée d'huile et y mettent le feu ;

6º Ils tailladent les chairs du patient, du cou aux chevilles des pieds, sans solution de continuité. Dans cet état, ils le frappent jusqu'à ce que la mort s'ensuive ;

7º Les exécuteurs l'écorchent, depuis le cou jusqu'aux reins, et font retomber la peau, qui vient couvrir la partie inférieure de son corps ;

8º Au moyen d'un trident de fer qu'ils lui passent à travers le corps, ils le tiennent comme cloué à la terre, sans qu'il puisse se remuer. Dans cette position, on le brûle jusqu'à ce qu'il rende le dernier soupir ;

9° Ils lui arrachent, avec un coutelas, des lambeaux de chair et le couvrent de plaies jusqu'à ce qu'il meure ;

10° Ils lui coupent aux pieds, avec un couteau, des lambeaux de chair pesant une once, jusqu'à ce qu'il ne reste plus que les os ;

11° Les exécuteurs, après avoir enlevé les chairs avec un couteau, prennent un peigne de fer qu'ils passent sur le corps du coupable jusqu'à ce qu'il ne reste que les os ;

12° Ils couchent le patient sur le flanc, puis lui enfoncent une barre de fer pointue qui lui traverse la tête d'une oreille à l'autre, et la fixent en terre ;

13° Ils lui broient les os avec une pierre, sans enlever ni la peau ni la chair, puis le plient comme un paquet et le jettent ;

14° Ils l'arrosent d'huile bouillante jusqu'à ce qu'il expire ;

15° Ils le font dévorer par des chiens privés de nourriture pendant longtemps et exercés à dévorer les chairs de ceux contre lesquels on les lâche, au point qu'il ne leur reste que les os nus ;

16° Ils le fendent en deux avec une hache ;

17° Ils le percent avec une pique jusqu'à ce qu'il meure ;

18° Ils creusent une fosse dans laquelle ils l'enterrent vivant jusqu'aux reins, puis ils le couvrent de paille à laquelle ils mettent le feu ; lorsqu'il est couvert de brûlures et d'ampoules, ils font passer sur son corps une charrue de fer jusqu'à ce qu'il soit mis en pièces ;

19° Les exécuteurs détachent du corps du coupable des lambeaux de chair qu'ils font frire à l'huile, et ils l'obligent à les manger ;

20° Ils l'assomment à coups de bâton ;

21° Ils le frappent avec un rotin couvert de ses épines jusqu'à ce que la mort vienne le délivrer de la vie.

Dans l'exécution d'un patient, on ne doit employer qu'une des vingt-et-une manières de lui faire subir la mort, et elle sera choisie d'après la gravité du crime commis.

Contre les crimes de la seconde catégorie, *mohanta tûs pantaiung*, il y a cinq peines édictées, qui sont :

1º La chaîne aux pieds ;

2º La chaîne aux reins ;

3º La chaîne au cou ;

4º Les entraves aux pieds ;

5º Les menottes, avec la prison perpétuelle (qui accompagne ces cinq peines).

Il y a six sortes de peines édictées contre les crimes de la troisième catégorie, *caru tûs bopé chung :*

1º La confiscation des biens du coupable ;

2º La confiscation des biens du coupable, de ceux de sa femme et de ses enfants ;

3º La confiscation des biens du coupable, de ceux de ses père et mère et de ses parents ;

4º La perte de la liberté du coupable, qui devient esclave du roi (bonchôl chea pol) ;

5º La perte de la liberté du coupable, de celle de sa femme et de ses enfants, qui deviennent esclaves du roi ;

6º La perte de la liberté du coupable, de celle de ses père et mère et de ses parents, qui sont tous mis au nombre des esclaves du roi.

Les peines édictées contre les crimes de la quatrième catégorie, *mocchim tûs tonteaca*, sont les deux suivantes :

1º Le coupable est frappé avec des lanières de cuir de buffle desséché (prot lûos) ;

2º Le coupable est frappé avec un rotin.

La punition des fautes de la cinquième catégorie, *lohu tûs veacha rotcan*, consiste dans les imprécations lancées contre le coupable et les exhortations qu'on lui fait.

Note du traducteur. — En l'an 1983 ou, selon une autre version qui paraît être la vraie, en 983 de l'ère cambodgienne, distincte de l'ère sacrée ou de la mort de Somana Cudom, le roi Prà Chey Ches Sda, qui résidait à Udong et qui, le premier, fit un recueil de lois gravées avec un stylet sur des feuilles de latanier, considérant que les peines portées contre les crimes de la première catégorie, *ocrot tûs antainung,* étaient trop barbares, voulut les supprimer; en conséquence, il décréta qu'on appliquerait, à ceux qui s'en rendraient coupables, les peines édictées contre les crimes de la deuxième catégorie. Pour les individus qui commettent des crimes de la deuxième catégorie, ils subiront, d'après ce même décret, les peines édictées contre ceux qui se rendent coupables des crimes de la troisième catégorie, de sorte que toutes les peines ont été mitigées

Immédiatement après ce décret, vient une exhortation de Sa Majesté, adressée à ceux qui sont chargés de rendre la justice, pour les mettre en garde contre une trop grande sévérité dans l'application des peines. Dans cette exhortation, le législateur dit : « Si les coupables ont commis, une ou deux fois, un des « crimes sus-mentionnés dans les cinq catégories, les juges ne « doivent pas, dans l'instruction et le jugement du coupable, « oublier d'allier la commisération à la justice. » Ensuite, il les avertit de bien discerner les crimes les uns des autres, afin de ne pas les confondre et s'exposer par là à appliquer une peine pour une autre. Enfin, dans cette exhortation, le législateur dit qu'on ne doit condamner qu'à la chaine le coupable dont le crime mérite la peine de mort, et qu'à recevoir des coups de rotin celui qui doit porter les fers. D'après la même disposition, les coupables qui devraient recevoir 90 coups de rotin n'en recevront que 60, et ceux qui en méritent 60 n'en recevront que 30 ; lorsque la peine devrait être de 30 coups de rotin, elle sera réduite à 15 ; enfin, si elle doit être de 15 coups de rotin, on se contentera de maudire le coupable. Dans le même esprit, le législateur ajoute : « Ceux qui devraient « recevoir les coups de rotin sur le dos, les recevront sur les « fesses. Quant à ceux dont les fautes méritent d'être expiées « par des coups de rotin sur les fesses, ils seront condamnés « à une journée ou à une demi-journée de fers, selon la gra- « vité de la faute. »

Les juges qui ne suivront pas les prescriptions du décret de Sa Majesté se rendront coupables de contravention et subiront une des dix peines suivantes, selon la gravité de leur contravention :

1re Peine. — Ils seront décapités ; leurs femmes, leurs enfants et leurs esclaves deviendront les esclaves du roi ; leurs biens seront confisqués au profit du trésor royal.

2e Peine. — Ils deviendront les esclaves du roi et leurs biens personnels seront confisqués au profit du trésor royal.

3e Peine. — Toute dignité leur sera enlevée et leurs biens seront confisqués au profit du trésor royal.

4e Peine. — Ils seront condamnés à une amende quadruple de l'amende ordinaire.

5e Peine. — Ils seront punis d'une amende triple de l'amende ordinaire.

6e Peine. — S'ils se sont attribué le bien d'autrui, ils seront condamnés à payer le double de la valeur de ce bien.

7e Peine. — Ils subiront une peine double de celle à laquelle ils ont condamné quelqu'un injustement.

8e Peine. — Ils porteront la chaîne pendant un, deux ou trois mois.

9e Peine. — Ils paieront l'amende simple (celle qui représente la valeur du bien extorqué ou reçu injustement).

10e Peine. — Ils auront les dents sciées, en proportion de leur faute.

En l'an 1222 (1) (1860) de l'ère cambodgienne, le roi, après avoir pris connaissance du *Lakkana crom chor* et du décret de Pra Chey Ches Sda qui mitige les peines édictées d'après le livre sacré *Pra thom ma sat*, a décidé qu'on suivra ce décret sur certains points et qu'on ne le suivra point sur d'autres. Ensuite, Sa Majesté, entourée de tous ses mandarins et s'adressant à ceux d'entre eux qui sont chargés de la justice, les a engagés à être vigilants dans l'application des lois révisées.

Les neuf articles de loi suivants doivent être considérés comme fondamentaux, parce qu'on y pose les principes qui doivent servir pour la décision de plusieurs cas et surtout pour connaître la proportion des amendes aux fautes commises.

---

(1) Il doit y avoir erreur dans ce chiffre. (Note du traducteur.)

ARTICLE PREMIER. — Quiconque vole un objet quelconque dont le prix est de un à vingt *tomlong* (1), devra payer une amende égale au prix de l'objet volé, plus le prix de l'objet lui-même.

Si le vol est de vingt-et-un à trente *tomlong*, l'amende sera double de la valeur des objets volés et le voleur devra, en plus, payer la valeur desdits objets. Quand le vol est de trente-et-un *tomlong* et au-dessus, l'amende sera triple de la valeur des objets volés. On devra, comme dans les cas précédents, payer leur valeur. Lorsque le vol est commis au préjudice du trésor royal et dans le trésor ou palais du roi, l'amende est de neuf fois la valeur du vol, plus le prix des objets volés ou de la somme dérobée. Si le vol commis au préjudice du roi consiste en objets ou en argent pris en dehors du trésor ou du palais, l'amende sera quadruple de la valeur des objets ou de l'argent volé, plus la valeur de ces objets ou de cet argent. Si les objets volés sont retrouvés, ils seront rendus ; mais s'ils ont disparu ou s'ils ont été dépensés, le voleur en paiera la valeur intégrale au propriétaire.

ART. 2. — Tout individu qui accuse une personne d'un vol, d'une faute ou d'un méfait quelconque commis à son préjudice, sans preuves, sera passible de la peine qui aurait été infligée à l'accusé s'il avait été reconnu coupable, d'après l'instruction de l'affaire.

ART. 3. — Si plusieurs voleurs ont commis un vol ensemble, chacun d'eux sera condamné à l'amende prononcée par l'article premier, et à payer la quote-part qu'il a eue dans le vol ou la valeur de l'objet volé, de manière que le propriétaire des objets volés ou de la somme volée soit entièrement indemnisé ou rentré en possession de son bien.

Le tribunal prélèvera le dixième de la valeur des objets ou de la somme volés et les deux dixièmes de l'amende, dont huit dixièmes reviennent à celui qui a été volé. L'amende sera payée par les voleurs, en proportion de la part que chacun a eue dans le partage et en proportion de la culpabilité plus ou

---

(2) De 3 à 60 francs. (Note du traducteur.)

moins grande de chacun d'eux. Aussi, celui qui est *ang chor* (voleur proprement dit) est plus coupable que celui qui n'est que complice (sam chor), et celui qui est complice du voleur l'est plus que celui qui n'est que le complice du complice lui-même (anusam chor). Tout ce qui est prélevé sur la valeur des objets volés ou de l'amende est pour les juges et les greffiers secrétaires du tribunal.

Art. 4. — Quiconque commet un vol sera condamné à l'amende ordinaire (article premier) et à payer la valeur de ce qui a été volé. Le tribunal prélèvera sur l'amende la valeur des objets volés, le *khual*, c'est-à-dire le dixième du produit du vol et les deux dixièmes de l'amende.

Art. 5. — Lorsque des malfaiteurs ont pillé ou volé le bien d'autrui, les juges doivent examiner la culpabilité de chacun d'eux et leur part respective dans cette action criminelle. Les voleurs (ang chor) les plus coupables seront condamnés à payer dix parts de l'amende ; les complices des voleurs (sam chor), dont la culpabilité est moindre, en paieront cinq parts, et les *anusam chor* (complices des complices), dont la culpabilité est bien moindre, ne seront condamnés qu'à deux parts et demie de l'amende. Pour les frais divers de procédure qui sont à la charge des malfaiteurs, on suivra les mêmes proportions que pour l'amende. Il en sera de même pour le paiement du produit du vol, que les juges doivent exiger intégralement, sans néanmoins l'augmenter.

Or, les dix parties de l'amende que le voleur ou le malfaiteur (dom chor, — day dâl ou âng chor) doit payer, représentent la somme de un *ânching* dix *tomlong*, c'est-à-dire trente *tomlong* (1). L'amende que doit payer celui qui a ordonné de voler ou de commettre un méfait, est de un *ânching* quatre *tomlong* (2). Celle qui est infligée à quiconque a enseigné à voler ou à commettre un crime ou un méfait, est de un *ânching* un *tomlong* (3). Quiconque donne l'hospitalité à un voleur ou à un malfaiteur reconnu comme tel, sera puni d'une amende de dix-huit *tom-*

---

(1) Environ 85 francs. (Note du traducteur.)

(2) Environ 70 francs. (*Idem.*)

(3) Environ 60 francs. (*Idem.*)

long (1). Celui qui fait société ou se lie d'amitié avec un voleur ou un malfaiteur sera condamné à quinze *tomlong* d'amende (2). Celui qui, connaissant le voleur qui lui a dérobé son bien, ne le dénonce pas, mais se contente de reprendre ce qui lui a été volé, sera puni de douze *tomlong* d'amende (3). Quiconque favorise un voleur ou un malfaiteur dans sa fuite, l'aide, le fait esquiver, lui fournit les moyens de traverser un cours d'eau, un lac, un étang, sera puni d'une amende de neuf *tomlong* (4). Quiconque recèle sciemment des objets volés, les garde, les vend, les échange, etc., etc., sera condamné à six *tomlong* d'amende (5).

ART. 6. — Les frais de procès que doivent payer ceux qui sont condamnés pour vol ou pour un crime, tous ceux qui perdent un procès quelconque, lorsqu'ils sont rendus à la liberté, sont calculés de la manière suivante :

Citation (chung ca) : cinq *bat* (3 fr. 60 cent.). Entraves (kheno) : un *bat* (0 fr. 70 cent.). Cangue (kheneang) : deux *bat* (1 fr. 40 cent.). Chaîne (cheriac) : cinq *tomlong* (14 francs). Prix de la craie : deux *slong* (0 fr. 35 cent.).

Si le coupable qui a été condamné à recevoir des coups de lanière de cuir de buffle desséché ou de rotin, veut se racheter, il paiera, pour chaque coup de lanière, deux *tomlong* (5 fr. 80 cent.), et pour chaque coup de rotin, un *bat* (0 fr. 70 cent.).

Pour se racheter de la torture (keap) (6), le prévenu doit payer un *tomlong* (2 fr. 80 cent.) par coin.

---

(1) Environ 52 francs. Le *tomlong* vaut un peu moins de 3 francs. (Note du traducteur.)

(2) Environ 43 francs. (*Idem.*)

(3) Environ 35 francs. (*Idem.*)

(4) Environ 26 francs. (*Idem.*)

(5) Environ 17 francs. (*Idem.*)

(6) Cette torture consiste en ce que l'on serre les tempes du patient avec deux petites lattes de bambou, qu'on place sur chacune des tempes, et qu'on relie ensemble aux extrémités, pour faire avouer son crime à l'accusé; lorsqu'il n'avoue pas, on introduit, entre les tempes et les lattes, des petits coins ou des noix d'arec, qu'on enfonce avec violence. Cette torture est telle, que souvent les yeux du malheureux qui y est soumis sortent d'un pouce de leur orbite. (Note du traducteur.)

On ne doit pas prendre à chaque condamné le prix de chacun des instruments de supplice énumérés dans l'article 6; ainsi, si on prend le prix de la chaine, on fera remise de celui des entraves. On ne prendra pas les frais de procès ni le *predap kedey* (1) à un coupable qui doit être retenu en prison, afin d'être employé à travailler pour le roi (thu pra réach chéa car).

ART. 7. — Si un malfaiteur, qui a été condamné à avoir soit les lèvres, soit le poignet, soit les doigts des mains ou des pieds coupés, ou bien à être marqué soit à la poitrine, soit aux joues, soit à la figure, veut se racheter de ces supplices, il paiera : avoir les lèvres coupées : un *ánching* six *tomlong* trois *bat* deux *slong* (de 79 à 80 francs); pour le poignet : un *ánching* six *tomlong* trois *bat* deux *slong*; pour les doigts des mains ou des pieds : neuf *tomlong* un *bat* deux *slong* (environ 27 francs); pour se racheter de la marque sur la poitrine, il paiera : neuf *tomlong* un *bat* deux *slong* (environ 27 francs); pour se racheter de la marque sur les joues ou à la figure, il paiera : trente-quatre *tomlong* un *bat* deux *slong* (environ 100 francs).

Si un coupable veut se racheter de la peine dite *acros* (2), il paiera un *ánching* (environ 59 francs). Pour se racheter de la peine *long chu andot* (3), on doit payer un *ánching* dix *tomlong* (environ 84 francs).

Tout l'argent qui provient des susdites peines sera versé au trésor du roi.

---

(1) Ce *predap kedey* est de 4 francs, que chacune des parties apporte au tribunal avant que l'examen de l'affaire ne soit commencé. (Note du traducteur.)

(2) La peine *acros* consiste à couvrir le coupable de toile à moustiquaire, à lui mettre des roses rouges de Chine aux deux oreilles, et à le conduire dans cet état, au son du tam-tam, au milieu de deux haies de gens armés de piques, à travers le marché ou dans une pirogue, sur le bord du fleuve. Durant cette marche ignominieuse, le coupable doit publier sa faute et recommander aux assistants de ne point suivre son exemple. (Note du traducteur.)

(3) Pour faire subir la peine *long chu andot* à un coupable, on plante en terre un pieu dont le bout est aiguisé; sur ce bout, on place une planchette, percée au milieu, de manière à laisser ressortir, d'environ deux ou trois pouces, l'extrémité pointue du pieu; puis on fait asseoir le patient sur cette planchette, de manière que cette extrémité pointue lui pénètre dans l'anus. Ce supplice dure quelquefois deux ou trois jours. (Note du traducteur.)

Art. 8. — Lorsqu'il s'agira de faire frapper un coupable, les juges se souviendront que, pour les crimes de la première catégorie (ocrot-tus), on lui donne quatre-vingt-dix coups; pour ceux de la deuxième catégorie (mohanta tus), on lui donne soixante coups; pour ceux de la troisième catégorie (caru tus), cinquante coups; pour ceux de la quatrième catégorie (machhim tus), trente coups, et enfin, pour ceux de la cinquième catégorie (lohu-tus), quinze coups. De plus, les juges doivent tenir compte du caractère du coupable, voir s'il est décidé, hardi ou timide. Dans le cas où ils auraient devant eux un individu timide, ils pourront diminuer le nombre des coups de cinq ou de dix, selon qu'ils jugeront à propos.

Si les coupables sont du sexe féminin, le nombre des coups doit être diminué de cinq, et l'amende sera aussi diminuée de cinq *tomlong* (environ 14 fr. 40 cent.) pour chaque coupable.

Art. 9. — Lorsque, parmi les coupables qui relèvent de la juridiction du *pra nocor bal*, et qui doivent être jugés par lui, il y a des personnes qui sont sous l'autorité de plusieurs mandarins, grands ou petits, la loi veut que le partage des frais de procédure et des amendes prononcées par le tribunal ait lieu entre ces mandarins, selon l'équité, en tenant compte de la dignité de chacun d'eux.

Art. 10 (1). — Cet article est une ordonnance royale dans laquelle Sa Majesté recommande au préfet de police et à ses officiers qui, par leur charge, sont appelés à juger les causes criminelles, de se bien pénétrer de l'esprit des lois et des livres *Pra thom masat* et *Entopéas;* de les étudier de manière à les savoir par cœur et de pouvoir les réciter sans hésitation. Après cette recommandation, le roi leur trace les devoirs qu'ils ont à remplir et leur fait connaître qu'ils doivent éviter d'encourir la peine édictée contre celui qui ne s'acquitte pas bien de la fonction de préfet de police; cette peine consiste à porter la cangue depuis le lever du soleil jusqu'à son coucher. Or, les devoirs à remplir sont les suivants : donner tous ses soins au royaume, afin qu'il soit tranquille, riche et prospère; veiller à ce qu'il

---

(1) Les articles qui suivent ne sont, pour ainsi dire, que l'application à des cas particuliers des neuf articles qui précèdent. (Note du traducteur.)

n'y ait pas de révolte, de rébellion contre l'autorité royale; surveiller les frontières du royaume, les routes, etc.; veiller sur les maisons, les jardins et les propriétés du peuple. Pour s'acquitter de ces devoirs, on doit préposer des agents subalternes aux douanes, en envoyer explorer les routes; surveiller les marchés; parcourir les lieux retirés, les fleuves, les rivières, les ruisseaux, les lacs et les mares, pour empêcher les voleurs de venir enlever les biens des habitants et des sujets du roi ; veiller à ce que les chemins, les marchés et tous les lieux par lesquels le roi doit passer, soient bien entretenus, à ce que les routes soient aplanies et les maisons alignées autant que possible.

D'après la même ordonnance, le préfet de police doit pratiquer la vertu constamment, faire fréquemment de bonnes œuvres (thu bon) et craindre de commettre le péché. Il doit éviter la convoitise des richesses, surtout lorsqu'il a une affaire à juger, de peur que le désir de s'enrichir ne le fasse dévier du sentier de la justice, et conformément aux livres *Pra thom masat* et *Entopéas,* dont il doit faire la règle constante de sa vie. Il doit surtout éviter la convoitise lorsqu'il s'agit du bien d'autrui, parce qu'elle pourrait l'entraîner à la violation de la justice. S'il a l'habitude de boire de l'arak, il doit la quitter ; enfin, il doit se mettre en garde contre la légèreté du cœur.

Art. 11 — Cet article est une ordonnance qui prescrit au préfet de police et à ses officiers (crom pra nocor bal) d'écrire aux gouverneurs pour les avertir de veiller sur leurs provinces, afin que tout y soit en paix et dans la tranquillité. Pour cela, ils doivent prendre des dispositions qui leur permettent de connaître tous ceux qui entrent sur le territoire de la province, qui en sortent et ceux qui y circulent. Si, dans le jour ou la nuit, des personnes d'une province éloignée ou d'un pays étranger entrent dans une province, on doit le faire savoir au maire ou au chef du village chez lequel elles se rendent ; celui-ci doit examiner ces personnes, les interroger pour connaître leurs noms, leur résidence, le nom de leur patron ou de ceux qui sont leurs chefs. Si elles satisfont aux interrogations, on leur donnera asile ; mais si on a des doutes sur elles, si on a lieu de croire que ce sont ou des voleurs, ou des prévenus, ou des esclaves en fuite, qui cherchent à échapper aux recherchés de la justice ou de leurs maîtres, ou bien si elles ne répondent que par des phrases incohérentes, des fins de non-recevoir, des paroles évasives, il faut les arrêter et les garder à vue (khum), afin qu'elles ne puissent pas s'échapper, puis en donner connaissance au gouverneur. Celui-ci doit écrire aux autres gouverneurs des provinces, afin de découvrir les patrons ou les maîtres des personnes arrêtées, pour les leur livrer. Si on ne peut point les trouver, on les livrera au mandarin qui garde le rôle des sujets du roi, afin qu'il les y inscrive. Si les individus arrêtés sont reconnus comme voleurs, on ne peut ni les garder, ni les cacher, on doit les conduire au préfet de police. Si les officiers (phnéac ngéar) du préfet de police n'écrivent point une fois l'an aux gouverneurs des provinces, comme le prescrit l'ordonnance, et se rendent coupables de contravention et de négligence, ils seront passibles d'une des cinq peines qui suivent :

1° Ils auront la bouche fendue ;

2° Ils auront les oreilles coupées ;

3° Ils perdront leurs dignités ;

4° Ils porteront la cangue trois jours durant ;

5° Ils recevront quinze ou trente coups de rotin, selon la gravité de la contravention et de la négligence dont ils se seront rendus coupables.

Art. 12. — Cet article est une ordonnance qui prescrit aux officiers (phnéac ngéar) du préfet de police d'écrire deux fois par an aux gouverneurs de toutes les provinces du royaume et à leurs phnéac ngéar (officiers), pour les avertir qu'ils doivent faire surveiller avec soin les douanes et les éclaireurs, et faire explorer les lieux solitaires, les routes, les chemins, les sentiers dans les forêts, les bords des fleuves, des rivières, des torrents, des lacs et des marais, afin de savoir quelles sont les personnes qui entrent et sortent, ou qui circulent dans le pays à des heures non indues. Si ces personnes conduisent des êtres vivants ou portent des objets à des heures indues, sans être munies de passe-port ou de permis, on doit les soumettre à l'examen d'usage avant de les laisser passer, de leur permettre de circuler, afin qu'il soit constaté qu'elles ne sont point coupables d'un délit quelconque. Quant aux commerçants qui, munis de lettres, vont et viennent, circulent, si les agents du préfet de police ou les douaniers ou les éclaireurs les vexent, les arrêtent pour leur extorquer quelque chose ou se faire donner de l'argent, ou les intimident pour prendre leur bien, ils subiront une des cinq peines (article 11).

ART. 13. — Les officiers (phnéac ngéar) du préfet de police doivent, une fois par an, publier et faire savoir à qui de droit, dans chaque district et chaque village, que ceux qui reçoivent soit des dépôts, soit des gages, ou qui achètent des marchandises de personnes inconnues ou étrangères, doivent conduire les personnes, dont ils les reçoivent ou les achètent, chez les mandarins subalternes (phnéac ngéar) du préfet de police ou chez les autorités locales, et leur porter les objets ou les marchandises dont il s'agit, afin que ces mandarins ou ces autorités puissent constater que tout se passe bien selon l'usage. Quand les personnes qui font le dépôt, qui donnent les gages ou qui vendent, sont dans le district du *chau muong* (chef de district), avant de recevoir le dépôt, le gage ou les marchandises, on doit les porter chez les officiers (phnéac ngéar) du préfet de police ou chez un mandarin, et y conduire les personnes qui font le dépôt, qui donnent le gage ou qui vendent les marchandises, afin que ces dignitaires soient témoins que tout se passe selon la coutume. Ce n'est qu'après avoir rempli ces formalités qu'on pourra recevoir le dépôt ou le gage, ou acheter les marchandises. Quiconque reçoit un dépôt ou un gage, ou achète des marchandises sans suivre ces formalités, si le dépôt ou le gage, ou les marchandises proviennent d'un vol, subira la peine des complices des voleurs (sam choc) (1). Quant au dépôt ou au gage, ou aux marchandises achetées, ou au prix desdites marchandises, tout sera confisqué. De plus, ceux qui ont reçu soit le dépôt, soit le gage, ou qui ont acheté ces marchandises, paieront le *chung ca* (citation), qui est de cinq *bat* (envion 4 francs).

Lorsqu'un vol a été commis, celui au détriment duquel il a été commis doit faire deux listes des objets volés, dont l'une

---

(1) Article 5.

sera déposée chez le préfet de police et l'autre restera entre ses mains. Dans chacune de ces listes, il doit mentionner tous les objets volés, en détail. Les deux listes doivent concorder et porter la date du vol, c'est-à-dire l'année, le mois et le jour où il a été commis. Si on a négligé de faire des listes comme on vient de le dire, dans le cas où le voleur serait pris et les objets volés retrouvés, il seront versés au trésor du roi, dont ils deviennent la propriété. Quand on doit acheter ou vendre des animaux, tels que : bœufs, buffles, éléphants, chevaux, ou des chariots, des barques, des pirogues, et qu'on doit sortir de la province ou du village, on doit conduire ces animaux, porter ces objets chez les officiers (phnéac ngéar) du préfet de police ou chez les autorités compétentes de l'endroit, afin qu'ils puissent examiner ces animaux, ces objets, prendre note des signes particuliers, des défauts qu'ils peuvent avoir, et servir de témoins en cas de besoin. Le vendeur rédigera un acte de vente qui mentionnera l'ère, l'année, le mois, le jour où la transaction a été faite, ainsi que le nom du vendeur, de sa femme, de son village et de sa province, et il le remettra à l'acheteur. Dans cet acte de vente, on mentionnera aussi le nom des témoins, de l'acheteur et du lieu de sa résidence ; le vendeur donnera garantie de tout procès intenté à l'acheteur pour l'objet de la vente. Si le vendeur a un sceau, il l'apposera sur l'acte, sinon il y apposera sa signature (1).

Lorsque tout est en règle, dans le cas où ces animaux et ces objets auraient été volés, l'acheteur ne peut être inquiété ni saisi, soit comme voleur, soit comme complice des voleurs. Quant aux animaux ou aux objets volés, on s'en tiendra aux usages du pays.

Pour les biens trouvés, qui n'ont point de propriétaire connu, si celui qui les a découverts a eu soin d'en prévenir soit les notables de l'endroit, soit le maire ou son adjoint (chomp top), on en fera des parts égales, dont l'une revient à celui qui a

---

(1) Cette signature s'appose de la manière suivante : celui qui la fait apposer fait placer sur le papier l'index de la main gauche, s'il s'agit de la signature d'un homme, de la main droite quand c'est une femme, puis y marque par trois traits l'extrémité du doigt et les deux premières articulations. (Note du traducteur.)

fait la découverte et l'autre au roi, qui est propriétaire (dominus) de toute la terre du royaume. Mais si, au lieu d'en faire la déclaration à l'autorité, il les cache ou les garde sans faire la part qui revient au roi, non-seulement il perd sa part, mais, de plus, il sera condamné à payer cinq fois la valeur de celle qui revient au trésor royal, ainsi que tous les frais de procédure, parce qu'il est considéré comme voleur. On ne lui fera grâce que des coups de rotin.

Si les mandarins subalternes (phnéac ngéar) du préfet de police négligent de faire la circulaire prescrite dans cet article, ils se rendent coupables de contravention et, par suite, passibles d'une des cinq peines dont il est fait mention dans l'article 11.

Les mandarins subalternes (phnéac ngéar) du préfet de police et les officiers (phnéac ngéar) d'un gouverneur de province, qui inquiètent, molestent quelqu'un ; qui, après avoir rempli toutes les formalités d'usage, reçoivent un dépôt ou un gage, ou qui achètent des marchandises ; qui, de leur propre autorité, prennent le bien de quelqu'un ou lui infligent une peine contraire à la loi, seront passibles d'une des dix peines relatées plus haut.

Art. 14. — Quiconque achète des marchandises pour les porter hors de la province, ou y introduit des marchandises achetées ailleurs, s'il n'a pas de laissez-passer ou de lettre en tenant lieu, doit être arrêté et examiné selon les règles. S'il est prouvé que ces marchandises lui appartiennent, on les lui laissera ; si, au contraire, après examen, il est reconnu qu'elles ne sont pas à lui, les autorités doivent les confisquer au profit du trésor du roi.

Les officiers, les agents du préfet de police ou d'un gouverneur, qui détournent des objets ou des marchandises confisqués au profit du trésor du roi, sont passibles des peines édictées contre ceux qui volent le bien du roi ; par conséquent, ils recevront trente coups de lanière de cuir de buffle desséché, paieront cinq fois la valeur des objets ou des marchandises qu'ils ont détournés et subiront la peine *acros* par terre et par eau. Les frais de procédure et le *predap kedey* sont à leur charge. (Voir article 7).

Art. 15. — Le préfet de police est chargé de veiller à la

tranquillité et à la sécurité du royaume et du peuple : c'est pour lui un devoir ; par conséquent, si, après avoir saisi un malfaiteur, il se laisse corrompre par des présents ; s'il prend le bien d'autrui de sa propre autorité ; s'il impose des amendes plus fortes que ne le veut la loi ; si, de sa propre autorité, il fait mettre quelqu'un à mort ; s'il élargit des malfaiteurs et les laisse, comme des ronces et des épines, dans le royaume ; si, après avoir reçu l'aveu de sa faute, par écrit, d'un malfaiteur ou d'un voleur, il le dénature ou le corrige pour priver de son bien celui qui a été volé, afin d'en profiter ; si, après avoir reçu du voleur les objets volés ou leur valeur et l'amende, il ne les rend pas à celui qui y a droit ; s'il saisit des innocents, des personnes qui n'ont point volé et les punit comme voleurs ; s'il punit des voleurs plus que n'exige la loi ; s'il incarcère quelqu'un lorsque la loi ne l'ordonne pas ; s'il nourrit ou laisse sortir des voleurs pour aller voler ; s'il prépose à la garde des prisonniers ou des voleurs, des gens sans aveu, des ivrognes, des personnes qui ne connaissent ni le bien ni le mal ; dans tous ces cas, il se rend coupable de désobéissance à l'ordre du roi et, par cela même, passible d'une des dix peines.

Art. 16. — Le préfet de police doit faire des circulaires et publier dans les provinces et les villages que, dans chaque maison, on doit toujours tenir prêts des gourdins, des bâtons, des crocs de fer, des aspersoirs à long manche, des instruments à puiser de l'eau, afin qu'on soit en état de s'entr'aider en cas d'incendie ou d'attaque de voleurs ou de pirates. Les maisons qui sont éloignées des fleuves, des cours d'eau, doivent avoir, toutes sans exception, des puits pour pouvoir éteindre le feu en cas d'incendie causé par maladresse ou malveillance. Tous ceux qui ont leur maison loin du théâtre de l'incendie doivent s'armer soit de crocs de fer, soit d'aspersoirs, soit d'instruments à puiser de l'eau, et accourir pour aider à éteindre le feu ou à démolir la maison qui est la proie des flammes. Dans le cas où des voleurs ou des pirates viendraient attaquer une maison, les voisins doivent s'armer de bâtons ou de gourdins pour la secourir et la défendre. Dans un incendie ou une attaque de voleurs ou de brigands, si les voisins ne viennent point porter secours, ils seront punis selon la loi (les hommes valides seuls sont passibles d'une peine).

Lorsque plusieurs personnes d'une maison ou d'un groupe de maisons sont allées porter secours dans un incendie ou dans une attaque de voleurs ou de brigands, celles qui sont restées à la maison ne sont passibles d'aucune peine, parce que, d'après la loi, elles sont restées comme gardiennes. Si ceux qui vont aider à éteindre un incendie, au lieu de prendre des crocs en fer, des aspersoirs ou des instruments à puiser de l'eau, s'arment soit de fusils, soit de piques, soit de sabres, etc..., et restent debout à regarder, sans rien faire, les officiers (phnéac ngéar) du préfet de police ou ses agents doivent confisquer ces armes au profit du trésor du roi et donner cinq coups de rotin à chacun de ceux qui en sont détenteurs. Cependant, s'ils se sont servi de ces armes pour démolir la maison incendiée et faire la part du feu, qu'ils aient réussi ou non, d'après la loi, ils ne sont pas en faute et, par suite, leurs armes ne doivent pas être confisquées ; on ne doit point les frapper, et si les officiers, les agents (phnéac ngéar) du préfet de police les punissent, ils devront subir une des cinq peines (article 11).

Si, pendant que le feu consume une maison ou un village, des misérables profitent de la confusion, du trouble, pour enlever des objets ou des meubles, ou pour commettre l'adultère avec la femme d'un incendié ou la fornication avec la fille d'une personne dont la maison est la proie des flammes, pour enlever ou faire fuir cette femme ou cette fille, pour tuer le bétail, tel que : les porcs, bœufs, buffles, ou les volailles, telles que : poules, canards, etc....., des maisons que les flammes dévorent ou de celles des voisins qui sont dans le trouble et l'agitation, ils doivent être traités comme des voleurs et en subir les peines.

Ceux qui profitent d'un incendie accidentel pour voler ou piller, doivent être punis comme voleurs.

Si des personnes qui vont aider des gens attaqués par des malfaiteurs, faisant usage contre ceux-ci des fusils, des lances ou des sabres qu'elles ont, ou d'autres instruments tranchants dont elles se sont armées, les blessent ou les tuent, elles ne sont passibles d'aucune peine, d'après la loi. Mais, si on a pu se saisir de leurs personnes, on ne doit point les tuer ; si on le fait, ceux qui leur ont donné la mort doivent être condamnés à la peine capitale et à la confiscation de leurs biens au profit du trésor royal. Si la femme et les enfants du meurtrier ont ignoré son crime, ils conservent leur liberté seulement.

Tous ceux qui ont consenti à la mort de ces malfaiteurs seront condamnés à payer, chacun, sept fois la valeur de la vie de ces personnes mortes, et à la confiscation des deux tiers de leurs biens au profit du trésor du roi. Quant à ceux qui, sachant ou voyant qu'on voulait les tuer, ne s'y sont point opposés, ils seront condamnés à payer trois fois et demie la valeur de la vie de ces malfaiteurs (1).

Si le roi fait grâce de la vie à ceux qui ont tué ces malfaiteurs, ils seront incarcérés et employés aux travaux publics (reach chea car) de Sa Majesté, durant dix ans.

Si les officiers du préfet de police ne font point avertir qui de droit et ne publient pas les règlements dont on vient de parler, ils se rendent coupables de contraventions aux ordres du roi et devront subir une des cinq peines (article 11).

Si, ignorant les précédents règlements, des chefs de famille ou des particuliers tuent un voleur, d'après la loi ils ne sont point coupables; par conséquent, les frais de procédure, de l'amende et le *predap kedey* retombent à la charge du préfet de police ou de ses officiers, et sont versés au trésor du roi.

ART. 17. — Le préfet de police, ses officiers, les gouverneurs des provinces et leurs mandarins en sous-ordre sont les protecteurs du peuple (chea athipodey); ils doivent donc en prendre soin et veiller à la tranquillité du royaume, afin que chacun jouisse du bonheur et de la paix; veiller à ce que des ennemis ne viennent pas inquiéter le peuple, enlever son bien ou lui causer un dommage quelconque. Pour atteindre ce but, ils feront parcourir les provinces et les villages par leurs agents, afin que les malfaiteurs, dont la présence est comme une tache pour la vue du roi et un poison pour sa bouche, ne puissent y rester. Ils exhorteront le peuple à faire du bien (thu bon), à faire des aumônes, à pratiquer la vertu et à vénérer les anges qui les combleront de toutes sortes de bénédictions. De cette manière, le royaume sera florissant et jouira de la paix, les cala-

---

(1) La vie d'un homme est estimée à 30 *tomlong*, et celle d'une femme, à 25. (Note du traducteur.)

mités et les maladies en seront écartées. Si le préfet et ses officiers, les gouverneurs et leurs mandarins, ne remplissent pas bien leur devoir sur ce point, ils se rendent coupables de contravention aux ordres du roi et seront passibles d'une des cinq peines (article 11).

Art. 18. — Si les ministres, les agents du préfet de police envoyés pour prendre des voleurs ou des malfaiteurs, se laissent corrompre ou écoutent les prières, les supplications soit des voleurs ou des malfaiteurs, soit de leurs père et mère, soit de leurs enfants, soit de leurs femmes, soit de leurs parents ou de leurs amis, et les mettent en liberté après les avoir saisis; s'ils prennent de force les biens de personnes qui ne recèlent point des objets volés ou de l'argent provenant du vol; s'ils saisissent des personnes qui ont volé sous un autre règne et leur font subir des tortures; s'ils frappent des voleurs ou leur font la leçon pour qu'ils accusent d'autres personnes, selon leur désir; s'ils abusent de la simplicité des voleurs ou leur font peur pour se faire livrer de l'argent ou des objets qu'ils désignent eux-mêmes, selon leur caprice; s'ils s'établissent seuls juges des voleurs et les jugent dans une maison particulière; s'ils font subir des supplices à des voleurs ou à des malfaiteurs avant qu'aucun tribunal ait examiné leur affaire et porté un jugement sur leur culpabilité ou sur leur innocence; si, de leur propre autorité, ils appréhendent la femme ou la fille d'un voleur ou d'un malfaiteur, dans tous ces cas, ils commettent une contravention et doivent subir une des dix peines.

Art. 19. — Ceux qui sont chargés, par le préfet de police, de la garde des prisonniers, doivent surveiller les personnes qui entrent dans la prison, qui en sortent ou qui y circulent, afin qu'elles n'y portent pas des instruments, tels que : couteaux, limes, cisailles, gourdins, bâtons, ou des cordes, des lianes. Si, par négligence, ces préposés en laissent introduire, et qu'à l'aide de ces instruments les prisonniers s'évadent et prennent la fuite, ils seront incarcérés et employés aux travaux publics à la place des prisonniers qui ont fui, et resteront en prison jusqu'à ce qu'on ait repris les fugitifs. Si les prisonniers se sont servi de ces instruments pour se tuer, ces préposés doivent payer quatre fois la valeur de la vie des prisonniers qui se sont tués, au trésor du roi.

II. — De la manière de recevoir les accusations et les dénonciations.

ARTICLE PREMIER. — Lorsque les juges reçoivent une plainte ou une requête écrite contre des voleurs ou autres prévenus, il convient qu'ils ne la reçoivent que dans la salle d'audience ou dans la salle qui sert aux mandarins de lieu de délibérations. Si celui qui a fait la plainte a un sceau, il doit l'y apposer; s'il n'en a pas, il doit la signer. De plus, le dénonciateur doit avoir une personne honorable pour caution. La caution doit s'engager par écrit :

1o A amener à l'audience celui qu'elle cautionne, chaque fois qu'elle en sera requise;

2o A le remettre entre les mains des juges, afin qu'il soit puni selon la loi, s'il ne fait pas la preuve de son accusation;

3o A subir elle-même la peine édictée contre celui qu'elle cautionne, si elle le laisse s'évader et prendre la fuite. Cet engagement par écrit, sur lequel elle doit apposer son sceau si elle en a un, ou sa signature si elle n'a pas de sceau doit porter son nom, celui de sa femme, celui de son village et de sa province, et celui de la personne qu'elle cautionne. Il doit désigner l'objet de la plainte, l'ère, l'année, le mois, le jour où il a été fait.

Les juges, avant de recevoir une plainte ou une dénonciation, doivent s'assurer que la caution est une personne honorable, résidant dans l'endroit, et tenir entre leurs mains l'écrit de la caution, ainsi que celui du plaignant. Si, avant d'avoir examiné l'honorabilité de la caution et avant d'avoir entre leurs mains l'écrit de la caution et celui du plaignant, ils commencent l'instruction de l'affaire, ils sont passibles d'une des cinq peines (Article 11 du *Lakkana crom chor*).

ART. 2. — Quiconque accuse quelqu'un de vol et ne peut

trouver une caution après avoir remis sa plainte aux juges, doit être maintenu en état d'arrestation jusqu'à ce que le tribunal ait envoyé au patron de l'accusé un mandat d'amener, afin qu'il conduise son client devant les juges qui doivent examiner l'affaire, ou, si c'est une personne libre qui est accusée, jusqu'à ce que cette personne ait été amenée au tribunal.

ART. 3. — Si quelqu'un soupçonne une personne de l'avoir volé, parce qu'elle est entrée dans sa maison ou parce qu'elle a été dans l'endroit où ont été déposés des objets qui ont disparu, et porte plainte contre elle, les juges doivent examiner si la plainte est fondée. S'ils la jugent réellement fondée, ils lanceront un mandat d'amener contre le prévenu, ou si ce prévenu a un patron, ils enverront un mandat d'amener à celui-ci, afin qu'il le conduise au tribunal, pour qu'ils examinent l'affaire et la jugent.

Or, il y a prévention fondée dans les cas suivants :

1o Si l'on va chez quelqu'un, ou dans un endroit où sont déposés des objets, à une heure indue ;

2o Lorsqu'après s'être rencontré ou abouché avec quelqu'un, on part subitement, sans avoir pris congé de la personne avec laquelle on s'est rencontré ou abouché ;

3o Si, sachant que quelqu'un a perdu des objets ou de l'argent, on refuse d'ouvrir soit un paquet, soit une boîte, soit une valise ; de déplier des étoffes, des linges ou des vêtements, pour permettre à la personne qui a perdu ces objets ou cet argent, de les examiner et faire des recherches ;

4o Quand on va se reposer ou dormir dans une maison sans avoir demandé l'autorisation au maître de cette maison ;

5o Lorsqu'après avoir couché ou avoir reçu l'hospitalité dans une maison ou dans l'enclos d'une habitation, on part au moment où le maître de la maison, de l'enclos est absent, ou durant son sommeil.

Dans tous ces cas, les juges doivent accueillir la plainte et lancer contre le prévenu un mandat d'amener ou, si ce prévenu a un patron ou un maître, ennvoyer à celui-ci une lettre, afin qu'il l'amène au tribunal qui examinera l'affaire. S'il n'y a pas de témoins et que le prévenu soutienne qu'il n'est point coupable, on en viendra à l'épreuve comme le prescrit la loi (1).

Art. 4. — Si on apporte à la justice la dénonciation écrite d'un blessé qui, avant de mourir, a accusé un individu qu'il nomme, soit d'avoir tiré sur lui, soit de l'avoir percé (2), soit de l'avoir blessé avec une arme tranchante, les juges doivent examiner attentivement cette dénonciation pour s'assurer que le blessé n'était point dans le délire lorsqu'il a écrit ou dicté cette dénonciation. Si, dans cet écrit, il est fait mention d'un ou de plusieurs témoins qui ont connu l'affaire ou qui en ont entendu parler, le tribunal lancera contre l'accusé un mandat d'amener ou, si cet accusé a un maître ou un patron, il enverra à celui-ci une lettre d'amener, afin qu'il conduise l'accusé au tribunal qui doit examiner et instruire l'affaire. Si le prévenu proteste, l'épreuve sera ordonnée conformément à la loi.

Le cas est le même pour une personne empoisonnée qui, avant sa mort, écrit ou dicte un acte pour accuser celui qui l'a empoisonnée et le faire traduire devant le tribunal.

Art. 5. — Si on porte à la justice une dénonciation écrite contre un individu qu'on accuse, soit d'avoir volé, soit d'avoir piraté, soit d'avoir enlevé par force le bien d'autrui, soit d'avoir fait feu ou tiré une flèche contre quelqu'un, soit d'avoir blessé ou percé une personne avec une arme, et si cet individu s'est sauvé ou a pris la fuite après avoir commis son crime, les juges lanceront un mandat d'amener contre cet individu ou, s'il a un maître ou un patron, ils écriront à celui-ci de l'amener au tribunal, afin qu'ils examinent et instruisent l'affaire. Si, dans la dénonciation, on cite des témoins, le tribunal les fera comparaître et les interrogera selon les règles. S'il n'y a pas de témoins, il ordonnera l'épreuve.

Art. 6. — Tout individu qui vient secrètement, manifestant le désir de garder l'incognito, accuser une personne soit de vol, soit de pillage, soit d'avoir donné une potion pour endormir, afin de pouvoir voler, soit d'avoir fait feu ou tiré une flèche

---

(1) Les épreuves judiciaires font l'objet d'un règlement spécial (IX) faisant suite à la loi sur les témoignages, donnée plus loin.

(2) D'un coup d'une arme pointue.

contre quelqu'un, soit d'avoir percé ou blessé avec une arme une personne, ou de l'avoir tuée, s'il n'ose se porter comme accusateur en public devant le tribunal, subira la peine édictée contre quiconque, connaissant des malfaiteurs, ne les dénonce pas, c'est-à-dire la peine des complices des malfaiteurs (article 5, *Lakkana crom chor*). — Quant à sa dénonciation, elle sera considérée comme non avenue.

Art. 7. — Si, pendant que le royaume est troublé ou envahi par des troupes ennemies, ou est éprouvé par la disette, par la famine, des individus, poussés par la faim, volent des vivres pour se rassasier, deux ou trois fois, et conserver leur existence, les juges ne doivent point recevoir l'accusation de vol portée contre eux par celui qu'ils ont volé, car, d'après la loi, voler ou prendre, en temps de famine ou de disette, des vivres suffisamment pour ne pas mourir de faim et conserver sa vie pour l'employer au service du roi, n'est pas une faute telle que la justice doive s'en occuper.

Art. 8. — Lorsqu'on a appréhendé un voleur dans un lieu écarté et désert, celui qui l'a saisi doit, après lui avoir lié les mains, l'interroger afin de savoir où est son patron ou son maître, l'endroit qu'il habite, et s'il parvient à connaître sa demeure, il doit s'y faire conduire et aller trouver le patron. Ensuite, ce patron ou ce maître doit aller, avec celui qui a saisi le voleur, au tribunal pour y conduire l'accusé et le livrer aux juges qui doivent examiner et juger l'affaire. Si ce patron demeure loin de celui qui a appréhendé le voleur, on mettra celui-ci à la cangue et le gardera jusqu'à ce qu'on ait pu donner connaissance du fait au patron. Si, après quinze jours d'attente, ce patron ou ce maître ne paraît pas, on livrera le prévenu à la justice pour qu'il soit jugé. Dans le cas où, après avoir saisi le voleur, on le détiendrait dans une maison ou dans un cachot avant de le livrer à la justice, celui qui agirait de la sorte se rendrait coupable envers le tribunal et serait puni d'une amende proportionnée à la dignité de premier ministre. Les juges auront la moitié de cette amende et le trésor du roi l'autre moitié. Si, après avoir saisi un voleur ou un malfaiteur, on ne lui demande pas où est son maître ou son patron, ou bien si, sachant qu'il a un patron ou un maître et connaissant l'endroit où ce maître ou ce patron demeure, on n'y conduit pas le coupable pour le lui livrer, afin qu'il l'amène au tribunal, celui qui agit de la sorte sera puni d'une amende double de celle qui est proportionnée à la dignité de ce patron ou maître. Quiconque saisit un voleur de sa propre autorité, avec violence, dans la maison ou dans l'enclos d'un particulier, fait une injure au maître de cette maison ou de cet enclos, et sera puni d'une amende double de celle qui est proportionnée à la dignité (1) soit de celui qui a commis cette injure, soit du maître de cette

---

(1) *Phiney tam bonda sac* (amende proportionnée à la dignité).

Il y a dans le royaume du Cambodge quatre classes de mandarins, qui sont :

1º Les mandarins du roi actuellement régnant (sac êk); ils ont le pas sur tous les autres du même degré;

2º Les mandarins du roi qui a abdiqué (sac tou);

3º Les mandarins du second roi, *Samdach Obbarach* (sac trey);

4º Les mandarins de la *pra Voréechini* (sac chetva).

Les degrés de dignité de tous ces mandarins s'élèvent à dix, et ces degrés, dans la langue du pays, sont désignés par le mot *sac* ou *pon*. Ainsi, les plus grands mandarins, soit du *sac êk*, soit du *sac tou*, soit du *sac trey*, soit enfin du *sac chetva*, ont dix *sac* ou *pon*. Lorsqu'ils sont condamnés à une amende, ceux du roi régnant sont condamnés à payer treize *tomlong* trois *bat* par *sac* ou *pon*; ceux du *sac tou*, douze *tomlong* deux *bat* par *sac* ou *pon*; ceux du *sac trey*, onze *tomlong* un *bat* par *sac* ou *pon*; enfin, ceux du *sac chetva* à dix *tomlong*, par *sac* ou *pon*; de sorte que les mandarins du roi (sac êk), s'il ont dix *sac* ou *pon*, paieront cent trente *tomlong* deux *bat* (environ 400 francs); s'ils n'ont que six *sac* ou *pon*, ils paieront quatre-vingts *tomlong*. Ainsi, pour l'amende proportionnée à la dignité, c'est toujours treize *tomlong* trois *bat* multipliés par le nombre de *sac* ou *pon* de celui qui est condamné.

Pour les mandarins du roi qui a abdiqué (sac tou), l'amende proportionnée à la dignité est de douze *tomlong* deux *bat* multipliés par le nombre de *sac* ou *pon* de celui qui est puni : ainsi, pour les mandarins qui ont dix *sac* ou *pon*, l'amende simple, proportionnée à leur dignité, sera de cent vingt-cinq *tomlong*. Pour les mandarins de l'*Obbarach* (sac trey), l'amende simple est de onze *tomlong* un *bat* multipliés par le nombre de *sac* ou *pon* du coupable; enfin, pour les mandarins de la *pra Voréechini*, l'amende simple, proportionnée à la dignité, est de dix *tomlong* multipliés par le nombre de *sac* ou *pon* de celui qui doit la subir.

Il arrive souvent que cette amende simple est doublée ou triplée, suivant la gravité de la faute; mais il arrive aussi fréquemment que le tribunal n'exige que la moitié de la somme représentée par l'amende, soit simple, soit double, soit triple. (Note du traducteur.)

maison ou de cet enclos. Cette amende sera prononcée moitié au profit de celui à qui l'injure a été faite, moité au profit du trésor royal.

Art. 9. — Lorsqu'on saisit le chef d'une bande de malfaiteurs, de voleurs ou d'assassins, ayant sa demeure dans une province qui relève immédiatement du roi actuellement régnant (Khêt êk), tandis que ses complices ont leur domicile soit dans une province du roi qui a abdiqué (Khêt tou), soit dans une province qui relève de l'*Obbarach* (Khêt trey) ou de la *Pra Voréechini* (Khêt chetva) et dans la *Khêt êk* (du roi actuellement régnant), on devra prévenir les agents ou officiers des préfets de police de chacun des personnages dont ces provinces relèvent, afin qu'ils recherchent les coupables et se réunissent pour juger. Si un de ces agents ou officiers (phnéac ngéar) ne fait pas diligence pour saisir les coupables et les amener au tribunal afin qu'il soit jugés, il se rend lui-même coupable de contravention et sera puni d'une des cinq peines (*Lakkana crom chor*, article 11).

Si un de ces agents ou ministres prend un voleur ou un malfaiteur dans la province d'un autre, il se rend coupable de contravention et sera puni d'une amende proportionnée à sa dignité (tam bonda sac), au profit, par parties égales, du tribunal et du trésor du roi. Un agent ou ministre qui a fait son possible pour saisir les voleurs ou les malfaiteurs, mais qui n'a pu les trouver, n'est point coupable.

Art. 10. — Si des voleurs, des malfaiteurs ou des assassins, soit du *Khêt tou* (provinces du roi qui a abdiqué), soit du *Khêt trey* (provinces de l'Obbarach), soit du *Khêt chetva* (provinces de la Pra Voréechini (1), vont voler ou piller, tirer des coups de fusil ou lancer des flèches sur des personnes, percer avec des piques ou blesser avec des armes tranchantes, ou tuer des individus dans le *Khêt êk* (provinces du roi actuellement sur le trône), les officiers ou agents des préfets de police des personnages dont relèvent ces provinces doivent se réunir pour les juger, parce qu'ils sont sous leur autorité. Il convient que les

______

(1) La reine-mère.

maîtres ou les patrons de ces coupables se rendent au tribunal et assistent à l'instruction de l'affaire.

Le *khuat* (somme prélevée sur les amendes et sur les frais de procédure) revient d'abord à ceux qui ont saisi les malfaiteurs ou les voleurs et ensuite à ceux qui ont aidé à les saisir. Les premiers en auront les deux tiers et les seconds l'autre tiers. Si, après avoir saisi des voleurs ou des malfaiteurs d'une province qui relève d'autres mandarins, ceux qui les ont pris n'avertissent pas les mandarins de cette province et ne les invitent pas à venir les juger, il se rendent coupables d'usurpation de pouvoirs et seront condamnés à une amende proportionnée à leur dignité ou à celle de ces mandarins (tam bonda sac), au profit, par parties égales, des juges et du *pra khlang* (trésor). (1)

ART. 11. — Si des individus, qui ont volé dans une province, sont pris par le gouverneur d'une autre province où ils ont porté les objets volés, par les agents de ce gouverneur ou par un maire, ces voleurs doivent être conduits chez le gouverneur de la province où ils ont volé, et ce qu'ils ont volé doit être porté chez ce gouverneur, afin que les voleurs y soient jugés et que les objets volés soient rendus à celui à qui ils appartiennent. Les frais de procédure que doivent payer les voleurs seront partagés, par parties égales, entre les juges et ceux qui ont saisi les voleurs. Si un gouverneur de province, ses agents ou ses officiers, ayant saisi un individu qui a volé dans une autre province et qui a apporté dans la leur le fruit de son vol, le mettent en liberté après l'avoir jugé, s'être fait payer l'amende par lui et s'être adjugé les biens volés, ou bien s'ils le conduisent directement chez les officiers (phnéac ngéar) du préfet de police, dans ces deux cas, ils se rendent coupables de contravention et seront condamnés à une amende proportionnée à leur dignité (tam bonda sac), au profit, par parties égales, des juges et du trésor du roi. Pour les objets ou les biens qu'ils se sont adjugés,

---

(1) Dans le Cambodge, lorsque le délinquant et celui qui a été victime du délit ont tous les deux des dignités, le tribunal, pour avoir une amende plus forte, la calcule d'après la dignité de celui qui a le plus haut grade. (Note du traducteur.)

ils paieront le double de leur valeur au maître, ou ils en rendront le double.

Si un gouverneur de province se laisse corrompre par l'argent d'un voleur qu'il a saisi et le met en liberté, ou se contente de lui faire peur pour se faire livrer le fruit de son vol qu'il garde, puis le met en liberté, il est passible d'une des dix peines.

Le cas est le même lorsque les ministres ou mandarins subalternes d'un gouverneur se laissent corrompre ou fléchir par un voleur qu'ils ont pris et le mettent en liberté, ou si, après l'avoir effrayé par des menaces pour se faire livrer ce qu'il a volé, afin de se l'approprier, ils le mettent en liberté.

Art. 12. — Un voleur qui affirme qu'il a pris une partie des objets qu'il a en sa possession dans la province où il a été saisi et une autre partie dans une autre province, sera jugé dans celle où il a été arrêté ; ensuite, les juges écriront au propriétaire des objets volés dans l'autre province et lui donneront trois mois pour se présenter et réclamer son bien ; les trois mois écoulés, s'il ne s'est pas présenté, ce qui lui reviendrait sera versé intégralement au trésor du roi. Si les juges ont négligé d'écrire au propriétaire des biens volés dans l'autre province, pour l'engager à venir prendre son bien, ils seront punis d'une amende double de la valeur de ce bien, au profit, par parties égales, du propriétaire de ce bien et du trésor royal.

Dans le cas où le propriétaire ne paraît pas dans les trois mois fixés, les objets volés deviennent la propriété du roi ; par conséquent, si les juges les cachent pour se les approprier, s'ils ne les font point porter au mandarin préposé à la garde du trésor de Sa Majesté, par leurs officiers (phnéac ngéar), ils seront punis d'une amende quintuple de la valeur de ces biens, au profit du trésor du roi.

Art. 13. — Lorsqu'un individu suspect, saisi dans une province par le gouverneur ou ses officiers, est convaincu d'avoir volé, si, vu la légèreté de son vol, il peut être mis en liberté après avoir subi la flagellation ou une amende, la peine qu'il mérite lui sera infligée par le gouverneur ou par ses officiers, puis il sera mis en liberté. Mais si son crime mérite la prison, il sera conduit, la cangue au cou, par des envoyés de ce gouverneur porteurs de l'acte d'accusation et de ses réponses écrites, au préfet de police, qui l'incarcérera et le gardera pour l'employer aux travaux publics (réach chéa car). Si ce voleur, par la négligence ou l'incurie de quelqu'un, prend la fuite et disparaît, celui qui est cause de cette évasion sera incarcéré et employé aux travaux publics à la place du fugitif.

ART. 14. — Lorsque le préfet de police reçoit des mains des juges un voleur ou un malfaiteur, il doit examiner l'acte d'accusation et les réponses du coupable, et il l'interrogera pour s'assurer que ce n'est point la crainte des supplices qui l'a porté à se déclarer voleur ou malfaiteur. S'il avoue son crime et déclare qu'il est réellement coupable de ce dont il est accusé, il le mettra en prison et l'emploiera aux travaux publics (réach chéa car). Si un malfaiteur, un assassin a fait feu ou a tiré des flèches sur quelqu'un, ou s'il a percé avec une pique ou frappé avec une arme tranchante, ou tué une personne, on doit saisir les armes, les instruments qui ont servi à la perpétration de son crime. Si on ne peut trouver ces armes, ces instruments, et si l'accusé parle sans suite, comme une personne qui ne jouit pas de ses facultés mentales, on ne doit pas l'incarcérer avant que le tribunal ne l'ait jugé et n'ait rendu une sentence selon la justice. Si le crime est prouvé devant la justice, ce coupable sera incarcéré et employé aux travaux publics (réach chéa car). Tout préfet de police qui, aussitôt qu'un accusé lui est livré, sans rien examiner, le frappe, le maltraite ou le met en prison, se rend coupable de contravention et sera puni d'une amende proportionnée à son grade (tam bonda sac), au profit du trésor du roi.

ART. 15. — Si des malfaiteurs accusés soit d'avoir fait feu ou d'avoir lancé des flèches contre des personnes, soit d'avoir percé ou blessé quelqu'un avec des armes, soit d'avoir tué ou donné des potions pour endormir des individus, afin de pouvoir piller ou voler, laissent soupçonner qu'ils sont parents des juges ou du roi, ceux qui les ont saisis doivent examiner si leur soupçon est fondé ou non. S'il est fondé et si c'est un homme qui est accusé, ils le livreront aux officiers du préfet de police afin qu'ils examinent l'affaire ; si c'est une femme qui est accusée, ils la livreront aux mandarins subalternes (phnéac ngéar) du

Krom vang (1), afin qu'ils jugent de concert avec les officiers
(phnéac ngéar) des *Khland chebap* (2) qui, seuls, ont le droit
d'interpréter la loi. Si les mandarins subalternes du préfet de
police jugent eux-mêmes, font connaître eux-mêmes l'article de
la loi qui doit être appliqué, ou s'ils interrogent seuls les
accusés, même s'ils jugent selon la loi, ils sont passibles d'une
des cinq peines (*Lakkana crom chor*, article 11), « parce que,
dit la loi, « ils ne sont pas juges et usurpent une fonction », et
l'amende qu'ils ont prononcée revient intégralement au trésor du
roi et au maître des objets volés, lorsqu'il s'agit d'un vol.

ART. 16. — Lorsque quelqu'un vient prévenir la justice que
des objets qui lui manquent se trouvent entre les mains d'un
individu qu'il nomme, les juges doivent l'interroger avec soin
et sagacité sur les marques spéciales ou les défauts sensibles
que ces objets peuvent avoir. S'il répond qu'il ne sait pas, qu'il a
oublié, ils le renverront immédiatement, sans faire attention à sa
plainte ; mais s'il désigne des signes particuliers, des marques
spéciales ou des défauts sensibles, ils recevront alors sa plainte et
noteront par écrit les renseignements qu'il a donnés. Ensuite, le
tribunal enverra un officier prendre ces objets et saisir celui qui en
est le détenteur. Il examinera les objets volés : s'ils ont réellement
les marques, les défauts, les taches désignés par le plaignant,
il prononcera sa sentence après un minutieux examen. Si les
marques, les taches, les défauts signalés manquent ou s'ils ne
sont pas tels qu'ils ont été signalés, le plaignant sera condamné
à une amende double de la valeur de ces objets, comme coupable
d'avoir menti à la justice. — Quiconque accuse quelqu'un de vol
d'objets quelconques sera puni de la peine des voleurs, si les
objets ne portent point les marques, les signes ou les défauts
signalés par lui. Lorsque les objets volés n'ont pas les marques,
les taches ou les signes désignés par l'accusateur, si le prévenu
ou détenteur parle confusément, répond sans suite et d'une
manière évasive aux questions qui lui sont posées par le juge
d'instruction, et n'a aucun témoin en sa faveur, il y a prévention
fondée contre lui, parce qu'on ne peut savoir de qui il a acheté,

---

(1) Mandarin chargé de la police du palais royal. (Note du traducteur.)

(2) Mandarins gardiens des codes. (*Idem.*)

avec qui il a échangé ces objets, d'où il les tient, où il les a pris; par conséquent, il y a lieu à examen, afin de pouvoir prononcer une sentence équitable. Lorsque, au contraire, les réponses du prévenu ou du détenteur de ces objets seront claires, nettes et précises, on le jugera d'après son interrogatoire.

Art. 17. — Lorsque quelqu'un porte une plainte en justice, disant qu'il a vu, entre les mains d'un individu qu'il nomme, des objets qu'on lui a volés ou qui lui manquent, les juges, après avoir sérieusement examiné sa plainte, citeront l'accusé et feront saisir les objets afin d'instruire l'affaire. Si le prévenu prétend, soit qu'on lui a donné ces objets en gage, soit qu'il les a achetés, soit qu'il les a eus par échange, et nomme la personne qui les a engagés, vendus ou donnés en échange, si ses affirmations ne sont point vraisemblables ou s'il n'a pas d'écrit constatant d'une manière évidente qu'il les a reçus en gage, qu'il les a achetés ou qu'on les lui a donnés en échange, on doit l'obliger à chercher la personne qu'il a nommée. S'il peut la trouver, le tribunal jugera d'après la loi sur les gages, des achats et les échanges (*Lakkana crom Gor, article 18*).

Art. 18. — Si, après que les agents (*phoeam uyéar*) du préfet de police ou ceux d'un gouverneur de province ont autorisé, sans discernement, des personnes à acheter, à recevoir en gage ou à faire des échanges, on s'aperçoit que les biens achetés, reçus en gage ou échangés ont été volés, dans le cas où les voleurs ne pourraient pas être pris, ces ministres seront condamnés à une amende égale à la valeur de ces biens.

Art. 19. — Dès que la justice reçoit une accusation contre des malfaiteurs, des assassins qui en sont venus à des voies de fait contre des personnes : qui ont lancé des flèches, tiré des coups de fusil, percé avec des piques, blessé avec des instruments tranchants, donné des coups de poing, des coups de pied, des soufflets, bousculé de manière à faire des meurtrissures, des contusions, à causer des fractures de membres, la cécité, et à rendre incapables de gagner leur vie les blessés, le tribunal déléguera des officiers qui doivent examiner toutes les blessures, les meurtrissures, les contusions, les plaies, leur nombre, leur siége, leur gravité. Ces officiers doivent aussi s'assurer, dans leur enquête, si les blessures ont été faites avec la main ou avec un instrument, soit en fer, soit en bois, et avec quelle sorte d'instrument. Si ces officiers trompent la justice soit sur l'instrument qui a été employé, soit en augmentant ou en diminuant le nombre des blessures et des plaies, soit en donnant comme graves des blessures légères ou comme légères des blessures graves, ou en donnant comme mortelles des blessures qui ne le sont point et comme non mortelles des blessures mortelles, ils seront condamnés à une des cinq peines *(Lakkana crom chor*, article 11).

ART. 20. — Si un voleur ou un malfaiteur (chor) est le client d'un mandarin, s'il est du palais du roi ou s'il est venu se mettre sous la protection d'un homme puissant, les agents (phnéac ngéar) du préfet de police doivent envoyer à son protecteur, à son patron ou à son maître, une lettre pour l'avertir qu'il doit l'amener au tribunal, sans faute, afin qu'on puisse examiner l'affaire et juger le coupable. Si le patron, le protecteur ou le maître refuse de l'amener et de le livrer à la justice, il sera puni comme complice du voleur ou malfaiteur. Quant à ce malfaiteur ou voleur, on doit l'appréhender de quelque manière que ce soit et le livrer à la justice, qui le punit. Si le patron, le protecteur, le maître a gardé ou caché ce coupable jusqu'à ce qu'il se soit enfui, ou s'il l'a fait fuir, il subira la peine des voleurs ou malfaiteurs.

ART. 21. — Lorsqu'un agent du préfet de police a remis à un mandarin, auquel il est adressé, un mandat d'amener lancé contre des voleurs ou des malfaiteurs (chor), si ce mandarin les juge ou les protége, il sera condamné à subir la moitié de la peine qu'ont méritée ces voleurs ou ces malfaiteurs. S'il fait la leçon à ces voleurs ou à ces malfaiteurs, ou les fait fuir et met, par suite, la justice dans l'impossibilité de les saisir, il subira la peine due à ces voleurs ou malfaiteurs. Si c'est la peine de mort, au lieu de la lui faire subir, on le condamnera à monter sur le *cha andât* (1) et à y rester un jour durant ; ensuite, on lui donnera cinquante coups de lanière de cuir de buffle desséché. Si, avant de faire fuir ces voleurs ou malfaiteurs, il en a reçu

____

(1) Voir la note 3, article 7, des lois contre les malfaiteurs *(Lakkana crom chor)*.

de l'argent ou des effets, on lui enlèvera tout ce qu'il a reçu et on le condamnera à une amende quadruple de la somme ou de la valeur des objets qu'il a reçus. Enfin, on le mettra en prison et on l'emploiera aux travaux publics (réach chéa car) jusqu'à ce que les fugitifs soient arrêtés.

ART. 22. — Si quelqu'un, dans un acte d'accusation, affirme qu'un individu qu'il nomme, après avoir fait feu ou lancé des flèches sur des personnes ; après avoir percé, blessé avec des instruments tranchants, frappé, bousculé, renversé des personnes ; après avoir donné des coups de pied, des coups de poing à quelqu'un, ou après avoir dérobé, enlevé ou pillé le bien d'autrui, poursuivi de près, s'est réfugié dans la maison d'une personne dont il donne le nom, qui habite un village qu'il désigne, et que celui chez qui il s'est réfugié le protége et ne permet pas de le saisir, le tribunal doit lancer un mandat d'amener contre celui qui protége ce malfaiteur ou ce voleur (chor) et contre ce malfaiteur ou ce voleur lui-même, pour examiner l'affaire et la juger. Dans le cas où celui chez qui l'accusé s'est réfugié l'aurait réellement protégé, si cet accusé a pu être saisi, son protecteur sera condamné à subir la moitié de la peine méritée par le voleur ou malfaiteur ; mais si ce voleur ou malfaiteur a pris la fuite et a disparu, celui qui l'a protégé subira la peine méritée par le fugitif ; si c'est la peine capitale, on la commuera comme il a été dit dans l'article 20.

ART. 23. — Quiconque accuse une personne de favoriser ou de protéger un voleur ou malfaiteur, s'il ne prouve pas le fait, s'il n'établit pas d'une manière certaine ce qu'il avance, si l'accusation est démontrée fausse, il subira la peine édictée contre les complices ou les protecteurs des voleurs ou malfaiteurs (chor), lorsque le voleur ou malfaiteur est encore entre les mains de la justice. Mais si le voleur ou le malfaiteur a pris la fuite et a disparu, l'accusateur subira la peine entière méritée par ce voleur ou ce malfaiteur. Néanmoins, on peut lui faire grâce des coups et on se contentera de lui imposer une amende.

ART. 24. — Si, dans un acte d'accusation, quelqu'un affirme positivement qu'il a vu ou rencontré, dans une maison qu'il désigne, un voleur accusé soit d'avoir dérobé, soit d'avoir enlevé ou pillé de force le bien d'autrui, ou bien assure qu'il l'a surpris lui-même lorsqu'il volait ou qu'il a été vu par des personnes qui se sont éveillées à temps ou qui sont arrivées au moment où le délit se commettait; que son nom est connu, mais que sa figure n'est connue qu'à peu près; qu'il a été poursuivi, mais qu'il n'a pu être saisi; qu'il a disparu à son arrivée dans une maison désignée qui est dans un village dont il donne le nom, dans ce cas, un officier du tribunal doit se rendre sur les lieux pour mesurer les empreintes des pieds du voleur et suivre ces empreintes. Si elles disparaissent au pied de l'escalier ou de l'échelle de la maison désignée par le dénonciateur, le tribunal fera comparaître la personne incriminée et examinera l'affaire, puis jugera. Si on trouve dans cette maison les biens volés et s'il est bien établi que c'est l'accusé qui est le voleur, les juges prononceront la sentence selon la loi. Mais si on ne trouve point les objets volés dans cette maison et si l'accusé proteste qu'il est innocent, le tribunal ordonnera les épreuves. Si les empreintes des pieds du voleur ne vont point à la maison désignée et disparaissent dans un autre endroit, l'accusateur sera puni selon la loi (*Lakkana crom chor*, article 2).

Le cas est le même si, au lieu d'un voleur, c'est un malfaiteur accusé d'avoir usé de voies de fait, de violences envers des personnes ou d'en avoir blessé, qui est mis en cause dans les mêmes circonstances.

Art. 25. — Si quelqu'un se plaint au tribunal d'avoir été, pendant la nuit, victime d'un vol qu'il n'a connu que le matin, et assure que, dès qu'il a eu connaissance de ce vol, il a suivi les traces du voleur, les empreintes de ses pieds, qui disparaissent devant une habitation ou dans l'enceinte d'une maison qu'il désigne, un officier du tribunal (ocknha condal) doit se rendre sur les lieux pour examiner ces traces, mesurer ces empreintes, s'assurer qu'elles disparaissent devant l'habitation ou dans l'enceinte désignée, et que les traces, les empreintes qui disparaissent devant cette habitation ou dans cette enceinte sont bien celles qu'on a remarquées dans la maison où le vol a été commis. Si elles sont les mêmes, cet officier de la justice ordonnera au maître de cette habitation ou de cette maison de chercher une issue à ces traces, à ces empreintes en dehors de son habitation ou de sa maison. S'il ne peut en trouver, il le citera devant le tribunal qui examinera et jugera l'affaire. Si le maître de cette habitation ou de cette maison est condamné, il paiera tous les biens volés et supportera tous les frais de procédure (chung ca, predap Kedey, somnal chung, etc.) des deux parties. Dans le cas où le maître de cette habitation ou de cette maison, qui a été condamné, pourrait saisir le voleur, le tribunal devra lui faire rembourser par ce dernier tout ce qu'il a déboursé, soit pour payer les objets volés, soit pour les frais de procédure. L'amende à laquelle ce voleur doit être condamné sera pour le trésor du roi. Si le voleur est pris près de l'habitation ou dans l'enceinte de la maison désignée par le dénonciateur, et que les traces, les empreintes des pieds aient disparu, le maître de cette habitation ou de cette maison ne sera point indemnisé de ce qu'il a déboursé, mais s'il est pris ailleurs ou dans une autre maison, alors il recevra comme indemnité une somme égale à celle qu'il a déboursée et, dans ce cas, il n'aura point de frais de procédure à payer. Si c'est le maître des biens volés qui saisit lui-même le voleur près de l'habitation ou dans l'enceinte de la maison qu'il a désignée, dans ce cas, le maître de cette habitation ou de la maison désignée n'a rien à recevoir ni à réclamer. Si le voleur est saisi dans un autre endroit, le maître de l'habitation ou de l'enceinte désignée par le dénonciateur sera non-seulement indemnisé de tout ce qu'il a dépensé par le voleur, mais il aura une partie de l'amende imposée à ce dernier.

ART. 26. — Lorsque quelqu'un est accusé devant la justice soit d'avoir donné du riz à manger à un voleur ou à un malfaiteur, soit de lui avoir fourni une embarcation pour passer un cours d'eau ou un lac, soit de lui avoir donné asile dans sa maison, les juges doivent examiner si l'accusé a coutume de cuire du riz pour le vendre ou pour en faire des aumônes (thu bon), surtout certains jours de l'année qui sont des jours de fête; s'il tient ordinairement une embarcation à la disposition de ceux qui veulent passer un cours d'eau ou un lac, soit pour acquérir des mérites (thu bon), soit pour gagner de l'argent en la louant; s'il a l'habitude de donner asile aux voyageurs dans sa maison ou dans son appentis (réan); s'il est démontré qu'ordinairement il agit comme on vient de le dire, le tribunal ne doit point accueillir l'accusation portée contre cette personne, mais il en serait autrement si l'accusé n'avait pas ces habitudes.

ART. 27. — Il y a sept classes de personnes dont le tribunal ne doit point accueillir un acte d'accusation, à moins qu'il n'y ait des témoins honorables qui aient connaissance de l'affaire dont il s'agit, et que ces témoins n'aient vu ou entendu quelque chose. Ce sont :

1º Les vieillards décrépits, qui radotent, qui ont perdu la mémoire ;

2º Les enfants qui parlent sans suite, tantôt d'une manière, tantôt d'une autre ;

3º Les fous et les personnes ivres qui ont perdu la raison ;

4º Les muets et les bègues, dont on ne peut comprendre les paroles ;

5º Les aveugles ;

6º Les mendiants qui vont de porte en porte demander un peu de nourriture ;

7º Les personnes sans aveu, qui ne connaissent ni le bien ni le mal, mal famées, et qui font continuellement de mauvaises actions.

ART. 28. — Si quelqu'un vient de la part de son père, qui a reçu des blessures graves qui le mettent dans l'impossibilité d'aller lui-même au tribunal, et dépose un acte d'accusation entre les mains de la justice contre celui qui a blessé son père, soit avec des flèches, soit avec une pique, soit avec un instrument tranchant, les juges ne doivent point recevoir cet acte ; mais un officier du tribunal doit se rendre auprès du blessé pour recevoir de lui-même l'acte d'accusation, puis on instruit l'affaire et on juge d'après la loi.

Le cas est le même lorsque :

1º Une mère se sert de l'intermédiaire de son enfant ;

2º Une épouse se sert de l'intermédiaire de son époux ;

3º Un enfant se sert de l'intermédiaire de son père pour déposer un acte d'accusation contre un individu qui l'a blessé.

Le tribunal procédera comme ci-dessus.

Il en est de même pour l'accusation d'un vol : celui qui en

a été la victime doit déposer lui-même l'acte d'accusation qu'il porte contre quelqu'un ; s'il en est empêché pour une cause quelconque, un officier du tribunal doit aller le recevoir de sa propre main, à son domicile.

Art. 29. — Lorsqu'un bonze a une plainte à déposer au tribunal, s'il ne la porte pas lui-même, mais se sert de l'intermédiaire d'un serviteur de la bonzerie ou d'un laïque pour aller la déposer, il ne convient point de la recevoir. Celui qui est l'objet de cette plainte ne doit être ni saisi ni puni pour le délit énoncé dans la plainte, mais la justice doit, par ses investigations, tâcher de le trouver coupable d'un vol ou d'un méfait quelconque pour pouvoir le juger et le punir. La raison de cette loi est que si le prévenu est pris à cause de la plainte du bonze, il dépensera nécessairement plus ou moins ; or, cette dépense, qui est causée par la plainte du bonze, est une tache pour ce dernier (tùs bara chey) et ternit l'éclat de sa vertu de bonze (pum cung nou sél ki loi). C'est donc en considération des mérites et de l'état du bonze qu'on ne doit point recevoir de telles plaintes.

Art. 30. — Si un enfant demande, dans un acte d'accusation, que son père soit cité devant le tribunal comme coupable soit de larcin, soit de pillage, soit de piraterie, soit de vol avec violence commis à son préjudice, la justice fera droit à sa demande et fera comparaître le prévenu pour examiner l'affaire et la juger. Si le prévenu est convaincu du fait au préjudice de son fils, on lui fera subir la peine des voleurs ; les objets volés ou enlevés seront remis à celui qui a porté l'acte d'accusation, moins un dixième (khuat) qui revient aux juges. La valeur de ce dixième, que les juges ne doivent point prendre, sera évaluée en *tomlong*, puis rendue à cet accusateur qui tient tant à son bien ; puis ils lui feront donner autant de coups de lanière de cuir de buffle desséché qu'il y a de *bat* dans la valeur de ce dixième (1) pour le punir de son ingratitude envers son père. Quand même cet accusateur voudrait se racheter des coups qu'il doit recevoir, les juges ne doivent point y consentir. Si le vol, le pillage ou la piraterie ne sont point prouvés et ne sont point

---

(1) Le *bat* égale un quart de *tomlong*. (Note du traducteur.)

établis par l'instruction du procès, l'accusateur sera condamné à recevoir quatre-vingt-dix coups de rotin, à subir la peine *acros* durant trois jours, à payer l'amende infligée aux voleurs (c'est-à-dire double de la valeur des objets que l'accusateur prétend lui avoir été volés ou enlevés avec violence), et le *predap kedey* (1). Quant au *khuat,* il est convenable qu'il soit de 17/20es.

Le cas est le même si un enfant accuse de vol sa mère, un élève son maître, un petit-fils ou une petite-fille son grand-père ou sa grand'mère, un neveu ou une nièce sa tante ou son oncle, un frère cadet ou une sœur cadette son frère aîné ou sa sœur aînée, une épouse son mari. Le tribunal procédera de la même manière.

Art. 31. — Lorsqu'un père accuse, devant le tribunal, son fils d'un vol commis à son préjudice, si le fait est prouvé, les juges puniront ce fils coupable selon la loi; néanmoins, ils n'exigeront de lui que la part de l'amende et des frais du procès qui revient au trésor royal et celle qui revient au tribunal. Quant au butin et à la part de l'amende qui revient à l'accusateur, ils en estimeront la valeur, puis feront une lettre par laquelle ils donnent pouvoir à l'accusateur d'employer comme esclave, pour cette valeur, le coupable qu'ils lui livrent.

Lorsqu'une mère accuse son enfant, un maître son élève, le grand-père ou la grand'mère son petit-fils ou sa petite-fille, un oncle ou une tante son neveu ou sa nièce, un frère aîné ou une sœur aînée son frère cadet ou sa sœur cadette, d'avoir commis un vol à son préjudice, le cas est le même et doit être jugé de la même manière.

Le cas serait différent si l'accusé s'était rendu coupable d'un vol au préjudice de personnes étrangères, parce que, dans ce cas, ils ne pourraient garder le silence et se contenter de réprimander et fustiger le coupable, comme ils peuvent et doivent le faire lorsque le vol est commis à leur préjudice.

Art. 32. — Si un père accuse en justice son enfant soit d'avoir blessé quelqu'un avec une arme quelconque, soit d'avoir tué ou empoisonné une personne, soit d'avoir volé ou enlevé de force le bien d'autrui, etc., etc., le tribunal doit faire saisir

---

(1) Qui est de 4 francs pour chaque partie. (Note du traducteur.)

l'accusé et instruire le procès. Dans le cas où l'instruction éta-
blirait le crime imputé à l'accusé comme certain, les juges n'in-
fligeront au coupable que la moitié de la peine qu'il a méritée,
en considération de la personne qui l'accuse, « parce que, dit
« la loi, cet accusateur est un homme juste qui ne veut pas que
« le désordre et le crime règnent dans le royaume ». Mais si
le crime imputé n'est point prouvé, si l'instruction n'établit
point la culpabilité de l'accusé, l'accusateur sera condamné à
la peine des voleurs ou des malfaiteurs, selon la nature de son
accusation, « parce que, dit la loi, cet accusateur a fait preuve
« d'un mauvais cœur qui veut perdre sa propre chair ». Quant
à l'amende, elle est entièrement pour le trésor du roi. Si une
accusation, comme ci-dessus, est portée soit par une mère contre
son enfant, soit par un maître contre son élève, soit par un
grand-père ou une grand'mère contre un petit-fils ou une petite-
fille, soit par un oncle ou une tante contre un neveu ou une
nièce, soit par un mari contre sa femme, soit par un frère aîné
ou une sœur aînée contre un frère cadet ou une sœur cadette,
le cas est le même, et la peine à infliger est la même que ci-
dessus.

Quiconque est accusé de rébellion, de révolte contre le royaume
ou d'un crime de la première catégorie (ocrot tus), subira la
peine et l'amende encourues dans ce cas, sans qu'il lui soit fait
aucune remise de la peine, si le crime est prouvé ou établi par
les débats. Mais si la culpabilité de l'accusé n'est point établie,
alors l'accusateur subira lui-même ces peines, d'après l'article 2
(*Lakkana crom chor*).

Si un enfant voit que son père a été condamné et doit subir
une peine, et que, par piété filiale ou par reconnaissance, il se
présente pour subir lui-même cette peine à la place de son père,
il doit, d'après la loi, être gracié ; néanmoins, il devra payer
cinq *tomlong* (environ 14 francs) pour frais de procès, et le
predap kedey.

La justice agira de la même manière envers :

1º Un petit-fils ou une petite-fille qui se présente pour son
grand-père ou sa grand'mère ;

2º Un enfant qui se présente pour subir la peine encourue
par sa mère ;

3° Un disciple qui se présente pour subir la peine méritée par son maître;

4° Des neveux ou des nièces qui se présentent pour subir une peine à la place d'un oncle ou d'une tante;

5° Une épouse qui s'offre pour subir la peine encourue par son mari.

Art. 33. — Lorsqu'un enfant dénonce à la justice son père comme coupable d'avoir blessé quelqu'un soit à coup de fusil ou en lançant des flèches, soit avec une pique ou un instrument tranchant; d'avoir tué ou empoisonné des personnes, d'avoir volé ou ravi de force le bien d'autrui, le tribunal doit soigneusement examiner l'acte d'accusation et interroger les témoins, pour s'assurer si leur témoignage mérite créance ou non. Quand il se sera assuré que les dépositions des témoins doivent être reçues, si le prévenu est accusé de vol, il fera apporter les objets volés comme pièces de conviction, avant de citer l'accusé et le faire comparaître. S'il est incriminé d'avoir blessé ou tué des personnes, il fera rechercher les armes ou les instruments qui ont servi à la perpétration du crime et les fera apporter comme pièces de conviction. Si on ne peut avoir les objets volés, les armes ou les instruments qui doivent servir de pièces de conviction, et s'il n'y a pas de témoins, l'accusateur sera condamné à recevoir cinquante coups de lanière de cuir de buffle desséché, puis il sera débouté de sa plainte. S'il y a des témoins et si on a pu découvrir les objets volés, les armes ou les instruments (qui sont des pièces de conviction), alors on saisira l'accusé qui sera conduit au tribunal pour être jugé. S'il est reconnu coupable, on lui fera subir, selon la rigueur de la loi, la peine qu'il a méritée. Si, au contraire, sa culpabilité n'est point démontrée, le tribunal fera subir à l'accusateur une peine et une amende doubles de celles qu'aurait subies l'accusé, s'il avait été reconnu coupable.

Dans le cas où de semblables accusations auraient été portées soit par un enfant contre sa mère, soit par un petit-fils ou une petite-fille contre son grand-père ou sa grand'mère, soit par un neveu ou une nièce contre son oncle ou sa tante, soit par un élève contre son maître, soit par un frère cadet ou une sœur cadette contre son frère aîné ou sa sœur aînée, soit par une épouse, contre son mari, le tribunal, pour juger, procédera comme ci-dessus.

S'il s'agit d'une accusation de rébellion, de révolte contre le roi, les juges doivent examiner avec soin s'il y a lieu ou non de l'accueillir, car il s'agit d'une accusation très-grave. S'ils croient qu'il est de leur devoir de la recevoir, ils feront saisir le coupable, qui sera conduit au tribunal qui doit informer et procéder à l'instruction avec toute l'équité possible. Si, après examen, le tribunal juge nécessaire de déférer le serment à l'accusé pour qu'il se *purge* de cette accusation, il le fera ; s'il juge à propos d'user de ruses, de finesses pour connaître la vérité, il agira de la sorte. Si l'instruction fait naître des doutes, si elle fait découvrir qu'il y a prévention fondée, on examinera de nouveau selon cette prévention. Si, enfin, le tribunal sait quel est celui de l'accusateur ou de l'accusé qui doit être condamné, il lui fera subir la peine qu'il a méritée selon toute la rigueur de la loi, « parce qu'il s'agit d'un crime de lèse-majesté ou de lèse-nation » (tùs phên dey) (1). Dans le cas où l'accusateur, voyant que la personne qu'il a accusée est condamnée, s'offrirait, par reconnaissance et en considération de ce que la personne est soit son père ou sa mère, soit son grand-père ou sa grand'-mère, soit son précepteur, soit son oncle ou sa tante, soit son frère aîné ou sa sœur aînée, soit son mari, à subir lui-même la peine à laquelle elle a été condamnée, le tribunal ne doit point condamner à la peine capitale le coupable convaincu de révolte, mais il demandera une caution qui garantira sincèrement le repentir du coupable et son retour à de meilleurs sentiments, puis il lui fera grâce de la vie pour cette fois. Quant aux biens du coupable, on s'en rapportera à la décision du roi.

Art. 34. — Lorsqu'un enfant est accusé de vol, avant de le saisir pour le juger, le tribunal doit envoyer une lettre au père ou à la mère de l'accusé, pour l'inviter à venir assister à l'instruction du procès, à lui servir de caution, à fournir le *predap kedey* et payer l'amende si le coupable est condamné. Si le père

____

(1) On doit se souvenir que, d'après la loi cambodgienne, si l'accusateur ne fait pas la preuve de ce qu'il impute à l'accusé, il doit être condamné à subir la peine qu'aurait subie l'accusé si le crime était prouvé. (Note du traducteur.)

ou la mère de cet enfant ne se présente pas pour assister à son interrogatoire ou refuse de le reconnaître, les juges doivent ordonner de chercher une personne pour l'assister durant les débats. Pour cela, ils lui donneront trois jours. S'il ne peut trouver personne, un officier du tribunal sera chargé de lui durant l'instruction et devra le garder à vue. Si c'est le petit-fils ou la petite-fille de quelqu'un qui est en cause, le tribunal doit prévenir par lettre son grand-père ou sa grand'mère; si c'est un neveu ou une nièce, on doit prévenir son oncle ou sa tante. Lorsque c'est une femme mariée, on doit prévenir son mari; lorsque c'est un esclave on doit prévenir son maître; lorsque c'est le client de quelqu'un qui est accusé, on doit écrire à son patron. Si c'est une personne qui est sous la tutelle d'un frère aîné ou d'une sœur aînée, on doit prévenir la personne sous la tutelle de qui elle était, avant de l'arrêter pour la juger. Dans tous ces cas, on procédera, pour l'instruction du procès, comme ci-dessus.

ART. 35. — Si un esclave accuse son maître de lui avoir fait subir de mauvais traitements qui ont occasionné soit des fractures de membres, soit la cécité, soit des blessures graves, soit des plaies, etc., etc., avant d'instruire contre ce maître, le tribunal doit faire examiner les blessures, les plaies, les fractures, etc., etc., afin de s'assurer si elles sont graves ou légères, si elles ont été faites avec un rotin, une verge de bambou, avec des armes ou avec un instrument quelconque. Si cet esclave n'est que légèrement blessé ou n'a que quelques meurtrissures faites avec un rotin ou une baguette de bambou, la justice ne doit point recevoir sa plainte. Mais si les blessures sont graves et si elles ont été faites avec une arme ou un instrument quelconque, si elles rendent cet esclave infirme ou si elles lui ont fait perdre la vue, quand même elles auraient été faites avec un rotin ou avec une baguette de bambou, le tribunal doit faire comparaître ce maître brutal et inhumain pour procéder à l'instruction du procès. L'esclave, de son côté, doit chercher une caution qui assiste à l'instruction et aux débats; s'il ne peut en trouver, il sera sous la surveillance d'un officier du tribunal, qui le gardera à vue durant les débats. Lorsqu'ils devront prononcer la sentence, les juges devront faire attention à la gravité des blessures. S'il y a perte de la vue, s'il y a des blessures graves à la tête, si les dents, les bras ou les jambes sont cassés; s'il y a fracture des os, si le visage a des plaies profondes, si des éclats de bois ou de toute autre matière sont restés dans les blessures, dans tous ces cas, le tribunal prononcera que cet esclave ne doit plus rien à son maître, qu'il lui est fait remise de toutes ses dettes envers son maître et qu'il n'aura à payer que les frais du procès et de comparution (predap kedey).

Si cet esclave meurt des suites de ses blessures, son maître sera condamné à la peine capitale. Si ce maître a tué son esclave à l'insu de sa femme et de ses enfants, la moitié seulement de tout ce qu'il possède sera confisquée au profit du trésor du roi. Si c'est la maîtresse de la maison qui a tué un esclave à l'insu de son mari, un tiers de tous les biens de cette maison sera confisqué au profit du trésor du roi. Si les blessures sont graves et ont atteint des parties du corps où elles auraient pu devenir mortelles ou rendre l'esclave incapable de tout travail, le tribunal exigera que son maître lui remette les deux tiers de ce qu'il lui doit ou de ce qu'il a déboursé en l'achetant. Si les blessures l'ont affaibli, mais ne l'empêchent pas de faire certains ouvrages, le tribunal ordonnera la remise du tiers de sa dette ou de la somme qu'il a coûtée à son maître; la même remise sera ordonnée par le tribunal, s'il n'est devenu qu'un peu moins propre au travail qu'auparavant. — Si le maître a frappé son esclave dans sa maison ou dans son enclos (rebâng), sous les yeux de sa femme ou par ses ordres, ou si cette femme, voyant son mari frapper un esclave au point de le rendre impotent ou de lui donner la mort, ne l'en a pas empêché soit par ses paroles, soit autrement, elle subira la même peine que son mari, « parce que, dit la loi, elle est aussi inhumaine et aussi cruelle que son mari. » Si un mari voit sa femme frapper brutalement un esclave au point de l'estropier ou de le faire mourir, et ne l'en empêche pas, il subira la même peine que sa femme.

Art. 36. — Si quelqu'un est accusé devant la justice de s'être livré à des actes de barbarie ou de cruauté envers une personne, comme de lui avoir mis la cangue, de lui avoir serré le cou avec des liens, de l'avoir enfoncée sous l'eau, de l'avoir foulée aux pieds, de l'avoir rudement bousculée ou frappée du poing, de l'avoir enterrée vivante, de l'avoir précipitée d'un lieu élevé, de l'avoir fait fouler aux pieds par des bœufs, des chevaux, des éléphants ou des buffles ; de l'avoir fait broyer par un chariot qu'on a fait passer sur son corps, de l'avoir attachée par les mains et les pieds à des piquets (chàng rau), de l'avoir liée à des piquets pour la frapper, de l'avoir mise à la chaîne et percée avec une lance, d'avoir tiré sur elle soit avec un fusil, soit avec un arc ; de l'avoir torturée avec le feu, de l'avoir exposée aux ardeurs du soleil, etc., etc., le tribunal fera saisir l'accusé pour procéder à l'instruction, qui doit se faire avec justice. Il examinera si le coupable a agi ainsi de lui-même, de sa propre autorité, au mépris de la loi, ou s'il avait des raisons pour le faire et a pu se croire le droit d'agir de la sorte. Si c'est poussé par quelque fatalité (1) qu'il s'est livré à ces actes de barbarie, lorsqu'il s'agira de le condamner et de lui faire subir la peine qu'il a méritée, les juges la mitigeront selon qu'ils le jugeront convenable ; de cette manière, ils seront irréprochables et éviteront les peines de la vie future. Si l'accusé avait des raisons pour agir comme il l'a fait et le droit d'infliger à cette personne les tourments qu'il lui a fait endurer, la loi le déclare innocent.

ART. 37. — NOTA. — Cet article ne renferme qu'une instruction dans laquelle on rappelle aux juges leurs devoirs, en mettant sous leurs yeux l'exemple de *Pûthisat* (une des incarnations de Bouddha rendant la justice) ; on y fait également mention des mérites qu'acquerront les juges qui sont justes, et des peines que subiront, soit en cette vie, soit après leur mort, les juges iniques ou négligents à rendre la justice. *(Observation du traducteur.)*

---

(1) La fatalité dont il est question s'entend, d'après le législateur, de la folie ou d'une passion qui prive de l'usage de la raison. (Note du traducteur.)

III. — RÈGLES DE CONDUITE QUE DOIVENT SUIVRE CEUX QUI SONT CHARGÉS D'EXÉCUTER LES MANDATS D'AMENER.

ARTICLE PREMIER. — Lorsque le tribunal ou un juge a reçu un acte d'accusation, il doit l'examiner et s'assurer qu'il porte le sceau d'un mandarin subalterne (phủáac ngéar) ou la signature de l'accusateur, et qu'il est en bonne et due forme. Après cela, s'il croit qu'il doit être pris en considération, il fera choix de celui qui doit être chargé du mandat d'amener ou de la lettre d'amener ; — celui qui est choisi pour remplir cette fonction doit être un homme juste, vertueux et humain, connaissant bien les lois et les anciens usages. Il doit, en particulier, bien connaître et observer les huit règles suivantes :

1º Si le prévenu dépend de quelqu'un, s'il est esclave, s'il est le client de quelqu'un, celui qui porte la lettre d'amener doit la remettre au patron, au maître du prévenu ou à la personne dont il dépend, et lui faire promettre de le conduire dans un temps déterminé (un, deux ou trois jours) au tribunal, afin qu'il soit jugé ;

2º Dans certains cas, après avoir remis la lettre d'amener au maître, au patron ou à la personne dont dépend le prévenu, il doit obliger celui qui a reçu la lettre à venir le jour même avec lui au tribunal et à y amener le prévenu pour qu'il soit jugé ;

3º Dans d'autres cas, celui qui porte la lettre d'amener doit, après avoir saisi et lié l'accusé, le conduire à son maître, à son patron ou à la personne dont il dépend, et l'obliger à venir le jour même avec lui au tribunal et à y amener le prévenu, afin que l'instruction du procès puisse commencer immédiatement ;

4º Quelquefois, l'envoyé du tribunal doit saisir l'accusé et l'amener directement devant la justice. Après cela, si cet accusé est l'esclave ou le client de quelqu'un, ou s'il est sous la dépendance d'une personne, l'envoyé adressera une lettre pour prévenir ce patron, ce maître ou la personne dont le prévenu dépend, et l'inviter à venir assister à l'interrogatoire et à l'instruction du procès ;

5º Dans certaines affaires, il est obligé d'exiger un répondant qui est chargé d'amener l'accusé au tribunal qui doit le juger;

6° Il y a des cas où cet envoyé de la justice doit attacher les mains de l'accusé et le conduire au tribunal directement,

7° Dans d'autres cas, celui qui est chargé de mettre à exécution un mandat d'amener, doit enchaîner l'accusé tout de suite, puis l'amener au tribunal;

8° Il arrive aussi quelquefois que celui qui porte un mandat d'amener doit tout de suite enchaîner l'accusé et lui mettre la cangue, puis le conduire au tribunal.

Ces huit règles doivent être suivies selon la gravité du crime ou du délit dont le prévenu est accusé, et l'urgence des cas.

Article premier (bis). — Lorsque quelqu'un, soupçonnant un individu d'être l'auteur d'un vol soit d'objets mobiliers, soit d'animaux, soit d'esclaves, demande que la justice l'arrête pour instruire le procès, si l'accusé est l'esclave ou le client de quelqu'un, ou est sous la dépendance d'une personne, le tribunal doit écrire au maître, au patron du prévenu ou à la personne dont il dépend, de l'amener afin qu'il puisse le juger. Dans ce cas, il n'est point permis de saisir l'accusé de sa propre autorité, mais on doit s'informer s'il est chez lui ou non. S'il est chez lui, dans le cas où son maître ou son patron, ou la personne dont il dépend, ne l'amènerait pas dans les trois jours au tribunal, les juges feront saisir ce maître, ce patron ou la personne dont l'accusé dépend. Si ce maître, ce patron ou cette personne est empêché par une affaire sérieuse comme, par exemple, un mariage, une maladie, ou s'il est occupé à faire de bonnes œuvres considérables (thu car cusal chéa thom), et s'il ne peut trouver personne pour le représenter devant la justice, le tribunal lui donnera un premier délai de trois jours; si, à l'expiration de ce premier délai, il n'arrive pas, il lui en donnera un second de sept jours; si, à l'expiration du septième jour, il ne se présente pas, les juges prononceront leur sentence et condamneront ce maître, ce patron ou celui qui a autorité sur le prévenu, à la peine des complices des voleurs.

Quant à l'accusé lui-même, le tribunal le fera saisir pour le juger. Si, durant les délais qui ont été accordés au maître, au patron de l'accusé ou à la personne dont il dépend, pour le conduire au tribunal, cet accusé a disparu, ce maître, ce patron ou celui dont il dépend sera condamné à la peine des voleurs. Après la sentence, la police doit faire des recherches pour découvrir le fugitif, et si elle peut mettre la main sur lui, il sera interrogé sur le vol qui lui est imputé. Dans le cas où il avouerait l'avoir commis et s'il avait pris la fuite à l'insu de son maître, de son patron ou de celui sous l'autorité duquel il est, dès qu'il a eu connaissance de l'acte d'accusation porté contre lui, le tribunal révoquera la sentence portée contre ce maître, ce patron ou celui dont le coupable dépend, et prendra, pour l'indemniser de ce qu'il a dépensé soit pour payer l'amende, soit pour les frais du procès, sur l'amende imposée au voleur et sur les frais du procès et le *predap kedey* qui retombent sur lui. Mais si le voleur affirme que, soit son maître, soit son patron, soit celui sous l'autorité duquel il est, lui a conseillé de se cacher ou de fuir, la sentence ne sera point révoquée. Si ce maître ou ce patron, ou celui dont dépend le fugitif, va à sa recherche, le saisit et le livre à la justice, l'amende qu'il a payée et les frais du procès qu'il a déboursés lui seront remboursés.

Si, lorsque l'acte d'accusation est déposé au tribunal, l'accusé est absent de chez lui, son maître, si l'accusé est esclave, — son patron, s'il est le client de quelqu'un, — celui dont il dépend, s'il est sous la tutelle ou sous l'autorité de quelqu'un, doit être interrogé afin qu'il dise où il est allé, et on doit lui faire promettre d'aller le prendre dans un laps de temps déterminé d'après la distance du lieu où il est, et de l'amener au tribunal.

Si, lorsqu'il reçoit du tribunal la lettre qui lui fait savoir qu'il doit conduire devant les juges l'accusé, ce maître, ce patron ou celui de qui l'accusé dépend est retenu par un des cinq empêchements mentionnés dans le *Lakkhana tralacar* (lois sur les tribunaux) ou par un autre qui le met dans l'impossibilité d'aller saisir l'accusé fugitif, le préfet de police doit prendre des renseignements auprès de ce maître, de ce patron ou de de celui dont le prévenu dépend, pour connaître la province dans laquelle il est, et adresser au gouverneur de cette province ou à ses agents (phnéac ngòat) une lettre d'amener pour faire saisir le prévenu et le conduire au tribunal. Si le prévenu fugitif n'est point dans la province indiquée par le maître, le patron ou celui de qui dépend le fugitif, celui qui a désigné la province, qui a donné de faux renseignements, subira la peine des complices des voleurs (article 5) (1). Si, néanmoins, celui qui a désigné la province et donné de faux renseignements, l'a fait parce qu'il a été trompé par l'accusé qui, en partant, lui a dit qu'il allait dans cette province, le maître, le patron ou celui de qui l'accusé dépend n'est point coupable de complicité et n'est point puni.

Si, dans la suite, le prévenu est saisi et reconnu innocent du vol qu'on lui a imputé, son maître, son patron ou celui sous l'autorité duquel il est, est déclaré, par la même décision, innocent de toute complicité.

Si un esclave, un client ou un individu qui dépend de quelqu'un a été laissé par son maître, son patron ou celui dont il dépend, pour garder sa maison, et qu'il soit accusé de vol devant la justice, pendant que son maître, son patron ou celui sous l'autorité duquel il est, est absent ou en voyage, les juges doivent le faire comparaître au tribunal et le faire garder avec précaution. Ensuite, ils enverront une lettre à ce maître, à ce patron ou à celui dont dépend l'accusé, pour lui signifier qu'à son retour il doit se rendre au tribunal pour assister à l'interrogatoire de l'accusé et à l'instruction du procès.

Lorsque la justice fait saisir un prévenu auquel la garde d'une maison et des objets qui s'y trouvaient avait été confiée, les juges doivent ordonner de dresser un inventaire exact de tout ce que cette maison renfermait et confier celle-ci au maire du village (mí sroc), afin qu'il veille à ce que rien ne soit enlevé. Si un agent de la police ou du tribunal va saisir les esclaves d'un innocent et est cause, par cela même, que ses biens se détériorent ou se perdent, il sera condamné à payer le double des biens détériorés ou perdus. Si le maire (mí sroc) qui a été chargé par un officier du tribunal de prendre soin des objets contenus dans une maison, les laisse se perdre, il sera condamné à en payer la valeur. Si un agent, qui est envoyé pour saisir un accusé, prend quelque chose à cet accusé pour se l'approprier, il subira la peine des voleurs.

Art. 2. — Si, dans un acte d'accusation, quelqu'un assure

---

(1) Du *Lakkana crom chor.*

qu'il a vu entre les mains d'un individu des objets volés, la justice doit faire arrêter l'accusé et faire saisir ces objets qu'on portera au tribunal ; puis, un magistrat interrogera l'accusé pour savoir s'il est esclave ou client, ou sous la dépendance de quelqu'un, et s'il répond affirmativement, après lui avoir demandé où est son maître, son patron ou celui sous l'autorité duquel il demeure, il lui écrira pour le prévenir et l'inviter à venir assister à l'interrogatoire et au jugement de l'accusé. Si, dans l'interrogatoire, le prévenu prétend qu'il a acheté ces objets ou qu'il les a obtenus par échange, qu'ils sont un dépôt ou un gage qu'on lui a confié, le juge d'instruction lui demandera si, lorsqu'il a acheté ou fait les échanges, lorsqu'il a reçu ce dépôt ou ce gage, tout s'est passé légalement et selon les usages ; c'est-à-dire s'il a prévenu soit les anciens de l'endroit, soit les officiers du gouverneur de la province, soit ses agents (krôm macar). Dans le cas où il ne serait pas en règle sur ce point, il doit l'obliger à rechercher la personne de qui il tient ces objets, soit par achat, soit par échange, soit comme dépôt, soit comme gage ; s'il ne peut la trouver et que, néanmoins, il soit constaté que véritablement il les a achetés ou obtenus par échange, ou bien qu'il les a reçus en dépôt ou comme gage, il sera condamné à la peine des complices des voleurs, pour ne s'être pas mis en règle et avoir contrevenu aux usages, et paiera les frais de citation et de comparution. Si la personne dont il tient ces objets a pu être retrouvée et qu'il soit prouvé qu'elle les a volés, ces objets seront confisqués, et celui qui les a reçus d'elle sera condamné à payer les frais de citation (chung ca), puis elle sera mise en liberté. S'il est constaté que réellement il les a achetés ou reçus en échange, comme dépôt ou comme gage, et qu'il a suivi les usages lorsqu'il les a achetés ou reçus, que la personne de qui il les tient puisse être retrouvée ou non, il n'est passible d'aucune peine.

Art. 3. — Si, dans un acte d'accusation, quelqu'un assure qu'il a vu entre les mains d'un individu des biens qui lui ont été volés, le tribunal fera saisir cet individu et les objets, qui seront portés aux magistrats qui doivent juger. Dans le cas où l'accusé répondrait, durant l'interrogatoire, sans suite ou d'une manière équivoque, il doit être maintenu en état d'arrestation et les juges, si l'accusé est esclave ou client, ou dépend de quelqu'un, écriront à son maître ou à son patron, ou à celui qui a autorité sur lui.

Art. 4. — Lorsqu'un individu qu'on n'a pas pu saisir, mais dont on connaît les traits et la figure, est accusé devant la justice soit d'avoir volé soit d'avoir pillé ou donné des drogues pour pouvoir voler, le jour ou la nuit, au vu et au su de plusieurs témoins, le tribunal le fera saisir et le fera comparaître devant lui, les mains liées, pour qu'il soit jugé. Si l'instruction établit la culpabilité de l'accusé, on le condamnera selon la loi ; mais si sa culpabilité n'est point prouvée, on appliquera à l'accusateur l'article 2 *(Lakkana crom chor)* et on le condamnera à payer cinq *tomlong* (environ 14 francs), prix de la chaîne qu'a portée le prévenu, au profit de celui-ci, plus les frais de procédure.

Art. 5. — Si un individu qu'on n'a pas pu saisir, mais dont on connaît la figure, est accusé d'avoir commis des actes de cruauté ou de s'être rendu coupable de violences envers une personne (comme d'avoir fait feu ou lancé des flèches contre elle, de l'avoir blessée avec des armes tranchantes, de l'avoir percée, de l'avoir torturée avec le feu, de l'avoir exposée aux ardeurs du soleil, de lui avoir déchiré la figure, de lui avoir fait des blessures), la justice doit le faire saisir et le faire comparaître la chaîne aux pieds et les mains liées. Si l'instruction établit sa culpabilité, il sera puni selon la loi ; mais si sa culpabilité n'est point constatée, l'accusateur sera condamné et on lui fera l'application de l'article 2 *(Lakkana crom chor)*, c'est-à-dire qu'on lui fera subir la peine qu'aurait dû subir l'accusé s'il avait été reconnu coupable ; de plus, il paiera cinq *tomlong*, prix de la chaîne que l'accusé a portée, au profit de celui-ci, plus tous les frais du procès.

Art. 6. — Quiconque est accusé, devant la justice, de s'être rendu coupable soit d'homicide avec des armes ou des instruments quelconques, soit d'empoisonnement, soit d'avoir commis un des crimes de la première catégorie (ocrot tûs), sera saisi et conduit au tribunal les fers aux pieds, la cangue au cou et les mains liées, et s'il est reconnu coupable, il subira la peine édictée contre le crime qu'il a commis.

Si le crime dont il est accusé n'est point prouvé et établi d'une manière certaine, l'accusateur sera puni et on lui fera subir la peine qu'aurait dû subir l'accusé, s'il avait été reconnu coupable (*Lakkana crom chor*, article 2). De plus, l'accusé reconnu innocent sera indemnisé des frais de cangue, de fers et des liens, selon la taxe suivante : un *bat* (0 fr. 80 cent.), prix de la cangue ; cinq *bat* (environ 4 francs), prix des liens ; cinq *tomlong* (environ 14 francs), prix de la chaîne, aux dépens de l'accusateur, qui devra supporter tous les frais du procès.

ART. 7. — Lorsqu'un agent du préfet de police sera requis d'aller, avec un officier du tribunal et un accusateur, procéder à l'arrestation d'un accusé, l'officier du tribunal marchera le premier, l'agent du préfet le suivra immédiatement et l'accusateur marchera le troisième. Dès qu'ils seront sur le point d'arriver à la maison de l'accusé, l'accusateur, par des signes, la fera connaître et donnera le signalement de la personne qui doit être saisie. Cela fait, il se cachera soigneusement, afin de n'être point vu. Lorsque les agents seront près de l'individu qu'ils doivent arrêter, l'officier du tribunal le fera entourer de manière à ce qu'il ne puisse pas s'échapper, puis il le saisira par la main et lui fera connaître le crime ou le délit dont il est accusé, et lui demandera s'il proteste contre l'accusation. S'il proteste, l'officier du tribunal fera paraître devant lui l'accusateur pour entendre leurs explications. Si, convaincu par les raisons de celui-ci, il avoue ce qu'on lui impute, les agents lui ordonneront de chercher une caution qui le conduira au tribunal qui doit le juger. S'il ne trouve pas de caution et s'il doit être gardé à vue, l'officier du tribunal doit examiner l'espèce de crime ou de délit qu'on lui impute, pour savoir s'il doit lui faire lier les mains ou le mettre à la chaîne et à la cangue, afin de l'emmener au tribunal, et il donnera à l'agent du préfet de police ordre de faire ce qu'il prescrira. Dans le cas où, à l'arrivée de l'officier du tribunal et de l'agent du préfet de police, le prévenu prendrait la fuite, ils doivent faire tout ce qui dépend d'eux pour le faire saisir, et s'ils y parviennent, ils doivent le lier solidement. Ensuite, on lui fera connaître la cause de son arrestation et on prendra acte de ses réponses. S'il ne veut point être confronté avec l'accusateur, malgré toutes ses protestations, on lui mettra la cangue et on le conduira au tribunal. Si, lorsqu'ils sont envoyés prendre un accusé, l'officier du tribunal et l'agent du préfet de police n'usent pas de précautions et de ruses ; si, parce qu'ils lui laissent deviner ce dont il s'agit, il prend subitement la fuite, ils seront passibles de la peine qu'a mérité l'accusé, car sa fuite doit leur être imputée.

Art. 8. — Lorsqu'un officier du tribunal et un agent du préfet de police sont envoyés pour saisir un individu accusé soit de larcin, soit de pillage, soit de vol avec violence, dès qu'ils arrivent à la maison de l'accusé, ils la feront entourer et garder avec soin, afin que le prévenu ne puisse pas s'échapper ; puis, l'officier du tribunal le saisira par la main pour l'interroger sur l'accusation portée devant la justice contre lui. Immédiatement après, qu'il ait fait des aveux ou non, l'officier et l'agent feront une visite domiciliaire pour découvrir les objets volés ou pillés. Pour faire cette visite, les agents du tribunal et du préfet de police feront venir le maire (mi sroc) ou son adjoint (chôm tôp), qui entrera dans la maison et en sortira tout ce qu'elle renferme, afin que l'accusateur puisse examiner si les objets volés s'y trouvent. S'il ne trouve pas les biens volés et si l'accusé proteste contre l'accusation ou bien s'il assure que les objets que l'accusateur a remarqués, et qu'il affirme avoir été volés, sont sa propriété, parce qu'il les a eus soit par achat, soit par échange, soit par donation ; ou bien encore s'il assure qu'ils sont un dépôt fait par un mandarin ou qu'il les a comme gage, et s'offre à faire la preuve de ce qu'il avance, il sera obligé de fournir une caution qui le conduira devant le tribunal qui doit examiner l'affaire et la juger.

Lorsqu'il s'agit de mettre à exécution un mandat d'amener lancé contre un individu, l'officier du tribunal qui en est chargé devra examiner, d'après l'acte d'accusation, si le crime imputé à l'accusé est de ceux qui sont punis de la confiscation des biens. Dans ce cas il fera l'inventaire de ses biens, tels qu'esclaves, animaux, rizières, jardins, plantations, etc., puis en fera trois parts : deux pour le mari et une pour la femme. S'il a des biens appartenant soit à ses père et mère, soit à son grand-père ou à sa grand'mère, soit à quelqu'un de ses parents ou de ses amis, ou bien s'il a des biens qu'il a empruntés ou qu'on a mis chez lui comme dépôt ou comme gage, il en fera un inventaire à part. Ces deux inventaires seront remis au maire du village (mi sroc) ou à son adjoint, qui devra les conserver et veiller à ce que les biens ne soient pas enlevés ou dissipés. Si l'officier du tribunal et l'agent du préfet de police ne se conforment pas à ce qui vient d'être dit, ils se rendent coupables de contravention et, par suite, passibles d'une des dix peines.

IV. — PROCÉDURE POUR LE PRONONCÉ DES JUGEMENTS.

ARTICLE PREMIER. — Lorsqu'un coupable prend la fuite, sa caution est condamnée à la peine qu'a méritée le fugitif; si, ensuite, la caution saisit et livre le coupable fugitif, le tribunal prendra sur l'amende, dont celui-ci sera puni, pour rembourser à la caution toutes les dépenses qu'elle a dû faire à cause de sa fuite. Si le coupable qui a pris la fuite par la faute de sa caution devait subir la peine du rotin, on ne frappera pas la caution, mais on lui fera racheter cette peine par de l'argent, selon l'usage *(Lakkana crom chor*, article 6). Cet argent sera remis à celui qui est chargé de nourrir les éléphants du roi (thlay smau tomréy luong). Si le coupable fugitif mérite la prison, sa caution sera incarcérée et employée aux travaux publics (réach chéa car) jusqu'à ce que le coupable soit saisi. Si le crime du coupable est puni de la confiscation des biens, on confisquera tous ceux du coupable, mais non ceux de la caution, à moins que les biens du premier ne suffisent pas pour payer tous les créanciers, car, dans ce cas, la caution doit combler le déficit. Lorsque le coupable fugitif a mérité la peine capitale, les juges porteront l'affaire au roi, afin que Sa Majesté prononce elle-même la sentence, qu'ils exécuteront ponctuellement. Lorsque le crime du coupable doit être puni de la perte de la liberté, la caution devient esclave du roi. Si Sa Majesté lui permet de se racheter de cet esclavage, le prix du rachat est de trois *ânching* pour chaque personne (1). Si, après que la caution a été mise au nombre des esclaves du roi, on peut appréhender le coupable, la caution sera mise en

---

(1) Trois *ânching* équivalent à soixante *tomlong* ou 170 francs. (Note du traducteur).

liberté, et si elle s'est rachetée, le prix de son rachat lui sera remboursé.

ART. 2. — Si, durant l'interrogatoire d'un accusé, sa caution répond à sa place et à contre-temps, on la frappera de trois coups sur la bouche et on lui imposera silence. Mais si elle parle selon la loi, conformément à l'usage, de manière à embarrasser les juges qui s'écartent de la justice et de la miséricorde, elle n'est point coupable.

ART. 3. — Dans le cas où le coupable et sa caution auraient fui ensemble, et qu'il ne resterait que leurs femmes et leurs enfants, si, avant d'agréer cette caution, les juges ont averti la femme et les enfants, et si cette femme et ces enfants ont consenti à ce qu'il servît de caution, la femme et les enfants de la caution, ainsi que la femme et les enfants du coupable, doivent subir les conséquences du procès. C'est pourquoi on les mettra en état d'arrestation et on les gardera jusqu'à ce que le coupable soit saisi et livré pour être jugé. Si son crime est de ceux qui sont punis de la perte de la liberté du mari, de la femme et des enfants, ils seront tous mis au nombre des esclaves du roi ; mais s'ils doivent être mis en liberté, le tribunal les renverra libres immédiatement, sans attendre des supplications ou de l'argent. Si le coupable fugitif n'a pas de femme ou si sa femme a pris la fuite avec lui, les juges feront arrêter et garder à vue ceux qui vivent et mangent avec lui, quand même il s'agirait de ses père et mère, de parents proches ou éloignés, ou d'amis. Néanmoins, ils ne seront gardés qu'un mois. Si, durant ce mois, le coupable n'a pu être découvert, ils seront mis en liberté sans être obligés de payer ni frais de citation ou de comparution (predap kedey).

Cependant, si les personnes qui habitent et mangent avec cet accusé étaient absentes lorsqu'il a pris la fuite, ou s'il s'est évadé soit d'entre les mains de la justice, soit de la maison de sa caution, soit de la maison d'une personne étrangère, pourvu que cette maison ne fût point dans la même enceinte que celle qu'il habite, ces personnes ne sont point coupables. Si la femme et les enfants de l'accusé n'ont point pris la fuite, et si ses biens n'ont pas disparu ; s'il n'y a que la femme et les enfants de la caution qui ont disparu, tous ses biens deviennent biens communs (chéa luong) : la femme, les enfants de l'accusé fugitif et tous ses biens seront vendus pour payer l'amende, et si leur prix ne suffit pas pour tout payer, les créanciers perdront ce qui manque ; ils ne seront point indemnisés pour cela. Dans le cas où l'accusé et sa caution, leurs femmes et leurs enfants, auraient pris la fuite, s'ils laissent des biens, meubles ou immeubles, ils seront vendus pour payer l'amende et les créanciers, et s'il y a un surplus, il sera pour le trésor du roi.

ART. 4. — Lorsque le tribunal doit mettre en cause et juger soit la femme d'un accusé, soit celle d'une caution, il doit se souvenir qu'il y a trois classes d'épouses :

1º Les femmes qui vivent, mangent et cohabitent avec leur mari ;

2º Les femmes qui ont été abandonnées, mais qui n'ont pas de billet de répudiation ;

3º Les femmes séparées de leur mari par suite de divorce, mais qui n'ont pas encore l'acte attestant le divorce.

Quant aux femmes qui mangent, vivent, cohabitent avec leur mari, elles sont également divisées en trois classes :

1º Prâpôn thôm (la première épouse) ;

2º Prâpôn côndal (la seconde) ;

3º Prâpôn chông (la dernière) (1).

Quant aux femmes abandonnées (bâng chôl), on les distingue de la manière suivante :

1º Celles qui sont absolument délaissées par leur mari, qui ne s'occupent nullement d'elles et qui n'entretiennent aucuns rapports avec elles ;

2º Celles qui ont été abandonnées par leur mari, mais reçoivent encore quelques cadeaux de leur part ou des objets pour leur usage ;

3º Celles qui ont été abandonnées par leur mari, qui leur donne encore des personnes pour les servir ;

4º Celles qui ont été abandonnées et qui habitent loin du domicile de leur mari, mais qui, de temps en temps, reçoivent leurs visites et les leur rendent.

---

(1) Voir la loi concernant les épouses. (*Lakkana phôdey prâpôn.*)

Quant aux femmes séparées de leur mari par divorce, mais qui n'ont pas encore l'écrit qui le rend irrévocable, il y en a trois catégories :

1º Celles qui avaient été abandonnées avant la perpétration du crime dont est accusé le mari ;

2º Celles abandonnées lorsque le mari était sur le point de commettre le crime qu'on lui impute ;

3º Celles qu'il a abandonnées après la perpétration de son crime.

Maintenant, il faut en venir à l'application de ce qui vient d'être dit.

Si les épouses qui vivent, mangent, cohabitent avec leur mari et à qui leur mari confie les biens de la maison ou ceux qui sont le produit du vol, et leur en laisse l'administration, savent que leur mari a volé ou pillé le bien d'autrui ou qu'il s'est porté caution pour quelqu'un, elles peuvent être mises en cause et condamnées à cause des crimes de leur mari ou à cause de l'acte par lequel il s'est porté caution. Mais si elles n'ont pas eu connaissance des crimes de leur mari ou s'il les a trompées, elles ne peuvent pas être inquiétées, quand même elles auraient eu entre les mains le produit du vol, pour en disposer ou pour le consommer : leur ignorance les excuse. Quant à celles à qui les biens de la maison ne sont point confiés, qui ne peuvent pas en disposer, qui ne font que ce qu'on leur ordonne, qui n'ont à leur disposition que les objets qu'on leur donne, elles ne peuvent point être mises en cause pour les actes de leur mari, soit qu'il ait volé ou pillé, soit qu'il se soit porté caution pour quelqu'un.

Art. 5. — Si plusieurs personnes parties ensemble soit pour aller s'amuser, soit pour aller couper du bois, soit pour aller faire des rizières, soit pour aller commercer, se disputent ou se battent entre elles ou avec d'autres personnes qu'elles rencontrent en chemin, les individus qui se sont disputés ou battus sont seuls coupables, alors même qu'il y aurait eu mort d'homme. Les femmes et les enfants de ces individus qui sont restés à la maison ne sont point coupables et ne peuvent pas être mis en cause. Par conséquent, si le crime commis par ces individus doit être puni de la confiscation, le tribunal fera trois parts égales des biens des coupables, dont deux pour le trésor du roi et une pour la femme et les enfants qui ont ignoré le crime.

ART. 6. — Si un malfaiteur qui a piraté, pillé ou volé, ou qui a usé d'armes, d'instruments tranchants pour blesser ou tuer des personnes, à l'effet de s'emparer de leurs biens, est saisi avant d'avoir pu porter chez lui le fruit de ses crimes, sa femme et ses enfants, qui sont restés à la maison, ne sont point coupables et ne peuvent pas être mis en cause. Cependant, si, précédemment, cette femme et ces enfants avaient déjà reçu, gardé ou dissipé des biens provenant soit de vol, soit de piraterie, soit de pillage, ou bien enlevés à des personnes blessées ou tuées par ce malfaiteur, tous les biens de cette femme et de ces enfants seront confisqués et leurs personnes seront mises dans la dernière classe des esclaves du roi, pour être employées à de vils travaux. Si le roi leur permet de se racheter de cet esclavage, ils devront payer trois *ânchîng* par personne (60 tomlong ou 170 francs).

Si les père et mère, les parents ou voisins de ce malfaiteur, connaissant la provenance des biens qu'il a apportés, les consomment ou les conservent, ils se rendent coupables comme complices (sâm chor) de ces crimes et seront punis comme tels (*Lakkana crom chor*, article 5), mais ils ne seront point mis au nombre des esclaves du roi.

ART. 7. — Si un malfaiteur envoie à une personne dont il a demandé la main, par celui-là même qui en a fait la demande pour lui, des biens, des objets qu'il a eus soit par vol, soit par piraterie, soit par pillage, soit en blessant ou en tuant des personnes pour les voler, dans le cas où cet entremetteur aurait reçu ces objets sans discernement, sans faire les déclarations voulues par la loi, il serait coupable de complicité et puni selon la loi (*Lakkana crom chor*, article 5). Mais la fiancée qui les a reçus des mains de cet entremetteur n'est nullement coupable.

ART. 8. — Si un malfaiteur (chor) qui n'a pas de femme et qui habite soit avec ses père et mère, soit avec son grand-père ou sa grand'mère, soit avec des parents proches ou éloignés, n'a point apporté chez eux les biens qu'il a volés ou pillés, ou enlevés avec violence, soit en faisant la piraterie, soit en blessant ou en tuant les possesseurs de ces biens, ses parents ne sont pas coupables. Il en est de même si, après les avoir apportés chez eux à leur insu, il les a dépensés ou vendus, ou gardés également à leur insu, sans leur en faire connaître la provenance; mais si les personnes chez lesquelles il demeure, c'est-à-dire ses père et mère, son grand-père ou sa grand'mère, ou des parents, connaissant la provenance de ces biens, en usent ou les dépensent, ou les conservent comme leur propriété, elles se rendent coupables et subiront la peine des complices des voleurs (sam chor). Si le crime de ce coupable doit être puni de la confiscation de ses biens, il n'y aura que ses biens propres qui seront confisqués; ceux des personnes chez lesquelles il loge ne le seront pas, quand même elles auraient joui de ces biens, fruits du vol, du pillage, de la piraterie, ou provenant des personnes que ce malfaiteur a tuées ou blessées pour les leur enlever. Il en est de même dans le cas où elles les auraient dépensés ou conservés.

ART. 9. — Lorsqu'un assassinat a été commis soit avec une arme, soit avec un instrument quelconque, la justice doit tout d'abord faire des recherches, des perquisitions pour avoir l'arme ou l'instrument qui a servi à la perpétration du crime, comme pièce de conviction. Si quelqu'un a été empoisonné, les juges doivent faire en sorte de découvrir le poison qui a été employé pour commettre le crime, comme pièce de conviction. Dans le cas où, aussitôt après la perpétration de son crime, le meurtrier aurait soit jeté dans l'eau, soit fondu, soit vendu, dans un pays éloigné, l'arme ou l'instrument dont il s'est servi pour le commettre, comme cette arme, cet instrument ne peuvent servir pour mettre à mort le coupable, alors la justice se servira d'une autre arme ou d'un autre instrument. Mais si l'arme, l'instrument dont il s'est servi pour assassiner existe, on doit se servir de cette même arme ou de ce même instrument pour lui faire subir sa peine. Il en est de même dans le cas d'empoisonnement : si on peut découvrir le poison dont l'empoisonneur s'est servi, la justice l'emploiera contre cet empoisonneur lui-même.

ART. 10. — Quiconque sachant qu'un malfaiteur (chor) veut assassiner quelqu'un, lui prête une arme ou un instrument quelconque pour commettre son crime, est aussi coupable que s'il avait ordonné le meurtre.

Quiconque, ignorant l'intention coupable d'une personne qu'il connaît, lui prête une arme qu'il a en main ou qu'il a chez lui, pour qu'elle puisse se défendre ou se préserver des dangers d'un voyage qu'elle doit faire, n'est point coupable si la personne à qui il l'a prêtée s'en sert pour commettre un meurtre à son insu.

ART. 11. — Quiconque connaît des drogues, des poisons qui donnent la mort, ne doit pas les faire connaître à d'autres personnes, et s'il le fait, dans le cas où ces personnes s'en serviraient pour empoisonner quelqu'un, il sera puni comme *ang chor* (celui qui enseigne les moyens de commettre le crime). Cependant, s'il s'est borné à dire dans une conversation, et de bonne foi, sans intention mauvaise, que tel ou tel a empoisonné en se servant de tel poison, ou bien à avertir sa femme, ses enfants, ses parents ou ses amis, de ne point boire une certaine drogue, parce qu'elle empoisonne, lors même que quelque mauvais sujet, qui l'a entendu et qui s'est souvenu du nom du poison, s'en servirait pour empoisonner quelqu'un, il n'est point coupable.

ART. 12. — Celui qui, au retour d'un voyage ou d'un endroit quelconque, dit, soit aux anciens du village, soit à sa femme, soit à ses enfants, qu'il a vu des objets oubliés, cachés ou enfouis dans tel endroit, s'il le dit de bonne foi, sans mauvaise intention, quand même un mauvais sujet, qui l'a entendu, en profiterait pour aller prendre ces objets, il n'est nullement coupable.

ART. 13. — Si un officier du tribunal ou un homme quelconque, qui a appréhendé quelqu'un prévenu de vol, l'a attaché et gardé quelque temps avant de le conduire devant la justice, et, n'écoutant que sa colère, l'a frappé, l'a maltraité durant le temps qu'il l'a gardé, au point qu'il soit enflé, qu'il ait des meurtrissures, qu'il ait perdu la vue, qu'il ait la figure déchirée, les dents brisées, etc., il se rend coupable devant la loi. Par conséquent, si le prévenu est reconnu coupable, celui qui l'a maltraité sera puni d'une amende proportionnée à la gravité des contusions et des blessures, au profit du trésor du roi; mais si ce prévenu n'est point reconnu coupable, celui qui s'est porté à ces voies de fait contre lui sera condamné à la peine des voleurs et à une amende double de celle qui est proportionnée au nombre et à la gravité des contusions et des blessures. Cette amende sera prononcée moitié au profit du trésor royal, moitié au profit de celui qui a été victime de la fausse accusation. Si la personne maltraitée meurt des suites de ses blessures, celui qui l'a frappée sera puni de la peine de mort et de la confiscation de ses biens.

Art. 14. — Si un homme, dont on a volé le bien, est resté tranquille, sans faire de recherches pour découvrir et saisir le voleur, et se présente au tribunal, aussitôt que le voleur a été saisi et conduit devant la justice, pour réclamer son bien, dans le cas où, immédiatement après le vol, cet homme aurait fait la liste des objets volés et l'aurait déposée entre les mains des agents du préfet de police ou des anciens, selon l'usage, les juges adjugeront les deux tiers des biens volés et de l'amende à celui qui a saisi le voleur et un tiers au propriétaire des objets volés. Mais si, après le vol, il n'a pas fait la liste des objets volés, et ne l'a pas déposée entre les mains soit des agents du préfet de police, soit des mandarins subalternes de sa province ou des anciens, conformément à l'usage, la moitié des biens volés et de l'amende sera pour celui qui a pris le voleur et l'autre pour le trésor royal.

Art. 15. — Quiconque, sachant qu'un voleur emporte des objets qu'il vient de voler, le poursuit, lui enlève ces objets et les rend à leur propriétaire, aura le tiers de ces objets, les deux autres tiers resteront au propriétaire. Si, pour enlever au voleur ces objets, il a été obligé d'en venir aux mains avec lui et s'est exposé à être blessé, ces objets seront partagés par moitié entre lui et le propriétaire. Si, dans le combat livré pour reprendre les objets volés, celui qui a poursuivi le voleur a reçu des blessures, il en aura les trois cinquièmes et le propriétaire les deux autres. S'il meurt des suites des blessures qu'il a reçues dans ce combat, il en aura les quatre cinquièmes, qui reviendront à sa femme et à ses enfants pour en faire de bonnes œuvres. Si celui qui veut enlever ces objets au voleur succombe dans la lutte sans avoir pu s'en rendre possesseur, il n'aura rien.

Art. 16. — Si un individu, après avoir pris le bien d'autrui, feint d'avoir enlevé ce bien même à un voleur, et est convaincu en justice de l'avoir volé lui-même, il sera puni d'une amende double de celle qui est infligée aux voleurs et de cinq à dix ans de prison, avec travaux forcés, selon la gravité de son vol.

Art. 17. — Si, pendant qu'un voleur emporte le bien d'autrui, des étrangers le poursuivent, le cernent et le lui enlèvent, on fera quatre parts du butin : une pour ceux qui l'ont enlevé au voleur et trois pour le propriétaire. Si, lorsque le propriétaire du bien volé poursuit le voleur sans pouvoir l'atteindre, des étrangers rencontrent ce voleur, lui font peur soit en faisant du bruit, soit en criant, et parviennent à se rendre maîtres de ce bien volé, ils en auront un tiers, les deux autres tiers seront rendus au propriétaire. S'il s'agit de biens cachés par un voleur qu'on découvre, ou de biens qu'un voleur, surpris et effrayé, a abandonnés, celui qui les a découverts ou ramassés en aura les trois septièmes et le propriétaire les quatre autres.

Quant à ceux qui, en poursuivant un voleur, sont parvenus à lui enlever les objets volés, ceux qui ont trouvé ou ramassé des objets volés qu'un voleur effrayé a abandonnés, s'ils n'en font pas la déclaration soit aux anciens, soit au maire du village (mi sroc), soit aux autorités locales (cròm ma car), soit aux officiers du gouverneur de la province, afin qu'ils fassent des recherches pour retrouver le propriétaire de ces biens, ou s'ils les cachent chez eux pour se les approprier, ils se rendent coupables de contravention ; par suite, ils perdront tout droit à ces biens, qui leur seront repris, et seront punis de l'amende des complices des voleurs (sam chor), au profit du trésor du roi.

Art. 18. — Quiconque s'oppose à la poursuite d'un voleur ou d'un malfaiteur et le protége afin qu'il puisse s'esquiver, sera puni comme protecteur de voleurs ou de malfaiteurs.

Si, grâce à l'opposition qui a été faite ou à la protection qui a été donnée, le voleur ou le malfaiteur (chor) réussit à se dérober à la justice, celui qui a fait cette opposition ou qui a donné protection subira la peine méritée par ce voleur ou malfaiteur.

Art. 19. — Quiconque arrache un voleur ou un malfaiteur des mains de ceux qui le conduisent devant la justice, sera condamné à la peine des voleurs ou des malfaiteurs, et à l'amende au profit du trésor royal. Quant à l'affaire de ce voleur ou de ce malfaiteur, elle suivra son cours devant la justice. Si, malgré ses efforts, celui qui a tenté de délivrer ce voleur ou ce malfaiteur n'a pu réussir à l'arracher des mains de ceux qui le conduisaient, il sera puni comme les complices des voleurs ou des malfaiteurs. Si, pour le délivrer, il use de violence envers ceux qui le conduisent, les frappe soit avec les pieds, soit avec les mains, soit avec des armes ou des instruments quelconques, et leur fait des meurtrissures ou des blessures, il sera puni selon la gravité de ces meurtrissures ou de ces blessures. Si, au contraire, durant le combat, c'est celui qui a voulu délivrer le coupable qui est meurtri ou blessé, ceux qui conduisent ce voleur ou ce malfaiteur ne sont nullement coupables. Si, durant le combat, quelqu'un de ceux qui conduisent ce voleur ou ce malfaiteur est tué, celui qui a tenté de leur arracher ce criminel, sera puni de la peine capitale et de la confiscation de ses biens au profit du trésor du roi. Mais si c'est l'agresseur qui succombe et meurt dans le combat, ceux qui lui ont donné la mort seront condamnés à dix ans de prison et de travaux forcés (réach chéa car).

Si les agents chargés d'arrêter et de conduire un criminel devant la justice, après l'avoir frappé suffisamment pour pouvoir s'en rendre maîtres, continuent à le frapper et lui donnent la mort, ils seront condamnés à la peine capitale et leurs biens seront confisqués selon la loi. S'il n'y a pas eu de tentative d'enlèvement du criminel et que ceux qui sont chargés de le conduire feignent une tentative de ce genre et le tuent, ils subiront la peine de ceux qui tentent d'arracher un malfaiteur ou un voleur des mains des agents qui le conduisent devant la justice, « car, dit la loi, on ne peut faire mourir un individu avant qu'il ait été jugé ».

ART. 20. — Lorsqu'un officier de justice est envoyé par le tribunal pour saisir un accusé ou pour confisquer les biens de la femme et des enfants d'un malfaiteur au profit du trésor du roi, il ne peut pas, d'après l'usage, y aller seul : il doit être accompagné d'un agent du préfet de police et d'un envoyé du gouverneur de la province où il se rend. A défaut de ce dernier, l'officier de justice et l'agent du préfet de police se feront accompagner par l'accusateur ou par le propriétaire des objets volés, de sorte qu'ils soient toujours trois au moins. Lorsqu'il s'agit d'aller confisquer des biens au profit du trésor du roi, il doit y avoir aussi un envoyé du mandarin chargé de la garde du trésor. Durant la confiscation, l'officier de justice, l'agent du préfet de police devront examiner et juger ce qu'il convient de prendre pour le trésor et ce qu'il convient de laisser comme aumône aux personnes aux dépens desquelles se fait la confiscation. Ainsi, on peut leur laisser une boîte à bétel, des cisailles pour couper les noix d'arek, une boîte pour mettre la chaux qu'ils mangent avec le bétel, un grand couteau, une bêche, une pioche (châp), un mortier à blanchir le riz, un panier, un crible, cinq mesures de riz non décortiqué, deux marmites (l'une pour cuire le riz et l'autre pour faire la soupe ou pour cuire toute autre nourriture, *chhenang bai, chenang sam la*), un sarrau ou langouti et un habit ou une robe. Quant aux dépôts, aux gages, aux objets empruntés qui se trouvent dans la maison, ils seront apportés au tribunal, qui les examinera en toute justice. Si réellement ce sont des dépôts, des objets empruntés, le propriétaire des objets mis en dépôt ou des objets empruntés n'aura qu'à faire la dépense du *khvat chumnum* (1) pour les faire rentrer en sa possession. Si c'est un gage, celui qui l'a donné devra le racheter en donnant la somme qu'il a reçue pour les objets engagés, avant de pouvoir le recouvrer.

Lorsqu'il s'agit d'aller saisir la femme et les enfants d'un criminel qui, à cause du crime commis par lui, doivent perdre leur liberté et être mis au nombre des esclaves du roi, si des parents de cette femme et de ces enfants se présentent pour les racheter, les envoyés doivent en référer au roi, et si Sa Majesté, par miséricorde, permet le rachat, ils feront payer trois *ânchîng* (170 francs) par personne, plus le prix de citation et de la lettre (4 fr. 85 cent.).

Les officiers du tribunal qui ne se conformeront pas à ce qui vient d'être dit dans cet article, seront passibles soit de

---

(1) C'est ordinairement le dixième de la valeur des objets. (Note du traducteur.)

l'une des dix peines, soit de l'une des cinq peines (1), selon la gravité de leur faute.

Art. 21. — Si des personnes, s'amusant à lancer soit des dards, soit des javelots, soit des bâtons aiguisés, ou à tirer des coups de fusil, manquent le coup et s'entre-blessent, ou si, à la chasse, en faisant feu sur un animal, le ricochet du projectile blesse quelqu'un de la campagne par mégarde, celui qui, par sa maladresse, a blessé l'autre sera condamné à une amende proportionnée à la gravité de la blessure. De plus, si la personne blessée a une dignité, l'amende doit être aussi en proportion de sa dignité (tam bonda sac). Cependant, comme il n'y a eu ni volonté de blesser, ni préméditation, on lui fera remise des deux tiers de cette amende et il ne paiera que le tiers. Si le coup a atteint un mandarin de deuxième classe (méan sac pir pon) et l'a tué, dans le cas où celui qui a tiré serait un homme du peuple, il sera condamné à payer le prix de la vie du mort; néanmoins, comme il n'y a pas eu mauvaise volonté de sa part, on lui fera remise des deux tiers du prix de la vie du mort et il n'en paiera qu'un tiers. Il en est de même lorsque c'est un mandarin de deuxième classe qui a tué par mégarde un homme du peuple : il ne doit payer que le tiers du prix de la vie de cet homme. Le cas est le même lorsqu'il s'agit de mandarins de troisième classe et au-dessus qui ont tué ou qui ont été tués par mégarde : celui qui est l'auteur de l'homicide involontaire ne doit payer que le tiers de l'amende qui est infligée conformément à la loi.

Art. 22. — Les juges, pour découvrir la vérité, ont divers moyens à employer :

1º Ils doivent, dans l'interrogatoire, faire en sorte de mettre le prévenu hors d'état de nier;

2º Ils doivent prendre des informations et recevoir les renseignements qu'on leur donne en toute justice;

3º Ils doivent, par ruse ou par finesse, faire en sorte que l'accusé avoue sa faute ou se contredise dans ses réponses;

4º Ils ont les épreuves légales (2).

---

(1) Voir *Lakkana crom chor*.

(2) Voir les *Lois sur le témoignage*.

En employant ces moyens, les juges parviendront à connaître la vérité et prononceront leurs sentences conformément à la loi, et, par cela même, ils éviteront les châtiments de la vie future et jouiront certainement de la félicité céleste après leur mort.

ART. 23. — Si des personnes qui n'ont pas coutume de passer les voyageurs au-delà d'un cours d'eau ou d'un lac, soit pour gagner de l'argent, soit pour acquérir des mérites (thu bon), ou de garder une embarcation destinée à cet usage, prêtent ou louent sans discernement une barque ou une embarcation à un individu quelconque pour le passer, ou se louent elles-mêmes pour le transporter au-delà d'un cours d'eau ou d'un lac, elles seront condamnées comme complices s'il est prouvé que l'individu qui a été passé est un voleur ou un malfaiteur. Si des personnes qui ne font point cuire ordinairement du riz ou d'autres aliments soit pour vendre, soit pour faire des aumônes, donnent à manger au premier venu sans discernement, elles seront condamnées comme complices s'il est prouvé que l'individu auquel elles ont donné à manger est un voleur ou un malfaiteur. Si des personnes qui n'ont pas une maison ou un endroit spécial destiné à recevoir les voyageurs et les passants, donnent sans discernement asile à un individu quelconque qui se présente, dans le cas où cet individu serait un voleur ou un malfaiteur, elles seront condamnées comme complices de ce voleur ou de ce malfaiteur. Cependant, les personnes qui se sont louées ou qui ont prêté ou loué une embarcation pour passer quelqu'un au-delà d'un cours d'eau ou d'un lac, celles qui ont donné des aliments ou un asile, si elles ont suivi l'usage, c'est-à-dire si elles ont prévenu, avant d'agir, soit les anciens de l'endroit, soit le maire (mi sroc), soit un mandarin de la province, ne doivent point être inquiétées.

ART. 24. — Si les anciens, le chef d'un village (mi sroc) ou les mandarins subalternes d'un district, avertis qu'un individu est venu demander soit à louer, soit à emprunter, soit à acheter une embarcation pour traverser un cours d'eau ou un lac, ou bien a cherché à louer quelqu'un pour le passer, ne font point diligence et ne l'interrogent pas pour savoir d'où il vient, où il va, quel est son nom, ils se rendent coupables de négligence et subiront la peine des complices des voleurs ou des malfaiteurs, si cet individu est un voleur ou un malfaiteur. Ils seraient passibles de la même peine si, sachant qu'un individu est allé demander, soit à prix d'argent, soit comme aumône, à manger ou un asile chez quelqu'un, ils ne se sont point empressés de savoir qui il est, d'où il vient, où il va, quel est son nom. Si, au contraire, ils ont pris toutes les informations d'usage, ils ne sont point coupables, alors même qu'un voleur ou un malfaiteur aurait réussi à s'échapper.

Art. 25. — Si les anciens, le maire d'un endroit ou les mandarins subalternes d'une province, prévenus qu'un inconnu apporte des objets soit pour les vendre, soit pour les échanger, soit pour les mettre en dépôt, soit pour les mettre en gage, ne font point diligence pour s'assurer que ces objets n'ont pas été volés et que celui qui les apporte n'est pas un voleur, ou si, en raison de leur titre d'anciens et de leurs dignités, ils permettent sans discernement soit d'acheter, soit d'échanger, soit de recevoir en dépôt ou comme gage des objets volés, ils sont aussi coupables que s'ils avaient aidé un voleur à vendre le produit de son vol.

Art. 26. — Si un individu qui veut aller voler est saisi avant d'avoir pu mettre à exécution son dessein et avoue sincèrement son intention de voler, il sera puni de trente coups de rotin et d'une amende d'un *ânchîng* dix *tomlong* (30 tomlong = 85 francs). Quand cet individu, qui est parti pour aller voler, ne fait que d'arriver dans l'enclos d'une maison qu'il veut dévaliser, s'il est saisi, il sera puni de vingt-cinq coups de rotin et d'une amende de un *ânchîng* (20 tomlong = 58 francs). S'il ne fait que d'ouvrir la porte de l'enclos de la maison qu'il veut dévaliser, s'il est appréhendé, il sera puni de dix coups de rotin et d'une amende de dix *tomlong* (environ 29 francs). S'il a des complices, chacun d'eux supportera une part de l'amende, proportionnée à sa participation à l'acte coupable du chef. Ainsi, ceux qui ont coupé les lattes de bambous qui servent de plancher à la maison, ceux qui ont coupé les parois de la maison, ceux qui ont ouvert la porte ou les fenêtres de la maison qui devait être dévalisée, paieront les quatre dixièmes de l'amende ; ceux qui étaient postés pour recevoir les objets volés en paieront les trois dixièmes ; ceux qui attendaient dans l'enclos en paieront les deux dixièmes, et ceux qui attendaient hors de l'enclos en paieront un dixième.

Un individu qui est dans la maison qu'on dévalise et qui passe les objets à ceux qui sont dehors ou ouvre la porte ou la fenêtre, est aussi coupable que celui qui coupe les parois ou ouvre soit la porte, soit les fenêtres du dehors, et subira la même peine que lui. La culpabilité de celui qui est embusqué pour frapper quiconque voudrait poursuivre ces voleurs, est double de celle des autres; par conséquent, il sera puni de soixante coups de rotin. Ceux qui coupent les lattes de bambou qui servent de plancher, ceux qui coupent les parois de la maison, ceux qui ouvrent soit la porte, soit les fenêtres, ceux qui font passer les objets de l'intérieur de la maison à ceux qui sont dehors, recevront chacun trente coups de rotins; ceux qui attendent pour recevoir les objets volés en recevront vingt; ceux qui attendent dans l'enclos en recevront quinze, et enfin, ceux qui attendent en dehors de l'enclos en recevront dix. Pour ces derniers, le tribunal peut leur faire grâce du rotin et n'exiger qu'une lettre par laquelle ils s'engagent à se corriger. L'amende sera partagée, par parties égales, entre le trésor du roi et ceux qui ont saisi les voleurs.

ART. 27. — Sera puni de mort tout individu qui a tué quelqu'un soit avec des armes, soit avec un instrument quelconque, ou empoisonné pour s'emparer du bien de la victime. Si le roi fait grâce de la vie à ce criminel, il sera condamné à la prison perpétuelle avec travaux forcés. Quant à ses complices, s'ils ne l'ont point aidé dans l'assassinat ou l'empoisonnement, ils deviendront les esclaves du roi. S'il n'a pas tué, mais seulement meurtri ou blessé la personne à laquelle il a enlevé ses biens, il sera condamné à payer la valeur des biens volés, selon la loi, et à subir cinq ans de prison, durant lesquels il sera employé aux travaux publics (réach chéa car). Les biens de tous ces coupables seront confisqués.

Lorsqu'on procédera à la confiscation de leurs biens, on fera comparaître leurs femmes pour les interroger, afin de savoir si, lorsque leurs maris sont allés piller, tuer ou empoisonner pour s'emparer du bien d'autrui, elles en ont eu connaissance et si elles y ont consenti ou non. Si elles ont eu connaissance des crimes de leurs maris et si elles y ont consenti, tous les biens sans exception, les créances, les objets empruntés, seront confisqués au profit du trésor du roi, et elles et leurs enfants deviendront esclaves du roi.

ART. 28. — Quiconque prend ou pille le bien de quelqu'un qui est employé au service du roi, soit qu'il l'accompagne, soit qu'il soit allé faire la guerre ou pour traiter de la paix, soit qu'il ait été envoyé par Sa Majesté pour avoir des nouvelles du théâtre de la guerre, se rend coupable d'un aussi grand crime qu'un malfaiteur qui fait la piraterie ou tue pour prendre le bien d'autrui.

ART. 29. — Quiconque ravit ou prend avec violence le bien d'autrui sera condamné à l'amende et à avoir un doigt de la main coupé.

La tête d'un criminel condamné à la peine capitale sera exposée sur un pieu, au milieu du marché, après l'exécution.

Tout criminel condamné à mort sera exécuté dans l'endroit où il a commis son crime, et sa tête y sera exposée sur un pieu. Cependant, s'il a commis son crime dans un endroit désert où il n'y a pas d'habitants et où les gens ne passent pas, il sera conduit dans un endroit voisin de sa demeure ou du village qu'il habite pour être exécuté, afin que le public puisse voir et graver dans sa mémoire son supplice.

ART. 30. — Quiconque emploie de l'étain ou du cuivre pour faire de la fausse monnaie, qu'il fait passer pour de l'argent, sera condamné à quatre-vingt-dix coups de rotin, à la peine *acros* durant trois jours et à la prison pendant trois ans ; ses biens seront confisqués, sa femme et ses enfants seront vendus au profit du trésor du roi. Quant à ses complices, qui se sont chargés de faire passer, d'écouler cette fausse monnaie, ils seront condamnés à soixante coups de rotin, à un emprisonnement de deux ans et à la confiscation, au profit du trésor du roi, de leurs biens propres (de la part qui leur revient dans les biens de la famille). Si leurs femmes ont été complices, les biens seront confisqués, elles et leurs enfants seront vendus au profit du trésor du roi, ou ils seront mis au nombre des esclaves de Sa Majesté.

Si un faux-monnayeur, gracié une première fois par le roi, recommence à battre ou à couler de la fausse monnaie, il sera condamné à quatre-vingt-dix coups de rotin et à avoir les deux mains coupées, de manière à ne pouvoir rien tenir. Sa femme, ses enfants et ceux qui se sont chargés de faire passer et d'écouler la fausse monnaie recevront chacun soixante coups de rotin et auront une main coupée. Dans le cas où, par la grâce du roi, ce faux-monnayeur n'aurait pas eu les mains coupées, il sera condamné à six ans de prison et sa femme, ses enfants et ceux qui ont fait circuler cette fausse monnaie à quatre ans de prison. Lorsqu'ils auront subi leur peine, avant de les mettre en liberté, on gravera sur leur front les mots : *Faux-monnayeur*. Les outils, le sceau et la fausse monnaie qui restent seront fondus de manière à ce qu'il n'en reste pas la moindre trace. Ceux qui, par ignorance, ont reçu cette fausse monnaie, soit comme prix de marchandises, soit comme paiement d'une créance, ne sont point coupables.

Art. 31. — Quiconque se rend complice d'un voleur, soit en lui ordonnant le vol, soit en lui donnant des leçons de vol, soit en lui indiquant l'endroit où l'on a placé de l'argent, pour qu'il puisse le voler, soit en lui ouvrant une porte ou une fenêtre ou un enclos, afin qu'il aille voler, subira la même peine que le voleur.

Quiconque enseigne à un malfaiteur la manière de faire usage d'une arme quelconque pour tuer quelqu'un, subira la même peine que l'assassin.

Art. 32. — Quiconque est convaincu de s'être servi, par haine contre quelqu'un, d'armes ou d'instruments quelconques, soit pour couper. soit pour percer, soit pour dégrader sa maison, ou d'avoir lancé contre sa maison des projectiles, des flèches ou des javelots, sera condamné à trente coups de rotin, à porter la cangue trois jours durant et à porter gravés sur son poignet ces mots : « Malfaiteur qui a lancé des projectiles contre une « maison. » Avant de le mettre en liberté, on exigera de lui une caution qui doit répondre de sa personne. S'il ne peut pas en trouver, on lui fera faire par écrit un acte par lequel il s'engage, s'il fait encore quelque chose contre cette maison, à subir les peines déterminées dans cet écrit. Dans le cas où, avec ses instruments ou les projectiles dont il s'est servi, il aurait cassé ou endommagé quelque objet ou quelque meuble de cette maison, on lui remettra tout ce qui a été cassé ou détérioré et on l'obligera à le remplacer par des meubles ou des objets neufs. S'il ne peut les remplacer, il devra en payer la valeur. Si les projectiles, les armes ou les instruments, en pénétrant dans la maison, ont blessé des personnes, le coupable sera condamné à une amende proportionnée à la gravité et au nombre des blessures, à la cangue durant sept jours, et à recevoir l'inscription sur la main. De plus, avant de recouvrer sa liberté, il devra fournir une caution ou, s'il ne peut en trouver, s'engager par écrit à subir les peines définies dans cet écrit, s'il fait encore quelque chose contre cette maison. Si les projectiles, les armes ou les instruments ont tué quelqu'un dans cette maison, le coupable sera condamné à la peine capitale et à la confiscation de tous les biens de la famille ; sa femme et ses enfants ne conserveront que leur liberté, à moins qu'ils ne fussent d'accord avec lui et qu'ils n'aient consenti à son action criminelle, car, dans ce cas, ou ils deviendraient les esclaves du roi ou ils seraient vendus au profit du trésor royal.

Celui qui, sans préméditation, sans malice, en tirant sur des animaux ou en lançant contre eux un projectile quelconque, atteint par mégarde ou parce qu'il manque son but, ou par ricochet, une maison, en sera quitte en faisant le *chochu* (1) à cette maison, ou bien en donnant cinq *tomlong* (environ 14 fr. 50 cent.). Cependant si, en pénétrant dans cette maison, les projectiles ont cassé, fêlé ou endommagé quelque meuble ou quelque ustensile, il devra en payer le prix. Si les projectiles ont blessé des personnes, il sera condamné à une amende proportionnée à la gravité et au nombre des blessures ; mais, à cause de sa bonne foi et du manque de préméditation, on lui fera remise des deux tiers de cette amende et il n'en paiera qu'un tiers. Quand même il y aurait inimitié entre celui qui a tiré ou lancé le projectile et le maître de cette maison, pourvu qu'il soit prouvé qu'il n'y a pas eu préméditation, il ne devra payer que la moitié de l'amende proportionnée à la gravité et au nombre des blessures.

---

(1) Cérémonie superstitieuse pour éloigner toute fatalité et tout malheur. (Note du traducteur.)

Art. 33. — Quiconque, par amusement ou passe-temps, frappe avec un instrument tranchant soit les colonnes, soit les parois d'une maison, soit une clôture, lui fait des entailles, sera condamné à recevoir, comme correction, quinze coups de rotin, à payer les frais du procès et à faire un écrit par lequel il s'engage à se corriger, sous peine de subir la punition déterminée dans l'écrit.

Art. 34. — Quiconque est coupable d'avoir mis le feu à une maison ou d'avoir jeté un brandon sur elle, si le feu a été éteint avant qu'elle ne fût consumée, sera condamné à trente coups de rotin, à six mois de prison et à faire un écrit par lequel il s'engage à se corriger, sous peine de subir la punition déterminée dans l'écrit, puis il sera relâché. Si la maison a été dévorée par les flammes et si des meubles ou d'autres objets ont été brûlés, les biens du coupable seront confisqués pour payer des dommages-intérêts au propriétaire de cette maison, en proportion des pertes, et il sera condamné à soixante coups de rotin et à trois ans de prison, durant lesquels on l'emploiera aux travaux publics. Si la femme et les enfants de ce malfaiteur n'ont point connu son crime, n'y ont point consenti, ils conserveront leur liberté. Si, dans cet incendie, des personnes ont péri au milieu des flammes, le coupable sera condamné à la prison à perpétuité, avec travaux forcés.

Art. 35. — Si, pendant la nuit, un homme ivre ou un fou pénètre dans un enclos où il y a une maison, le maître de cette maison doit l'interpeller de manière qu'il puisse au moins entendre une parole. S'il ne répond pas, mais bondit pour s'enfuir, dans le cas où le maître de cette maison le blesserait ou le tuerait, soit en tirant sur lui, soit en le poursuivant, il n'est point coupable. Si l'individu interpellé a répondu de manière que le maître de la maison ait pu reconnaître que c'est ou un fou, ou un homme ivre, ou une personne qui s'est égarée dans sa route, le maître doit appeler du monde pour l'aider à le poursuivre et à le faire partir, après lui avoir indiqué le chemin, sans lui faire aucun mal et sans lui infliger aucune peine. Si le maître de la maison, après avoir blessé soit avec une arme, soit avec un instrument quelconque, celui qui a pénétré dans son enclos, l'a appréhendé, il ne peut le mettre en liberté lui-même, mais il doit le conduire au préfet de police ou aux mandarins subalternes de la province, afin qu'ils l'interrogent et tâchent de savoir quel est son patron s'il en a un, ou son maître s'il est esclave, pour le lui livrer, en ayant soin de lui dire qu'il ne doit subir aucune peine ni du maître de la maison ni de la personne à qui il est livré.

Art. 36. — Quiconque est convaincu en justice d'avoir, le jour ou la nuit, lancé des projectiles ou des pierres contre une maison ou contre des personnes pour les blesser, sera condamné à quinze coups de rotin et à la cangue durant trois jours. Ensuite, avant de le mettre en liberté, on gravera sur sa main ces mots : « Malfaiteur qui a lancé des projectiles », et on exigera de lui un écrit par lequel il s'engage à se corriger et à subir telle ou telle peine s'il manque à son engagement. Si les projectiles ont blessé des personnes, outre les peines ci-dessus mentionnées, il subira une amende proportionnée au nombre et à la gravité des blessures. Si les projectiles ont cassé, brisé ou endommagé des meubles ou des ustensiles dans cette maison, il sera obligé de les payer et subira les peines dont on vient de parler.

Art. 37. — Quiconque a fait prendre des drogues à des personnes, de manière à leur faire perdre la raison ou à les enivrer, ou à leur faire perdre connaissance, sera condamné à une amende de un *ánchíng* et dix *tomlong* (30 tomlong = 85 francs), et à soigner ou faire soigner ces personnes, afin qu'elles recouvrent la santé et la raison. Si, malgré ses soins ou ceux qu'il leur a fait donner, il ne peut les guérir, il sera incarcéré et employé aux travaux publics jusqu'à ce qu'elles aient recouvré la santé. Si la maladie est incurable ou cause la mort de ces personnes, il sera condamné à la prison perpétuelle avec travaux forcés.

Art. 38. — Si des individus, qui ont eu une querelle ensemble, sont convaincus, en justice, d'avoir poursuivi, soit avec des armes, soit avec des bâtons, soit avec des instruments quelconques, des personnes étrangères à leur querelle et de les avoir frappées ou percées, ou bien de les avoir blessées en se battant, ils seront punis de trente coups de rotin et d'une amende proportionnée à la gravité et au nombre des blessures, au profit des personnes blessées. Si ces blessures sont mortelles, les coupables seront condamnés à la peine de mort. S'ils injurient ou maudissent, s'ils frappent ou blessent soit à coups de pied, soit avec des armes, soit avec des instruments quelconques, des personnes venues pour les réconcilier, pour rétablir la paix entre eux, ils seront condamnés à soixante coups de rotin, à une amende double de celle qui serait proportionnée à la gravité soit des injures, soit des blessures, et à trois mois de prison, durant lesquels ils seront employés aux travaux publics. Si les personnes blessées meurent des suites de leurs blessures, les coupables seront punis de la peine capitale.

ART. 39. — Le voleur qui coupe ou dénoue secrètement soit la valise, soit le havre-sac, soit la besace, soit le paquet de quelqu'un, sera condamné à soixante coups de rotin, à un emprisonnement de trois mois et à avoir un doigt de la main coupé.

ART. 40. — Quiconque fabrique des objets de bijouterie, qu'il dore ou argente pour les faire passer ou les vendre comme s'ils étaient en or ou en argent pur, sera condamné à recevoir trente coups de rotin et à restituer le prix qu'il a reçu de ces objets. Mais s'il fait ces objets dorés ou argentés seulement pour son usage, il n'est point coupable.

ART. 41. — Ceux qui, par imprudence, mettent le feu à leur maison, si les flammes vont consumer d'autres maisons à une distance de dix *phiam* (1), seront punis de trente coups de rotin qu'ils recevront sur le lieu de l'incendie. Si, à cause du vent, les flammes qui consument cette maison vont dévorer des maisons situées à onze *phiam* (2) et plus de distance, que le feu ait été mis par imprudence ou à dessein à la première maison, d'après la loi, c'est un accident, et le maître de cette maison n'est point coupable.

ART. 42. — Ceux qui brûlent les herbes d'une forêt, si le feu se propage et va consumer des maisons, sont aussi coupables que s'ils avaient mis le feu à ces maisons. Cependant, si

---

(1) 20 mètres. (Note du traducteur.)

(2) 22 mètres. (*Idem.*)

on est parvenu à éteindre le feu avant qu'il ait consumé ces maisons, ils seront condamnés à recevoir trente coups de rotin, mais il n'auront pas d'amende à payer.

ART. 43. — Ceux qui se promènent la nuit, à une heure indue, armés, seront condamnés à quinze coups de rotin et à la confiscation de leurs armes au profit du roi.

ART. 44. — Ceux qui, portant un mort, passent devant des personnes, ceux qui l'introduisent dans un village ou dans une propriété où il y a une maison habitée, sans prévenir, selon l'usage, soit le maire (mi sroc), soit les anciens, seront punis d'une amende de quinze *tomlong* (42 francs); mais s'ils ont prévenu selon l'usage, ils ne sont point coupables.

ART. 45. — Si quelque mauvais sujet jette un cadavre ou une tête de mort dans une maison, cette maison devra être purifiée. A cet effet, on apportera une bouteille d'eau-de-vie de riz, une tête de porc, des noix d'arek, des feuilles de bétel, des bananes, des cannes à sucre, etc., etc., et on invitera sept bonzes à venir réciter des prières sept jours durant, afin d'éloigner de cette maison tout malheur. Or, comme ce mauvais sujet est cause de ces dépenses, il devra les supporter et donner pour cela quinze *tomlong* (42 francs). Si un cadavre ou une tête de mort ont été jetés soit dans une rizière, soit dans une plantation, soit dans un jardin, soit sur une terre attenante à une maison, l'endroit où ce cadavre ou cette tête de mort ont été jetés devra être purifié. Pour cela, on prendra une bouteille d'eau-de-vie de riz, un coq tué, des noix d'arek, etc., etc., et on invitera des bonzes à réciter des prières durant un jour pour détourner de cet endroit tout malheur, tout ce qui pourrait nuire au pro priétaire de cette rizière, de cette plantation, de ce jardin, etc. — Si le mauvais sujet n'a point purifié l'endroit où il a jeté ce cadavre ou cette tête de mort, et que le maître de cette propriété subisse une perte, soit parce que des personnes de sa maison ou des esclaves meurent, soit parce que des animaux, comme bœufs, buffles, éléphants et chevaux, qui lui appartiennent, périssent ou se perdent, il sera condamné à payer le tiers d'une amende calculée d'après le prix des personnes mortes ou des animaux qui ont péri. S'il veut être quitte de la purification qu'il doit faire et la laisser à la charge du maître de la propriété sur laquelle il a jeté ce cadavre ou cette tête de mort, il lui donnera quinze *tomlong* (42 francs).

Art. 46. — Quiconque démolit des tombeaux et en jette les ossements de côté et d'autre pour prendre la terre, afin de remblayer l'endroit où il veut faire sa maison ou pour faire une plantation, sera condamné à une amende de quinze *tomlong* par tombeau démoli.

Art. 47. — Quiconque veut, par pitié, ensevelir ou incinérer le corps d'une personne morte dans un lieu désert, sans qu'on puisse connaître la cause de sa mort, doit avertir les anciens de l'endroit ou les mandarins subalternes du préfet de police (pra nocor bal) et leur en demander l'autorisation. S'il le fait sans les avoir avertis et sans en avoir obtenu l'autorisation, il sera condamné à une amende de quinze *tomlong* (42 francs.)

Si, en temps de guerre, dans une armée, quelqu'un vole à ses compagnons d'armes soit des vêtements, soit des armes, soit des animaux, comme des bœufs, des buffles, des éléphants ou des chevaux; soit des chariots, soit des barques, pour s'en servir durant la guerre et dans l'armée, il sera puni de quinze coups de rotin et ce qu'il a volé lui sera enlevé; mais il ne sera pas mis à l'amende. S'il a brisé ou endommagé les objets qu'il a volés, il en paiera le prix. S'il n'a volé que des aliments, il n'est pas coupable, « parce que, dit la loi, dans de telles circonstances, on souffre de la faim ». Mais s'il conduit les animaux volés ou porte les objets qu'il a pris loin de l'armée, il sera puni de mort et ses biens seront confisqués au profit du trésor du roi.

Quiconque, ne faisant point partie d'une armée, s'y introduit pour voler et enlever des objets ou des animaux aux soldats de cette armée, sera puni de mort et ses biens seront confisqués au profit du trésor du roi. Si ces animaux ont été conduits ou si les objets volés ont été portés à la femme, aux enfants de celui qui les a enlevés et que ceux-ci les aient employés, s'en soient servis ou les aient conservés, ils perdront leur liberté et deviendront esclaves du roi. Les complices de ces vols, s'il y en a, seront condamnés à cinq ans de prison, durant lesquels ils seront employés aux travaux publics. Quant à ceux qui ont reçu des mains du voleur ces animaux ou ces objets pour s'en servir, pour les garder ou pour les vendre et s'en approprier le prix, ils seront punis de dix ans de prison et employés aux travaux publics. Si les femmes, les enfants de ces complices ont ignoré le crime, leurs biens ne seront point confisqués, parce qu'ils n'ont pas participé, d'une manière directe, au vol.

ART. 49. — Quiconque est convaincu devant le tribunal d'avoir voulu arracher un voleur des mains du propriétaire des objets volés, qui l'a appréhendé pour le conduire devant la justice et y déposer un acte d'accusation contre lui, s'il n'a pas réussi, sera condamné à payer une amende, qui est la moitié de celle infligée à ce voleur, et à subir une peine qui est la moitié de celle du voleur lui-même. S'il a réussi à le délivrer, il sera condamné à payer une amende égale à celle à laquelle ce voleur aurait été condamné et à subir toutes les peines qu'il aurait subies. Cette amende est pour le trésor du roi ; quant à celle que devra payer le voleur s'il peut être saisi, elle sera divisée selon la loi.

Si le crime du coupable fugitif mérite la peine de mort, celui qui l'a fait fuir sera puni selon la loi.

Si l'individu qui a été saisi comme voleur, par le propriétaire des objets volés, n'est point reconnu coupable par le tribunal, celui qui a tenté de le délivrer ou qui l'a en effet délivré est néanmoins coupable de contravention, car il n'avait point à s'inquiéter s'il avait été saisi à tort ou à raison, attendu que celui qui l'a appréhendé doit répondre de ses actes. Par conséquent, il sera puni d'une amende (tam bonda sac).

L'amende infligée à celui qui a saisi cet individu à tort est, par parties égales, pour le trésor du roi et pour celui qui a été arrêté sans raisons légitimes. Si celui qui a voulu arracher le prévenu des mains de celui qui l'a saisi a usé de violence envers lui, s'il l'a maltraité en lui donnant des coups de pied, des coups de poing, ou s'il l'a blessé avec une arme ou un instrument quelconque, il sera puni d'une amende proportionnée à la gravité et au nombre des blessures ou des contusions.

ART. 50. — L'usage, qui nous vient de l'antiquité, ne veut pas qu'on frappe tout de suite un voleur ou un malfaiteur qui ne veut pas faire connaître ses complices ou qui proteste contre l'accusation, ou bien qui fait des aveux parce qu'il est effrayé. Avant d'en venir aux coups de rotin, on doit inviter des personnes qui sont habituées à démêler le vrai du faux, des personnes qui connaissent bien les lois et les usages, qui sont intelligentes et qui ont coutume d'instruire les procès, à se réunir pour discuter et examiner. S'il y a prévention fondée contre ce voleur ou ce malfaiteur, on lui infligera la peine qu'il mérite. Les juges doivent toujours se souvenir que, s'ils punissent à tort, ils sont passibles du double des peines infligées par eux.

ART. 51. — Quiconque est convaincu en justice soit de piraterie, soit de pillage, soit d'enlèvement de personnes ou de vol d'animaux, tels que : bœufs, buffles, éléphants, chevaux, sera condamné à la prison, où il portera la cangue, la chaîne, les entraves, les menottes, et aura les bras et les jambes tendus et attachés à des piquets. Ses complices seront également condamnés à la prison, où ils porteront la cangue, la chaîne et les entraves aux pieds. Les protecteurs de ce voleur, qui l'ont fait évader ou fuir, porteront la cangue et resteront en dehors de la prison, en attendant que la justice fasse des recherches pour le découvrir et le saisir. Les gardiens de la prison qui font subir, sans raison légitime, des tourments aux prisonniers, se rendent coupables.

ART. 52. — Quiconque est convaincu, devant le tribunal, d'avoir pris des armes ou un instrument quelconque pour se venger d'un ennemi contre lequel il conserve de la haine dans son cœur, pour le blesser ou le tuer, s'il n'a pas pu mettre à exécution son projet parce qu'il a été saisi avant, sera conduit *acros* (1) avec deux morceaux de bambou attachés et pendant à son cou, puis il recevra trente coups de lanière de cuir de buffle desséché.

Mais s'il a pu mettre à exécution son dessein coupable, s'il a blessé son ennemi, il aura les doigts d'une main coupés, sans miséricorde. Si les blessures sont très-graves, on lui coupera les doigts des deux mains ; s'il a tué, il sera puni de la peine capitale.

ART. 53. — Quiconque est convaincu en justice, soit d'avoir

---

(1) Voir la note précédente touchant la peine *acros*.

volé ou pillé, soit d'avoir enlevé de vive force le tribut en argent ou en nature que des agents ou des mandarins subalternes sont chargés de porter au trésor, ou qui le portent du trésor dans un endroit quelconque, sera décapité à l'endroit même où il a commis son crime, et sa tête y restera exposée sur un pieu. Si ce brigand a apporté le fruit de son vol à sa femme et à ses enfants qui l'ont reçu, quoique sachant bien d'où il provient, pour le garder ou le dépenser, la femme et les enfants deviendront les esclaves du roi.

S'il a eu des complices qui l'ont accompagné, mais qui ne l'ont point aidé à commettre son crime, ils seront condamnés à dix ans de prison, durant lesquels ils seront employés aux travaux publics, et à la confiscation de tous leurs biens. Leurs femmes et leurs enfants seront vendus au profit du trésor royal ou deviendront esclaves de Sa Majesté.

Art. 54. — Si, pendant que deux mauvais sujets font route ensemble, l'un des deux tue l'autre, puis revient à la maison du mort dire à ses père et mère, à sa femme et à ses enfants, à ses parents, à ses amis qu'il est mort de telle ou telle autre manière, il sera condamné à mort si l'instruction établit sa culpabilité. S'il a commis cet assassinat à l'insu de sa femme et de ses enfants, il n'y aura que deux tiers des biens de la famille qui seront confisqués au profit du trésor du roi.

Art. 55. — Un voleur qui est parti pour prendre le bien d'autrui et qui est saisi avant d'avoir pu commettre le vol, ne sera pas mis à l'amende, mais il sera condamné à vingt ou trente coups de rotin et à trois mois de prison, durant lesquels il sera employé aux travaux publics. Lorsqu'il aura subi sa peine, avant de le mettre en liberté, on exigera de lui un écrit par lequel il s'engage à se corriger. Un voleur qui tente de piller le bien d'autrui sans pouvoir y réussir, sera puni de soixante coups de rotin et de trois ans de prison. Lorsqu'il aura fini sa peine, avant de le mettre en liberté, le tribunal exigera de lui un écrit par lequel il s'engage à se corriger.

Art. 56. — Si quelqu'un, à qui on a volé des objets, affirme que les objets volés appartiennent au roi, le tribunal examinera en toute équité si ce qu'il dit est vrai. Dans le cas où réellement ces objets seraient la propriété de Sa Majesté, le voleur sera puni selon la loi (l'amende est de 5 fois la valeur des objets volés). Si, après examen, il est certain que les objets volés appartiennent au plaignant lui-même, le tribunal punira le voleur selon la loi. Il prélèvera le dixième de ses biens à son profit et rendra au propriétaire ce qui lui revient. Quant à l'amende, elle sera mise toute entière dans le trésor du roi.

ART. 57. — Quiconque vole le bien de personnes qui sont employées au service privé du roi ou qui l'accompagnent dans un voyage ou dans une partie de plaisir, sera puni d'une amende conformément à la loi et de cinq ans de prison, durant lesquels il sera occupé aux travaux publics (prea reach chéa car). A l'expiration de sa peine, avant de le mettre en liberté, les juges exigeront de lui un écrit par lequel il s'engage à se corriger ou à subir les peines déterminées dans cet écrit s'il ne remplit pas son engagement.

Art. 58. — Si des voleurs enlèvent à un individu les objets que lui-même a volés, l'amende infligée à ce premier voleur sera pour le propriétaire de ces objets, selon la loi, et l'amende des seconds voleurs (ceux qui ont volé le voleur) sera entièrement pour le trésor du roi.

ART. 59. — Si un voleur a mis en gage ou déposé des objets volés chez quelqu'un et les a rachetés ou repris, celui qui les a reçus comme gage ou en dépôt n'est point coupable d'après la loi.

Quiconque a reçu en échange des objets volés, sans avoir pris les précautions voulues, perdra ces objets qui lui seront repris sans paiement. De plus, il en sera pour les frais de citation (chung ca). Néanmoins, la loi lui donne recours, pour le prix de ces objets, contre celui qui les lui a donnés en échange.

ART. 60. — Si des personnes venues pour aider à poursuivre un voleur ou un malfaiteur, dans la confusion, au lieu de frapper et blesser ce voleur ou ce malfaiteur, frappent et blessent quelqu'un, soit en lançant des projectiles, soit en faisant usage d'armes ou d'instruments quelconques, celles qui ont fait les blessures aux autres seront tenues de fournir des médecines aux blessés et de les soigner jusqu'à leur guérison; si elles négligent de le faire, elles seront condamnées à une amende qui est la moitié de celle qui serait proportionnée à la gravité et au nombre des blessures et des contusions. S'il y a eu des personnes tuées et qu'il soit prouvé qu'il n'y a pas eu préméditation, les personnes qui ont donné la mort par mégarde seront condamnées à cinq *ânchîng* cinq *tomlong* d'amende (105 tomlong = 300 francs). Cette amende revient par parties égales aux père et mère, frères et sœurs, parents, épouses et enfants des victimes, pour qu'ils en fassent de bonnes œuvres, et au trésor du roi.

Art. 61. — Quiconque va dérober ou enlever de l'argent ou de l'or, de la viande ou des poissons, des légumes ou des denrées à des personnes qui vendent ou font des échanges soit sur des marchés, soit près des maisons, soit sur le bord des rivières, en face des maisons, sera puni de la manière suivante : si la valeur du vol est de un à cinq *slong* (de 0 fr. 20 cent. à 1 franc), on pendra au cou du voleur l'objet volé et on le promènera *acros* durant trois jours ; puis, on lui donnera de dix à vingt-cinq coups de rotin, selon que la faute est plus ou moins grave, que le voleur est plus ou moins âgé et qu'il est plus ou moins audacieux. Si la valeur du vol est de cinq *slong* et au-dessus, il sera puni selon la loi.

Art. 62. — Quiconque, tenant en main des armes ou des instruments offensifs, se promène la nuit et va frappant, coupant les clôtures, les haies ou les enceintes des maisons pour effrayer les gens paisibles et les éveiller en sursaut, sera condamné à vingt-cinq coups de rotin et à la confiscation des armes ou des instruments qu'il portait, au profit du roi.

Art. 63. — Quiconque, portant, pour aller les vendre ou les mettre en gage, des objets qu'il a reçus d'un voleur, est saisi par le propriétaire de ces objets, qui les reconnaît ou a de forts soupçons, et conduit devant les agents du préfet de police ou devant les mandarins subalternes du gouverneur de la province, doit, à moins qu'il ne prouve qu'il ignorait la provenance de ces objets, chercher et livrer celui de qui il les a reçus. S'il peut le trouver et le livrer, il n'aura pas de peine à subir et il en sera quitte en payant cinq *bat* de *chung câ* (frais de citation). S'il ne peut pas le trouver, les juges devront examiner l'affaire en toute justice, et s'il est bien établi qu'il ne savait pas que celui de qui il a reçu ces objets était un voleur, il ne sera puni que comme complice du voleur. Mais si l'instruction établit qu'il savait certainement que c'était un voleur, il subira la peine des voleurs.

ART. 64. — Quiconque, sollicité par un malfaiteur à aller commettre un crime avec lui, même s'il n'y était pas allé ou s'il n'était allé que jusqu'à mi-chemin, pour revenir sur ses pas, garde le silence et ne fait pas connaître les mauvais desseins de ce malfaiteur, sera puni comme complice. Par conséquent, si ce malfaiteur commet un crime punissable de la peine de mort, comme par exemple un assassinat, ce complice sera puni d'une amende de trois *ânching* cinq *tomlong* (65 tomlong = 180 francs), pour prix de la vie de la personne tuée. — Si ce malfaiteur, après avoir volé ou pillé, a partagé son butin avec son complice, celui-ci subira la peine d'un voleur qui n'a pas pris les objets lui-même. Si le crime de ce malfaiteur mérite la peine capitale, les biens de son complice seront confisqués et il sera mis au nombre des esclaves du roi pour le service militaire (*bonchol chea pol*). Mais si celui qui a été sollicité par un malfaiteur a prévenu, selon l'usage, les anciens de l'endroit ou celui qui a autorité sur ce malfaiteur, non-seulement il n'est pas coupable, mais il aura bien mérité du pays.

ART. 65. — Quiconque va voler soit le corps, soit la tête d'un malfaiteur (chor) que la justice a fait décapiter et exposer sur un pieu, sera puni d'une amende de un *ânching* dix *tomlong* (30 tomlong = 84 francs). Quiconque vole un cadavre qu'on garde dans son cercueil, soit à la maison, soit dans un lieu destiné à cet usage (min sala), sera puni d'une amende de un *ânching* vingt *tomlong*. Quiconque vole un cadavre qu'on a inhumé dans un lieu écarté pour le garder, sera puni d'une amende de quinze *tomlong*. Quiconque démolit un tombeau pour en disperser les ossements et en jeter les cendres au vent, sera puni d'une amende de quinze *tomlong* et de quinze coups de rotin.

ART. 66. — Celui qui a acheté des marchandises en public, devant des personnes ou devant des maisons, dans un endroit affecté par l'autorité aux ventes et aux échanges, ou qui a acheté des objets à des marchands ambulants qui portent leurs marchandises sur le dos ou dans des bateaux, s'il est prouvé que ces marchandises sont le produit d'un vol, est tenu de chercher le vendeur. S'il ne peut pas le trouver, il en sera pour ses marchandises, qui lui seront reprises, mais il n'aura pas à payer le *chung ca* (frais de citation).

Quiconque a acheté des marchandises sans témoins, en secret, soit le jour, soit la nuit, s'il est prouvé que ces marchandises proviennent d'un vol, sera puni comme complice du voleur, si celui-ci a été saisi. Mais si on ne peut retrouver le voleur qui les lui a vendues, il sera condamné à une peine égale à celle qu'a méritée le voleur.

ART. 67. — Lorsque, par l'ordre du roi, des malfaiteurs, des criminels ont été incarcérés ou sont gardés dans un lieu quelconque, avec la cangue ou les entraves aux pieds, le gardien doit attentivement veiller à ce que le feu ne soit pas mis à la prison, et, en cas d'incendie, il doit faire en sorte de mettre les détenus à l'abri des flammes S'il ne les sauve pas, s'il les laisse mourir, il recevra soixante coups de rotin et sera détenu et employé aux travaux publics à leur place. Si, sans ordre, de sa propre autorité, il les a enfermés et les a mis à la chaîne ou à la cangue, s'il périssent dans les flammes ou meurent soit de maladie, soit de désespoir, soit de misère, la femme et les enfants du gardien deviennent les esclaves du roi, et ses biens sont confisqués au profit du trésor royal. Quant à lui, il sera condamné à la prison perpétuelle et employé aux travaux publics.

Quiconque a arrêté et retenu de sa propre autorité la femme et les enfants de quelqu'un, jusqu'à ce que la maladie enlève soit cette femme et ces enfants, soit le mari de cette femme, sera puni de la prison perpétuelle et employé aux travaux publics ; sa femme et ses enfants deviendront la propriété du roi.

ART. 68. — Quiconque refuse d'agréer la caution d'un accusé, quand la loi autorise à en donner une, et ne veut point accepter ceux qui se présentent comme caution, parce qu'il veut se faire prier ou se faire donner de l'argent, soit en intimidant l'accusé ou celui de qui il relève par des menaces ou de quelque manière que ce soit, soit en le leur ordonnant, se rend coupable de contravention et sera condamné à une des dix peines (1), selon la gravité de sa faute. Si, parce qu'il a ordonné à cet

---

(1) Voir *Lakkana crom chor.*

accusé de monter à la cime d'un arbre ou de se jeter à l'eau, il a été cause de sa mort, ou s'il l'a fait périr par le feu, il sera puni de mort. S'il l'a fait travailler pour lui, il doit lui payer son travail à raison de six *slong* par jour (environ 1 franc). S'il ne l'a employé à aucun travail, il lui paiera une indemnité pour le temps qu'il l'a retenu, calculée à trois *slong* par jour.

ART. 69. — Lorsque des objets volés ont été reçus, par achat ou comme gage, par quelqu'un, sans discernement et sans les précautions d'usage, des mains d'un voleur, et qu'ils ont passé par plusieurs mains successivement, par vente ou de toute autre manière, on cherchera d'abord celui qui les a reçus, à quelque titre que ce soit, en dernier lieu. S'il a disparu, celui qui les lui a livrés en sera pour le prix de ces objets, qu'il devra payer, et le *chung ca,* et ainsi de suite, en remontant jusqu'au premier acquéreur. Quant à la culpabilité de ces divers acquéreurs, voici ce que dit la loi : « Celui qui a reçu « ces objets des mains du voleur sera condamné comme com- « plice (sam chor); celui qui les a reçus en second lieu, sera « condamné comme complice du complice (anu sam chor), lors- « qu'il n'y a que deux acquéreurs ; mais s'il y en a eu trois, le « troisième n'est point coupable. » Par conséquent, il aura recours pour le prix de ces objets, qui lui seront repris, contre les deux acquéreurs qui sont devenus possesseurs avant lui : contre le premier, pour les deux tiers du prix, et contre le le second pour un tiers. Quant aux objets, s'ils sont retrouvés, ils seront remis à leur légitime propriétaire.

ART. 70. — Chaque année, le premier jour de la lune d'avril, le préfet de police doit écrire aux gouverneurs et aux mandarins subalternes des provinces pour leur enjoindre d'envoyer des lettres dans chaque district et dans chaque village, grand ou petit, pour ordonner aux chefs de famille et au peuple du royaume de faire de bonnes œuvres, d'être juste, de pratiquer la vertu, afin que les esprits célestes (tippoda) bénissent le royaume et y fassent régner la paix, la concorde et l'abondance. Dans ces lettres, ils doivent fortement recommander au peuple d'éviter la fraude, le mensonge, le vol, le pillage, la piraterie, ainsi que tout em- poisonnement et toute voie de fait contre les personnes. Ils lui rappelleront les peines dont seront frappés ceux qui se livrent au pillage ou qui commettent des crimes contre les personnes, principalement la peine de mort et la confiscation des biens qu'ils encourent dans certains cas. Ils lui rappelleront aussi les peines que doivent subir les complices des criminels.

Art. 71. — Si des amis, en s'exerçant à l'escrime ou en s'amusant, se blessent mutuellement par mégarde, par maladresse, que les blessures soient graves ou légères, ils ne sont point coupables devant la loi. Néanmoins, s'il y avait mort d'homme, celui qui en a été la cause serait puni d'une amende de quinze *tomlong* au profit des père et mère, de la femme et des enfants ou des parents de la victime, qui doivent en faire de bonnes œuvres en son nom. S'ils se sont exercés à l'escrime ou amusés avec des armes, parce qu'ils y ont été excités par quelqu'un, celui qui les a excités n'est point responsable des blessures qu'ils se sont faites et n'est point coupable. Mais si quelqu'un a été tué, celui qui les a excités sera puni d'une amende de sept *tomlong* deux *bat* (20 fr. 50 cent.) au profit du trésor du roi.

Si ces exercices ou ces amusements ont eu lieu un jour ou à une époque où il est d'usage de s'exercer et de s'amuser avec des armes, soit dans une pagode, soit devant le palais du roi, lors même qu'il y aurait eu des blessés ou des morts, pourvu que tout se soit passé sans fraude et sans mauvaise volonté de la part de celui qui les a excités, ni de la part de ceux qui s'exercent ou s'amusent avec des armes, d'après la loi, personne n'est coupable.

Art. 72. — Si quelqu'un, après qu'une personne venue chez lui est sortie, conçoit des soupçons sur elle parce qu'elle s'était placée à l'endroit où étaient des objets qui ont disparu, et porte plainte au tribunal contre cette personne, sa plainte ne sera pas reçue, parce que la loi dit : « Que tout propriétaire « doit, lorsque des personnes entrent dans sa maison ou en « sortent, regarder si quelque chose a disparu et si tout est à sa « place, afin de pouvoir interroger ces personnes dans le cas où « quelque objet aurait disparu. » S'il attend leur départ pour rechercher son bien, tant pis pour lui s'il ne le retrouve pas.

Si, après la disparition de certains objets, quelqu'un vient dire qu'il a vu un individu, qu'il nomme, regarder dans l'intérieur de sa maison à l'endroit même où étaient les objets qui ont disparu, qu'il l'a vu cacher ou envelopper quelque chose et qu'il y a des indices suffisants pour avoir des soupçons sur cet individu, le tribunal examinera l'affaire et s'il n'y a pas de témoins, si l'instruction n'établit pas une prévention fondée (col pirut) et que la personne soupçonnée soutienne opiniâtrément qu'elle n'a pas volé lesdits objets, qu'elle est innocente, alors, selon la loi, cette personne prêtera serment pour se laver de ces soupçons.

Art. 73. — Quiconque vend ou met en gage audacieusement des animaux ou des objets qu'il sait bien ne point lui appartenir, puis se contente de répondre au propriétaire qui les réclame qu'il les a vendus ou mis en gage, sera, sur la plainte du propriétaire, condamné à une amende égale à la moitié de la valeur de ces animaux ou de ces objets, et les animaux et les objets seront rendus à leur propriétaire. Mais si ces biens, ces objets ou ces animaux se sont perdus ou ont perdu de leur valeur pour une cause ou pour une autre, celui qui les a pris sera condamné à payer le double de leur valeur. L'amende est, par parties égales, pour le propriétaire et le trésor du roi.

Art. 74. — Quiconque veut fouiller soit dans un paquet, soit dans une besace, ou ouvrir soit une boîte, soit une bourse, soit un havre-sac, pour voir son contenu et examiner certains objets, doit prévenir le propriétaire de ce paquet, de cette besace, de cette boîte, de cette bourse, de ce havre-sac et le faire sous ses yeux. Lorsqu'il aura vu et examiné, il livrera tous les objets qu'il a sortis de ce paquet, de cette besace, de cette boîte, de cette bourse ou de ce havre-sac, à leur propriétaire, qui les remettra à leur place. S'il agit de sa propre autorité sans avoir prévenu le propriétaire des objets qu'il voulait examiner, et s'il l'a fait en son absence, dans le cas où il manquerait quelque chose dans ce paquet, dans cette besace, dans cette boîte, dans cette bourse ou dans ce havre-sac, quand même il serait prouvé qu'il n'a rien pris, néanmoins, comme il a agi contrairement à la loi, il sera condamné à payer la valeur des objets qui manquent. Mais s'il était prouvé que, réellement, il a volé ces objets, il serait condamné à la peine des voleurs.

Art. 75. — Quiconque vole des talismans ou des amulettes,

comme, par exemple, des défenses de sanglier ou des cornes de rhinocéros, à un médecin ou à toute autre personne, sera condamné à une amende de un *anchîng* dix *tomlong* (30 tomlong = 84 francs).

ART. 76. — Quiconque achète un terrain pour y construire sa maison, pour y faire une plantation ou un jardin, doit avertir soit les officiers du préfet de police, soit les autorités locales, soit les agents du gouverneur de la province, et les inviter à aller le mesurer et planter des piquets qui serviront de limites. S'il a négligé de le faire et que, dans la suite, il s'élève des difficultés sur l'étendue de ce terrain, cet acheteur sera d'abord puni d'une amende de trois *tomlong*; ensuite, l'affaire sera jugée.

ART. 77. — Si, après que quelqu'un a planté des piquets dans un endroit pour en prendre possession et y construire sa maison, un individu quelconque va les arracher pour les replanter, pour occuper cet endroit et en faire sa propriété, il se rend coupable de contravention et sera condamné à l'amende (tam bonda sac) au profit du trésor du roi.

De même, si, après que quelqu'un a commencé à défricher ou à aplanir un terrain dont il a pris possession le premier, un individu quelconque vient couper les pieux qu'il y a plantés ou continuer le travail commencé, il se rend coupable et sera condamné à l'amende (tam bonda sac).

ART. 77 (*bis*). — Quiconque fait une haie qui empiète sur le terrain de son voisin ou va en droite ligne à sa maison, et ne tient compte ni des observations de ce voisin ni même des conseils ou des avertissements, soit des agents du préfet de police, soit d'autres personnes compétentes qu'il a priées d'intervenir, si des serviteurs, des esclaves ou des personnes de cette maison meurent ou disparaissent, ou bien si des animaux, tels que : bœufs, buffles, éléphants, chevaux de cette maison, périssent, ou bien encore si des chariots, des barques, etc., disparaissent, il sera puni de la manière suivante : si, depuis le jour où des observations lui ont été faites par les personnes qui sont intervenues, jusqu'au jour où ces personnes meurent ou disparaissent ou tombent malades, ou ces animaux périssent ou se perdent, ou ces objets, ces biens disparaissent, il ne s'est pas écoulé plus de trois jours, il en paiera trois fois la valeur; s'il s'en est écoulé cinq, il paiera le double de leur valeur; s'il s'en est écoulé sept, il paiera une fois et demie leur valeur; si trois mois se sont écoulés, il paiera la moitié de leur valeur; si une année s'est écoulée, il paiera le tiers de leur valeur; si trois ans se sont écoulés, alors il devra préparer des fleurs, des cierges et des bâtons odoriférants pour aller faire des excuses, selon les convenances, à celui qui a subi ces pertes; quant à la haie, elle sera renversée et disparaîtra.

Le cas est le même lorsque quelqu'un construit sa maison devant ou derrière celle de son voisin, dans un endroit néfaste, et n'écoute ni les observations du propriétaire de cette maison, ni les avertissements soit des agents du préfet de police, soit des anciens, soit des officiers du gouverneur de la province: si le propriétaire de cette maison subit des pertes comme celles dont il est fait mention ci-dessus, la peine est la même, en tenant compte toujours du temps écoulé entre les pertes subies et le jour où les avertissements ont été donnés.

Art. 78. — Si deux maisons sont construites des deux côtés d'une troisième, avec leurs portes d'entrée donnant vers cette maison; si deux maisons sont construites l'une devant et l'autre derrière une troisième, de manière que celle qui est devant ait sa porte d'entrée vis-à-vis celle de la maison qui est au milieu; si trois maisons sont construites une de chaque coté d'une maison et l'autre derrière cette maison, avec leurs portes d'entrée donnant sur la maison qui est ainsi enclavée; si quatre maisons sont construites aux quatre côtés d'une cinquième avec leurs portes d'entrée donnant sur cette cinquième maison; dans tous ces cas, si cette maison ainsi enclavée au milieu des autres subit des pertes, soit de personnes qui meurent, disparaissent ou sont atteintes de maladie, soit d'animaux qui périssent ou se perdent, soit de biens-meubles, dans l'intervalle de trois, de quatre, de cinq ou de sept jours, de trois mois, d'un ans ou de trois ans, ceux qui ont construit les maisons qui enclavent la première seront punis selon la loi (article 77 *bis*).

Quiconque fait une haie qui va s'appuyer sur la haie d'un voisin ou fait une haie qui va en droite ligne jusqu'à une habitation, sera jugé selon l'article 77 *bis* en cas de pertes subies par le voisin ou ceux qui sont dans cette habitation.

Art. 79. — Si quelqu'un construit une maison ou fait une haie dans un endroit qui, à son insu et à l'insu du voisin de cet endroit, est néfaste, et par là cause la mort de personnes ou la perte d'animaux ou des biens de ce voisin, l'autorité, après avoir constaté le fait, ordonnera à celui qui construit cette maison ou a fait cette haie dans cet endroit, d'aider celui qui a subi ces pertes à les réparer autant que possible, soit en participant aux dépenses nécessaires pour les funérailles des personnes mortes, soit en faisant des recherches pour retrouver les animaux égarés et les biens perdus ; ensuite, ils l'obligeront à démolir cette maison ou à détruire cette haie. S'il refuse de le faire, il sera condamné, à cause de cette désobéissance, à une amende proportionnée à la dignité de celui qui lui a donné l'ordre de le faire, et à faire disparaître cette maison ou cette haie.

Art. 80. — Si quelqu'un arrache ou coupe les piquets plantés, soit par les mandarins subalternes d'un gouverneur de province, soit par d'autres agents de l'autorité, pour délimiter un terrain, afin de pouvoir empiéter sur le terrain du voisin, le tribunal, après s'être assuré du fait sur la plainte de ce voisin peu satisfait de cette manière d'agir, condamnera le coupable à dix coups de rotin et à remettre les choses dans leur état primitif.

Art. 81. — Quiconque, en faisant ses nécessités ou en lançant des matières fécales, salit la maison de quelqu'un, sera condamné à une amende de quinze *tomlong* (42 francs). Quiconque décharge son ventre dans le trou où est plantée la colonne d'une maison sera condamné à une amende de sept *tomlong* deux *bat* (21 francs), et à enlever les matières fécales qu'il a déposées dans ce trou. Cette amende sera partagée également entre le propriétaire de cette maison et le trésor du roi (pra khlang baï). Si le coupable n'enlève pas ces matières fécales, il sera condamné, en outre de l'amende mentionnée ci-dessus, à dix ou quinze coups de rotin.

Art. 82. — Toutes les fois que la loi ne dit pas qu'une amende est pour le trésor du roi, en partie ou entièrement, elle sera partagée entre le trésorier (pra khlang), les juges et celui qui a gagné son procès, de la manière suivante : le *pra khlang* en aura quatre dixièmes, le tribunal deux dixièmes, et celui qui a gagné son procès, les quatre autres dixièmes. Lorsque, outre l'amende, il y a une valeur provenant de biens en litige à partager, la somme totale de l'amende et de cette valeur sera divisée en vingt parties égales, dont quatre sont pour le *pra khlang*, trois pour le tribunal (khuat chumnum) et treize pour celui qui a eu gain de cause. A l'avenir, le *pra khlang* (trésorier) et ses *phnéac ngéar* (officiers, agents) devront s'en tenir à ce qui vient d'être décidé sur ce sujet.

De l'interrogatoire des accusés.

ART. 82 *(bis)*. — Lorsqu'une bande de malfaiteurs, dont on a pu saisir quelques-uns, est accusée en justice par quelqu'un d'avoir tué son ami, d'avoir pillé, volé ou enlevé de force ses biens, ou d'avoir commis tout autre crime, le préfet de police doit interroger les accusés qu'on a pu saisir, afin de connaître tous leurs complices et faire arrêter tous ceux que ces accusés désignent, pour leur faire subir un interrogatoire. Si ceux qui sont désignés nommément protestent et nient toute complicité avec les accusés, alors le tribunal leur fera subir une ou deux des épreuves légales, avec celui qui les a désignés.

ART. 83. — Lorsque des prévenus ou des accusés, qui ont été saisis, protestent devant le tribunal, il sera ordonné d'en venir à l'épreuve selon la loi.

Lorsque, dans un acte d'accusation, il est fait mention d'un grand nombre de complices, le tribunal doit suspendre l'examen de l'affaire et se mettre à la recherche de ces complices, qui doivent être confrontés avec l'accusateur et interrogés en sa présence. Si les individus qui ont été désignés comme complices avouent leur crime, ils seront punis sans pitié ; mais s'ils protestent et nient toute complicité de leur part, les juges les soumettront aux épreuves, selon la loi, pour découvrir la vérité.

ART. 84. — Si un voleur, qui a été saisi les objets volés en main, proteste contre l'inculpation de vol, tandis que l'accusateur affirme que, lorsqu'il a été saisi, il y avait des témoins, les juges doivent avant tout interroger les témoins, et si, après leurs dépositions, ils acquièrent la certitude de la culpabilité de l'accusé, ils le puniront selon la loi. Mais si, d'après les dépositions des témoins, la culpabilité n'est point démontrée, ils lui feront subir l'épreuve selon la loi.

Art. 85. — Si un voleur ou un malfaiteur, dans l'interrogatoire, incrimine et met en cause soit les père et mère, soit les frères et sœurs, soit les enfants, soit les petits-fils de l'accusateur, d'après la loi le tribunal ne doit point, tout d'abord, ajouter foi à ses paroles, attendu que cet accusé est irrité contre l'accusateur; mais il doit agir avec prudence et circonspection pour découvrir la vérité et s'assurer s'il dit vrai ou non.

Art. 86. — Si un voleur, saisi avec ce qu'il a volé et conduit devant le tribunal par l'accusateur, qui affirme que ce voleur a des complices qu'il n'a pas pu saisir, ne veut point les faire connaître et s'obstine, malgré le témoignage de plusieurs personnes affirmant qu'il a réellement des complices, des associés en grand nombre, à ne point les faire connaître, d'après la loi il doit être mis à la question et subir les cinq supplices suivants :

1° Le rotin; 2° la cangue; 3° les entraves aux pieds; 4° la chaîne; 5° l'étreinte des tempes entre deux lattes de bambou.

Après qu'il aura subi ces cinq supplices, on lui donnera un répit de trois jours, et s'il refuse encore de les faire connaître, les supplices recommenceront. Puis, on lui donnera un nouveau répit de neuf jours et les supplices recommenceront encore. S'il continue à garder le silence et s'obstine à refuser de les faire connaître, après lui avoir fait subir la peine *acros* durant trois jours, on le fera mourir par la strangulation.

Art. 87. — Si les agents du préfet de police, qui font subir la question, obligent, par de mauvais traitements, un innocent à s'avouer coupable, ils n'auront pas d'amende à payer, mais ils seront condamnés à quatre-vingt-dix coups de rotin comme malfaiteurs (chor).

Art. 88. — Lorsqu'il y a contestation entre le propriétaire de biens volés, qui soutient qu'on lui a beaucoup pris, et le voleur qui prétend en avoir pris peu, ce propriétaire et ce voleur doivent subir l'épreuve ensemble. Si le possesseur de ces biens sort victorieux de l'épreuve, le voleur devra lui payer tout ce qu'il lui réclame; si c'est le voleur qui sort victorieux, il ne paiera que ce qu'il avoue avoir volé. L'amende infligée à ce voleur est toute entière pour le trésor (pra khlang). Dans le cas où ce voleur n'aurait pas de quoi payer ce qu'il a volé, il sera

mis en prison et employé aux travaux publics aussi longtemps
que son crime le mérite.

Art. 89. — Un malfaiteur ou un voleur qui, après avoir été
une ou deux fois en prison, soit durant un, ou deux, ou trois
mois, soit durant un, deux ou trois ans, continue sa vie coupable sans s'amender, sera puni doublement. Par conséquent,
si la première fois il a été condamné à un mois de prison, la
seconde il le sera à deux ; si la première fois il a été condamné
à un an, la seconde il le sera à deux, etc.....

Ce qui vient d'être dit souffre exception pour les crimes *mohanta tûs* et *cara tûs,* qui sont punis de la prison perpétuelle
avec travaux publics, la troisième fois que quelqu'un les commet,
et pour les crimes *ocrot tûs,* qui sont punis, sans pitié, de la
prison perpétuelle avec travaux publics la seconde fois qu'on
les commet.

Note. — L'an mil deux cent trente-cinq de l'ère cambodgienne,
le jour anniversaire de la naissance de Sa Majesté Norodom 1er,
pendant que le roi, environné de ses mandarins, recevait
leurs très-humbles et très-respectueux hommages, le ministre
de la justice (oknha ioùmréach), prosterné devant lui, prit la
parole pour lui annoncer que, dans la province de Trang, des
bandits qui avaient tué un bonze dans la bonzerie de Prech et
pillé tout ce qu'il avait, avaient réussi à se soustraire à toutes
les recherches faites pour les saisir. Aussitôt, Sa Majesté ordonna
de continuer les recherches et de faire en sorte de les saisir ;
puis, s'adressant à toute l'assemblée, elle dit : « Maintenant, il
« y a dans le royaume un grand nombre de malfaiteurs et
« d'assassins qui font usage d'armes pour tuer des personnes,
« parce que le préfet de police, qui néglige de remplir son
« devoir et ne pense qu'à amasser des richesses, ne nomme pour
« agents, pour officiers (phnéac ngéar), que des personnes sans
« aveu, des gens de rien qui, après avoir saisi les coupables,
« se laissent corrompre par l'argent ou attendrir par les suppli-
« cations, et les relâchent au lieu de les incarcérer et de les
« employer aux travaux publics (prà réach chéa car). De sorte
« que les coupables, les criminels, au lieu de se corriger,
« deviennent plus audacieux et se disent : « Volons, pillons, fai-
« sons la piraterie, amassons des biens ; une partie de ces biens

« servira à soudoyer les agents, les envoyés du préfet de police,
« et l'autre servira à notre entretien. » Voilà pourquoi le nombre
« des voleurs et des assassins s'est multiplié à ce point. En con-
« séquence, dès à présent, le *ak Mahaï séna bodey* et les quatre
« grands mandarins qui siégent à la droite (veang, ioùmréech,
« kralahôm et chakrey) écriront à tous les gouverneurs des pro-
« vinces pour leur ordonner de surveiller les agents et les envoyés
« du préfet de police qui se trouvent dans chacune d'elles, afin
« qu'ils ne puissent pas se laisser corrompre par l'argent ou
« fléchir par les supplications des malfaiteurs qu'ils ont saisis,
« et les mettre en liberté. Ils leur enjoindront, si le cas se pré-
« sente, de les mettre à la cangue et de les faire conduire au
« tribunal, qui les jugera et les punira sans grâce et sans mi-
« séricorde. De leur côté, les agents et les envoyés du préfet de
« police, s'ils apprennent qu'un gouverneur de province et les
« mandarins subalternes ont relâché des criminels dont ils ont
« reçu de l'argent, devront les dénoncer à la justice, qui les
« jugera et les punira selon la gravité de leur faute.

« Dans le cas où les agents du préfet de police et le gouver-
« neur ou les mandarins subalternes (phnéac ngéar) seraient
« d'accord pour recevoir de l'argent des coupables et les relâ-
« cher, ils seront passibles de la même peine. »

Ensuite, le roi décréta que : « quiconque a fait la piraterie ou
« s'est livré au pillage, ou bien a enlevé avec violence le bien
« d'autrui une fois, aura une oreille coupée ; que quiconque a
« commis ces crimes deux fois, aura les deux oreilles coupées,
« et que quiconque a commis ces mêmes crimes trois fois, sera
« puni de mort.

« Néanmoins, il peut y avoir des cas où, vu les crimes commis,
« cette peine peut être mitigée. Dans ce cas, les coupables
« seront marqués, selon la gravité du crime, soit sur le front,
« soit sur la poitrine, soit sur la main, avant de recouvrer leur
« liberté. S'il y a plusieurs coupables, chacun d'eux sera marqué ;
« si le coupable a un patron ou ses parents qui se portent cau-
« tion pour lui, il n'aura pas les oreilles coupées et ne sera pas
« marqué.

« On fera trois listes de tous les prisonniers, qui seront con-
« servées, la première par le *krom vang* (mandarin préposé à la

« surveillance de tous les chambellans et serviteurs du palais), la
« deuxième par les chambellans (maha thlec), la troisième par les
« sous-secrétaires de Sa Majesté (pra alak). Chacune de ces listes
« portera :

« 1° Le nombre de prisonniers;

« 2° Le nom propre, le nom du village, le nom de la province
de chacun d'eux;

« 3° Le jour, l'année de l'incarcération de chaque individu
« et l'espèce de crime qu'il a commis. S'il y a des femmes, on
« en fera mention.

« Ceux à qui ces listes sont confiées doivent, sans y manquer,
« s'enquérir deux ou trois fois par mois du nombre des per-
« sonnes qui sont sorties de prison et qui y sont entrées. S'ils
« négligent de s'acquitter de ce devoir, ils seront punis de
« trente coups de rotin et de trois mois de prison. »

ART. 90. — Lorsque des brigands pillent ou saccagent une
maison, soit près de la capitale, soit dans une province éloignée,
les voisins de cette maison, jusqu'à la distance de trois *son*,
trois *phiam*, trois *hat* (environ 125 mètres), doivent lui porter
secours et aider ses habitants à saisir les brigands. Si ces derniers prennent la fuite, ils doivent les poursuivre et, dès qu'ils
arriveront près d'une maison ou d'un village, ils doivent donner
l'alerte, afin que les habitants de cette maison ou de ce village
leur prêtent main-forte pour saisir les brigands. Si les habitants
d'une maison située à une distance moindre de trois *son*, trois
phiam, trois *hat* de la maison qui est attaquée, sachant que des
malfaiteurs la pillent ou la saccagent, ne sortent pas pour lui
porter secours, dans le cas où ces brigands parviendraient à
emporter les biens de cette maison, ces habitants seront condamnés à payer un tiers des biens emportés, ainsi punis de
n'avoir pas porté secours, à moins que les objets pillés puissent
être retrouvés.

Si, malgré toutes les recherches faites par le maître de la
maison pillée et par les agents du préfet de police, les biens
enlevés ne peuvent être retrouvés, le propriétaire de ces biens
volés supportera la perte d'un tiers. Le préfet de police en
paiera un tiers pour le punir de sa négligence à remplir ses

devoirs, au point que des bandits peuvent impunément venir piller et saccager. Quant au maître de la maison qui est sise à moins de trois *son*, trois *phiam* et trois *hat* de la maison saccagée, il paiera l'autre tiers, parce qu'il n'a pas porté secours. En faisant supporter la perte des biens enlevés de cette manière, c'est-à-dire également par le préfet de police, par le maître de la maison dévastée et celui de la maison voisine qui n'est pas allé porter secours, on les stimulera à faire des recherches pour saisir les bandits. Quiconque saisira ces bandits aura la moitié des biens enlevés pour prix de sa peine et comme encouragement, s'il a pu reprendre ces biens.

ART. 91. — S'il y a lieu de craindre que le propriétaire des biens enlevés et dont la perte doit être subie comme l'ordonne l'article précédent, ne mente, prétendant que les brigands lui ont pillé beaucoup plus qu'ils n'ont enlevé réellement, on lui fera prêter serment préalablement. Le tribunal ne pourra infliger ni amende ni peine au maître de la maison voisine qui n'est pas allé au secours, il n'exigera de lui que le *chung cá* (frais de citation).

ART. 92. — Lorsqu'on devra marquer un bandit qui a été saisi et l'incarcérer, le *króm vang*, le *króm alak*, le *króm maha thléc* et le *suos déy* (pra suri iodéy) (1) doivent se réunir. La marque à imprimer au coupable et l'endroit où elle doit être imprimée dépendent des espèces de crimes commis. Si le crime est de la première catégorie (ocrot tús) ou de la seconde (mohanta tús), le coupable sera marqué au front du caractère qui signifie *assassin*. S'il s'agit d'un criminel condamné pour vol, il sera marqué au front du caractère qui fera connaître son vol. Après avoir été marqué, tous les criminels qui se sont rendus coupables de vols importants, soit à cause du prix des objets volés, soit à cause de la personne qu'ils ont volée (par exemple, un bonze), seront mis en prison pour le temps fixé dans la sentence et employés aux travaux publics. Les individus qui se sont rendus coupables, une ou deux fois seulement, de vols de peu d'importance, seront punis d'une amende, puis

____

(1) Mandarin qui conserve les rôles des personnes corvéables et des esclaves du roi. (Note du traducteur.)

mis en liberté sans être marqués. Cependant, leurs patrons ou leurs pères et mères devront répondre d'eux et faire un écrit à cet effet. Si ces individus commettent de nouveaux vols, ceux qui ont répondu d'eux seront punis sans miséricorde.

ART. 93. — Si le roi fait grâce à un coupable qui a été marqué et le fait mettre en liberté, partout où il ira il devra être muni d'un laissez-passer portant les sceaux du ministre de la justice (oknha ioumréech), du ministre des finances (oknha vang), du ministre de la marine (oknha kralahôm), du ministre de la guerre (oknha chakrey) et des quatre mandarins chargés de conserver le code.

Lorsqu'un coupable marqué se rend dans un village ou dans une province sans être muni d'un laissez-passer portant les sceaux des ministres et des mandarins qu'on vient de nommer, le gouverneur de cette province et ses officiers ou les mandarins subalternes doivent le saisir et le faire conduire à la capitale, afin qu'il soit réintégré dans la prison. S'ils contreviennent à cet ordre en cachant ce coupable, ils se rendent passibles des peines édictées contre ceux qui cachent des malfaiteurs.

Pour l'apposition des sceaux que doit porter le laissez-passer délivré à un coupable marqué, il n'est point permis de prendre plus de six *bat* (4 francs) par sceau.

ART. 94. — Si quelqu'un saisit un coupable qui s'est échappé de prison et le ramène au gardien, on doit le faire connaître au roi qui lui donnera comme récompense trois *ânchîng* (168 francs) et un habillement complet. Il n'est point permis de laisser ignorée la personne qui a fait cette belle action.

ART. 95. — Dès que des malfaiteurs, des assassins armés apparaissent dans un lieu quelconque, le préfet de police doit faire en sorte de les saisir, et le ministre de la justice ne doit pas laisser s'écouler plus de trois jours sans en prévenir le roi. En cas d'absence ou de maladie du ministre de la justice, le *phimut vang sa* (chef du cabinet du ministre de la justice) devra le remplacer pour aller prévenir Sa Majesté. Si le *phimut vang sa* est ou absent ou empêché, les mandarins subalternes du préfet de police doivent le remplacer pour remplir ce devoir. Si, lorsqu'il y a des troubles dans une province et qu'il s'y commet des meurtres ou des pillages, le préfet de police garde

.e silence, ne le fait pas savoir au roi, il se rend responsable de tous les biens pillés et sera obligé de les payer. Si le préfet de police cache des criminels qui, avec des armes, ont blessé ou tué des personnes, il sera condamné à recevoir autant de dizaines de coups de rotin qu'il y a de grades dans sa dignité, et cela sans pitié et sans grâce.

Art. 96. — Dès que la présence de malfaiteurs, de brigands, de pillards armés, est signalée dans un village ou dans une province, le gouverneur de cette province, ses officiers, les mandarins subalternes et les autorités de ce village, doivent faire en sorte de les saisir et, soit qu'ils réussissent ou non à les saisir, ils doivent, par une lettre portée par l'un d'eux, en prévenir le roi. Si les autorités de cette province ou de ce village manquent à ce devoir, elles seront condamnées à recevoir autant de dizaines de coups de rotin qu'elles ont de degrés (sac) de dignité.

Art. 97. — Lorsqu'il s'agit de vol de bœufs, de buffles, d'éléphants, de chevaux, de chariots, de barques ou même d'objets de peu de valeur, le gouverneur et ses mandarins subalternes (krom ma car, phnéac ngéar) jugeront sans laisser traîner l'affaire en longueur. S'ils ne peuvent point prononcer la sentence ou s'ils n'osent le faire, ils conduiront l'accusateur et l'accusé au grand tribunal de la capitale (pra bat as chunmum), qui examinera l'affaire et prononcera la sentence.

Art. 98. — Le préfet de police fera une circulaire pour ordonner à chaque chef de famille d'avoir chez lui une crécelle (ta doc) ou un objet d'un son retentissant, afin que si des brigands, des pillards arrivent chez lui et que la crainte l'empêche de crier, il puisse, au moyen de sa crécelle ou de son instrument, donner l'éveil et appeler du secours. Dès qu'une maison, dans le voisinage, aura entendu le son de la crécelle (ta doc), elle devra faire retentir la sienne, de manière que l'alerte soit donnée au loin et que les habitants des maisons qui se trouvent situées à moins de trois *son*, trois *phiam*, trois *hat* (125 mètres), sortent et viennent prêter main-forte à celle qui est attaquée et saisir les malfaiteurs. Toutes les personnes ainsi réunies pour frapper et saisir ces brigands ne doivent être armées que de bâtons ou de gourdins. Il ne leur est pas permis de faire feu, parce qu'il est à craindre que le projectile, soit par ricochet, soit par maladresse, n'aille blesser quelqu'un de la compagnie. Néanmoins, si les malfaiteurs ont pu s'échapper et qu'on ne puisse pas les atteindre en les poursuivant, alors il est permis de faire feu sur eux.

Chaque fois qu'on entendra le signal de la présence de bandits, de brigands donné par le *la doc*, ceux qui, d'après la loi, sont tenus de porter secours et aider à les saisir, doivent se réunir et cerner la maison où ils sont entrés, et faire en sorte de les appréhender. Ceux qui poursuivent la nuit les malfaiteurs, soit dans une maison, soit dans un hameau, doivent, avant de frapper ou de percer, faire attention de ne pas percer ou frapper, par méprise, quelqu'un de ceux qui sont venus prêter secours. Lorsqu'ils feront feu sur les brigands, ils redoubleront d'attention pour ne pas blesser ou tuer d'autres personnes.

ART. 99. — Lorsqu'il s'agit de faire l'application de l'article 90 aux habitants d'une maison qui est située à une distance moindre de trois *son*, trois *phiam*, trois *hat* (125 mètres) d'une maison attaquée, à laquelle ils n'ont pas porté secours, et de leur faire payer le tiers du prix des objets enlevés, les juges se souviendront qu'il ne peut être appliqué : 1º ni à ceux dont la maison est séparée de celle qui est attaquée par une rivière ou par un torrent enflé, dont la largeur est de dix *phiam* (20 mètres), s'ils n'ont pas d'embarcations et ne savent pas nager ; 2º ni aux femmes ; 3º ni aux infirmes ; 4º ni aux enfants ; car les hommes valides et les jeunes gens seuls sont tenus d'aller au secours. Si, parmi les voisins qui sont à moins de trois *son*, trois *phiam*, trois *hat* (125 mètres) d'une maison attaquée par des brigands, il y a des personnes revêtues de dignités qui ne sont pas allées à son secours, elles seront condamnées à subir une partie des pertes faites par cette maison. La partie des pertes qu'elles auront à subir sera proportionnée à leurs dignités. Si, dans le voisinage d'une maison attaquée, il y a, à une distance moindre de trois *son*, trois *phiam*, trois *hat*, des agents ou des officiers du préfet de police qui ne sont point allés lui porter secours, ils seront condamnés à payer la moitié du prix des biens enlevés. L'autre moitié sera payée par les maisons qui sont à moins de trois *son*, trois *phiam*, trois *hat*, qui n'ont point porté secours.

Le tribunal ne prélèvera rien sur les sommes payées au maître de la maison dévastée par ceux de ses voisins que la loi condamne à payer. Si, ensuite, on peut saisir ces brigands, l'amende qui leur sera infligée et les biens qu'on pourra leur reprendre serviront à indemniser ceux qui ont été condamnés à payer les biens enlevés. Les juges ne pourront point prélever le dixième, ni de cette amende, ni de ces biens.

Art. 100. — Lorsque, dans son interrogatoire, un accusé incrimine l'esclave ou le client d'un mandarin, le préfet doit écrire à ce mandarin, afin qu'il l'amène devant le tribunal, qui examinera l'affaire et jugera. Si ce mandarin tergiverse et s'excuse en disant que cet esclave ou ce client est absent, ou bien refuse de l'amener devant le tribunal, après trois délais donnés à ce mandarin, afin qu'il se décide à l'amener, et après trois promesses faites par lui, s'il ne se présente pas et s'il n'amène pas le prévenu, le tribunal le condamnera comme complice de ce prévenu. L'amende qui lui sera infligée sera réservée pour récompenser celui qui saisira le prévenu.

Si un criminel, dans ses aveux, fait savoir qu'il a des associés qui sont esclaves ou clients d'une personne qu'il nomme, le tribunal interrogera cette personne pour savoir si elle reconnaît ces accusés comme ses esclaves ou ses clients. Dans le cas où elle refuserait de les reconnaître comme tels (comme ses esclaves ou ses clients), si, par l'aveu sincère de ces accusés, la justice acquiert la certitude que réellement cette personne est leur maître ou leur patron, elle la condamnera à une amende double de celle qui est infligée aux complices des malfaiteurs, au profit du trésor du roi.

Art. 101 — Si un coupable, dans les aveux qu'il fait au tribunal, incrimine soit une personne du palais, soit un esclave du roi, les juges doivent écrire au maître du prévenu, afin qu'il en donne connaissance à Sa Majesté et lui demande l'autorisation de saisir ce prévenu et de le conduire au tribunal pour qu'il y soit jugé.

Il n'est point permis de tenir une telle affaire secrète.

Art. 102. — Si, lorsqu'un fils de famille a volé, pillé ou enlevé de vive force le bien d'autrui et l'a apporté à la maison de ses père et mère, ceux-ci, dès qu'ils en ont connaissance prennent ces biens et les portent aux mandarins subalternes du gouverneur de la province, la justice, en considération de la probité des parents, sera miséricordieuse envers le voleur et lui fera remise d'une partie des peines qu'il a méritées. Si, au contraire, sachant que ces biens ont été volés ou enlevés, ils les cachent, les gardent pour s'en servir, les consommer, ils seront punis comme complices du voleur. Quant à ces biens, ils seront rendus à leur légitime propriétaire, sur la demande respectueuse qu'il en fera au tribunal ou aux mandarins subalternes auxquels ils ont été remis.

Le cas est le même si c'est soit un neveu qui a volé ou pillé et qui a porté le fruit de son vol ou de son pillage chez son oncle, soit un petit-fils ou une petite-fille qui a volé ou pillé et porté le fruit de son vol ou de son pillage chez son grand-père ou chez sa grand'mère, soit un esclave qui a volé, pillé ou enlevé de force le bien d'autrui qu'il a porté chez son maître. Si la personne chez laquelle le fruit du vol a été porté va le remettre aux mandarins subalternes du gouverneur de la province (1).....

Néanmoins, si le tribunal a été indulgent une ou deux fois, en considération de la probité de la personne qui a autorité sur le coupable et que celui-ci ne se corrige pas et continue sa vie criminelle, il sera puni sans miséricorde, selon la gravité de son crime.

ART. 103. — Si un voleur laisse tomber ou dépose des objets volés, soit près d'une maison habitée, soit dans un enclos ou dans un jardin qu'on cultive actuellement, soit dans une rizière qu'on est en train d'ensemencer ou de labourer à cause de la saison, le maître de cette maison, le propriétaire de cet enclos, de ce jardin ou de cette rizière est obligé de prouver que les traces du voleur ne s'arrêtent point sur sa propriété et qu'on peut les suivre jusqu'à la distance de trois *son*, trois *phiam*, trois *hat* (125 mètres) au-delà, sinon il sera condamné à payer la moitié de la valeur des objets volés, après que leur propriétaire aura prêté serment sur la quantité et la valeur de ce qui a été volé chez lui. Mais si, après cette condamnation, le voleur

---

(1) Il y a ici une lacune dans le texte. (Note du traducteur).

est saisi, l'amende qui lui sera infligée servira à indemniser le propriétaire qui a été obligé de supporter la moitié du prix des objets volés ; les juges ne pourront point prélever le dixième de cette indemnité. Dans le cas où le propriétaire, qui a été obligé de payer la moitié de la valeur des biens volés, saisirait lui-même le voleur, il aura droit à la moitié soit des biens volés, soit de leur valeur.

Si les objets volés sont tombés dans une rizière, un jardin ou une plantation abandonnés, le propriétaire de cette rizière, de ce jardin ou de cette plantation n'est tenu de rien prouver, aucune prévention n'existe contre lui.

ART. 104. — Si une personne blessée va mourir ou est trouvée morte près d'une maison, sur une propriété, dans une rizière ou dans une plantation, le maître de cette maison, de cette propriété, de cette rizière ou de cette plantation est obligé de prouver soit par les traces de l'assassin, soit par les traces du sang, soit par les traces de la personne blessée, que les blessures ont été faites à une distance de trois *son*, trois *phiam*, trois *hat* (125 mètres) de sa maison ou de sa propriété, de sa rizière ou de sa plantation, sinon il sera condamné à payer la moitié du prix de la vie de la personne morte.

Le cas est le même si c'est un animal blessé qui va périr ou qui est trouvé mort près d'une maison, sur une propriété, dans une rizière ou dans une plantation ; la seule différence qu'il y a consiste dans le prix.

Mais si le cadavre d'une personne ou d'un animal est trouvé près de la maison ou sur la propriété de quelqu'un, et ne porte aucune trace de blessures, le maître de cette maison ou de cette propriété ne sera tenu à rien prouver. Il en est de même si ce cadavre, quoique couvert de blessures, est trouvé près d'une maison, sur une propriété, dans une plantation ou dans une rizière abandonnées.

Dans le cas où le propriétaire d'une maison, d'un jardin, d'une rizière ou d'une plantation, etc., n'a pas pu démontrer que les blessures que porte le cadavre trouvé mort près de sa maison, dans son jardin, dans sa rizière ou dans sa plantation, ont été faites à une distance de trois *son*, trois *phiam*, trois *hat* de sa maison, de son jardin, etc., et a été condamné à payer la moitié du prix de la vie de la personne morte (si c'est le cadavre d'une personne qui a été trouvé), ou la moitié du prix de l'animal (si c'est le cadavre d'un animal qui a été trouvé); si, ensuite, on parvient à saisir le vrai coupable, l'amende dont il sera puni servira à indemniser intégralement celui qui, quoique innocent, a payé pour lui. Si c'est celui qui a été obligé de payer, quoique innocent, qui saisit le vrai coupable, il a droit non-seulement à l'amende infligée au coupable, mais encore à la moitié de ses biens.

Lorsqu'il s'agira de faire payer un propriétaire qui a sa maison ou sa propriété à une distance de moins de trois *son*, trois *phiam*, trois *hat* de l'endroit où un crime a été commis, on se souviendra que les vieillards, les impotents, les femmes et les enfants sont toujours exceptés.

Art. 105. — Si un voleur, qui a été saisi, répond simplement et fait connaître l'endroit où il a déposé les objets volés, le tribunal doit le faire conduire à l'endroit désigné par lui pour retrouver ces objets, qui serviront de pièces de conviction.

Lorsqu'un criminel avoue qu'il a assassiné, la justice doit le faire conduire à l'endroit où il a caché les instruments qui ont servi à la perpétration de son crime, afin de retrouver ces instruments, qui serviront de pièces de conviction.

Lorsque les objets volés ou les instruments qui ont servi pour la perpétration d'un crime ne peuvent pas être retrouvés, il est à craindre que le voleur ou l'assassin ne se soit avoué coupable par la crainte du rotin.

Art. 106. — Si un individu qui a volé de l'argent l'a dépensé pour faire des achats ou de toute autre manière, ceux qui, ignorant d'où provenait cet argent, l'ont reçu de lui, ne peuvent pas être inquiétés à ce sujet, parce que, dans le royaume, l'argent circule et passe ainsi de main en main.

Si, cependant, quelqu'un avait reçu l'argent volé en dépôt, il doit le remettre à la justice et payer les frais de citation (chung ca).

Art. 107. — Lorsqu'on mesurera les trois *son*, trois *phiam*, trois *hat* dont il est question dans les articles précédents, on mesurera depuis l'une des colonnes de la maison ou depuis les limites de la propriété jusqu'à l'endroit où le crime a été commis.

V. — DES GENS QUI, PAR DES ACTES OU DES PAROLES, FAVORISENT LA FUITE DE LA FEMME, DES ENFANTS, DES DOMESTIQUES OU DES ESCLAVES D'AUTRUI (1).

ARTICLE PREMIER. — Quiconque est convaincu d'avoir fait fuir, sans user de violence, la femme, le petit-fils ou la petite-fille, le fils ou la fille, le neveu ou la nièce de quelqu'un, et d'avoir conduit la personne qu'il a fait fuir jusque sur la berge d'un cours d'eau, jusqu'au bord d'un lac ou d'un étang, sur un grand chemin, dans un marché ou dans une île formée par le cours d'eau ou le lac sur les bords duquel est sise la maison d'où il les a fait fuir, sera condamné à une amende égale à la moitié du prix de la personne qu'il a fait fuir.

Si le coupable a conduit cette personne chez lui, où il la tient encore cachée, il sera puni d'une amende égale au prix de la vie de cette personne (dach surel) (2). S'il a conduit cette personne hors de la province ou s'il lui a fait traverser un cours d'eau ou un lac, l'amende sera d'une fois et demie le prix de la vie de la personne ; s'il l'a emmenée hors des confins du royaume pour la vendre ou la mettre en gage, il sera puni d'une amende double du prix de la vie de cette personne.

Si on a pu saisir celui qui a fait fuir cette personne, sans pouvoir prendre la personne en fuite, il sera condamné à une amende triple du prix de la personne qu'il a fait fuir et à une flagellation en rapport avec sa faute.

La personne qui a fui n'est point coupable si elle a été victime d'une violence ; mais si elle a consenti bénévolement ou pour en retirer un avantage soit pécuniaire, soit tout autre, elle sera con-

---

(1) Dans le Cambodge, les habitations sont presque toujours construites sur le bord d'un cours d'eau, d'un étang ou d'une mare ; aussi, lorsqu'on dit que l'on a fait fuir une personne jusqu'au *mot compong*, il faut entendre qu'on l'a fait fuir non loin de la maison du maître. Les Cambodgiens désignent par les mots *mot compong* l'espace compris entre une habitation et le cours d'eau, le lac, l'étang, la mare près desquels elle est construite. (Note du traducteur.)

(2) D'après l'*oknha sauphéa thuppedey* (juge royal), l'amende *dach surel* est de trente *tomlong* ; celle *bang surel* est de douze *tomlong* : celle *surel bang* est de quinze *tomlong*. (Note du traducteur.)

damnée à trente coups de rotin, à moins que cette personne ne soit âgée de moins de douze ans ou de plus de soixante-cinq ans ; dans ce cas, elle n'est passible d'aucune peine. Si cette personne est âgée de douze à dix-sept ans, le nombre de coups de rotin ne sera que de vingt ; si cette personne est du sexe féminin, on ne lui donnera que vingt-cinq coups, puis on la remettra entre les mains de celui qui a autorité sur elle et sous la dépendance de qui elle est.

Quiconque est convaincu d'avoir fait fuir, sans employer la violence, l'esclave d'autrui et de l'avoir conduit soit sur la berge d'un cours d'eau, soit sur les bords d'un lac ou d'un étang, soit sur un grand chemin, soit dans un marché, soit dans une île formée par le cours d'eau ou le lac sur les bords duquel est la maison du maître de cet esclave, sera condamné à une amende égale à la moitié du prix de cet esclave ou de la somme pour laquelle il est esclave.

Si le coupable a conduit cet esclave dans sa maison et l'y tient encore caché, il sera puni d'une amende égale au prix de l'esclave ou à la somme pour laquelle il est esclave. S'il l'a conduit hors de la province ou s'il lui a fait traverser un cours d'eau ou un lac, l'amende sera d'une fois et demie le prix de l'esclave ou de la somme pour laquelle il est esclave. Si le coupable a conduit cet esclave hors des confins du royaume pour le vendre ou pour le mettre en gage pour de l'argent, il sera condamné à une amende double du prix de l'esclave ou de la somme pour laquelle il est esclave.

Dans le cas ou on aurait pu saisir celui qui a fait fuir cet esclave, sans pouvoir saisir l'esclave, le coupable sera condamné à une amende triple du prix de l'esclave ou de la somme pour laquelle il est esclave, et à une flagellation en rapport avec son délit.

Si l'esclave qui a pris la fuite a été victime d'une violence, il n'est point coupable ; mais s'il a consenti bénévolement ou poussé par un intérêt soit pécuniaire, soit autre, il est coupable et sera condamné à trente coups de rotin, à moins qu'il ne soit âgé de moins de douze ans ou de plus de soixante-cinq, car, dans ce cas, il n'est passible d'aucune peine. S'il est âgé de douze à dix-sept ans, le nombre de coups de rotin sera diminué et réduit à vingt ; si l'esclave est du sexe féminin, on ne lui donnera que vingt-cinq coups. Après avoir reçu les coups de rotin, l'esclave sera remis à son maître.

Quiconque est convaincu d'avoir fait fuir, sans user de violence, une personne saisie pour dettes et de l'avoir conduite soit sur la berge d'un cours d'eau, soit sur les bords d'un lac, soit dans une île formée par le cours d'eau ou le lac sur les bords duquel est la maison d'où il l'a fait fuir, soit sur un grand chemin, soit dans un marché, sera puni d'une amende égale à la moitié de la somme que ce débiteur doit. Si le coupable a conduit ce débiteur, qui avait été saisi, dans sa maison où il le tient caché, il sera puni d'une amende égale à la dette. S'il l'a conduit hors de la province ou s'il lui a fait traverser un cours d'eau ou un lac, l'amende sera d'une fois et demie la dette.

Si le coupable l'a conduit hors du royaume pour le vendre ou le mettre en gage pour de l'argent, il sera condamné à une amende double de la dette. Dans le cas où on aurait pu saisir celui qui a fait fuir ce débiteur, sans pouvoir saisir le débiteur lui-même, le coupable sera condamné à une amende triple de la dette et à une flagellation proportionnée à son délit. Si le débiteur ne s'est décidé à fuir que parce qu'il a subi une violence, il n'est pas coupable; mais s'il a consenti bénévolement ou poussé par un motif d'intérêt, il est coupable; par conséquent, s'il est âgé de dix-sept à soixante-cinq ans, il recevra tente coups de rotin; s'il a de douze à dix-sept ans, il en recevra vingt; s'il a moins de douze ans et plus de soixante-cinq ans, il n'est passible d'aucune peine. Pour les femmes, le nombre des coups est diminué de cinq. Après avoir subi ce châtiment, il sera remis à son gardien.

Art. 2. — Si celui qui a fait fuir la femme ou la fille de quelqu'un, mais qui ne l'a ni vendue, ni mise en gage, ni violée, par crainte ou repentir de sa mauvaise action la ramène chez elle en faisant humblement l'aveu de sa faute, d'après la loi il ne doit point être puni, pourvu que l'instruction établisse que c'est un homme simple et sincère. S'il ne la ramène que parce qu'il ne peut éviter la douane ou la patrouille, ou parce que, l'éveil ayant été donné, il voit qu'il ne peut point échapper, il sera puni d'une amende égale à la moitié du prix de la vie de la personne qu'il a fait fuir.

Si celui qui a fait fuir l'esclave de quelqu'un, mais qui ne l'a pas vendu ni mis en gage, soit par crainte ou par repentir de sa mauvaise action, le ramène à son maître et avoue humblement sa faute, il ne sera pas puni, dit la loi, pourvu qu'il soit prouvé par l'instruction que c'est un homme simple et sincère. S'il ne le ramène que parce qu'il ne peut éviter la douane ou les patrouilles, ou parce que, l'éveil étant donné, il ne peut échapper, il sera puni d'une amende égale à la moitié du prix de cet esclave ou de la somme pour laquelle il est en esclavage.

ART. 3. — Quiconque a reçu dans sa maison un esclave qui l'ait sollicité de l'y laisser et qui est venu de lui-même pour échapper à son maître, doit en prévenir le maître de l'esclave dans les trois jours, si sa maison est dans la même enceinte ou dans le même district (khet), et dans cinq jours, si la maison du maître de l'esclave est dans un autre district que la sienne, sinon il se rend coupable. S'il laisse passer un mois avant de prévenir le maître de cet esclave, il sera tenu de lui payer le prix du travail de l'esclave durant ce mois, à raison de trois *slong* (50 centimes) par jour pour un homme, et de un *slong* un *fuong* (25 centimes) pour une femme. S'il cache chez lui pendant plus d'un mois cet esclave fugitif, sans prévenir son maître, il sera puni d'une amende égale au prix de l'esclave ou à la somme pour laquelle il est esclave. Si cet esclave s'est réfugié successivement dans plusieurs maisons, tous les chefs de ces maisons seront tenus, conjointement, à payer les frais judiciaires et l'amende proportionnelle, autant que chacun d'eux l'a gardé chez lui. Néanmoins, on retranchera trois jours si ces chefs de maison demeurent dans la même enceinte que le maître de l'esclave, et cinq jours s'ils habitent dans un district différent (khet), de la somme qu'ils auront à payer. Si l'esclave fugitif, pendant le temps qu'il a passé hors de la maison de son maître, a engendré des enfants, ils appartiennent à son maître. Si le mari et la femme qui sont esclaves ont pris la fuite, les enfants qu'ils ont pendant qu'ils sont absents de la maison de leur maître appartiennent à celui-ci.

Si l'esclave qui a fui est soit la fille, soit la femme, soit la petite-fille, soit la nièce de quelqu'un et qu'elle se soit mariée ou ait eu un commerce criminel avec quelqu'un, l'affaire sera jugée selon le *Lakkana phodey propon* (sur le mariage).

Art. 4. — Si celui qui est convaincu d'avoir reçu dans sa maison et d'avoir donné à manger à un esclave fugitif, qui l'a supplié et qui l'a assuré qu'il avait des raisons légitimes pour se cacher, est interrogé à ce sujet et qu'il affirme que l'esclave qu'il cache chez lui n'y est point, qu'il n'a pas eu connaissance de sa fuite, il sera puni d'une amende égale au prix de cet esclave ou à la somme pour laquelle il est retenu en esclavage.

Art. 5. — Quiconque fournit à un esclave qu'il connaît comme fugitif et qui est venu le trouver pour lui demander soit de l'argent, soit des provisions pour qu'il puisse passer dans une autre province ou sortir du royaume, doit, d'après la loi, aller à la recherche de cet esclave. S'il ne peut point le trouver et le ramener à son maître, il sera condamné à payer le prix de cet esclave ou la somme pour laquelle il est esclave.

Si celui qui a donné l'argent ou les provisions ignorait que l'individu auquel il a donné cet argent ou ces provisions fût un esclave en fuite ; si son métier est de vendre des aliments, des provisions ; s'il a coutume de préparer des aliments, des provisions pour faire l'aumône ; s'il a donné cet argent ou ces provisions soit à l'occasion d'une fête ou d'une circonstance où, d'après les usages du pays, les riches font des distributions pour acquérir des mérites, il n'est passible d'aucune peine.

Les bateliers qui, soit pour gagner de l'argent, soit pour acquérir des mérites, passent les voyageurs d'un bord à l'autre d'un cours d'eau ou d'un lac, les hôteliers qui vendent des vivres, si, à leur insu, ils ont aidé un esclave en fuite, soit en le passant de l'autre côté d'un fleuve ou d'un lac, soit en lui fournissant des vivres, ne sont point coupables.

Art. 6. — Quiconque, sachant qu'un esclave a fui de chez son maître, lui fait la conduite afin qu'il aille loin ; quiconque, par ses paroles ou ses insinuations, fait fuir un esclave, si cet esclave est perdu, sera puni de l'amende infligée par la loi à un voleur d'esclaves ; si cet esclave est retrouvé, il sera condamné à l'amende qui est infligée à quiconque cache chez lui l'esclave d'autrui.

Art. 7. — Le tribunal, sur la plainte du maître d'un esclave qu'un individu a fait fuir et a vendu à une personne qui l'a revendu ou donné en gage à une autre personne, enlèvera cet esclave des mains de l'individu chez lequel il se trouve pour le remettre à son premier maître : ce dernier acquéreur a recours contre celui qui lui a vendu cet esclave ou qui le lui a donné en gage, pour le recouvrement de la somme qu'il a déboursée à cause de cet esclave. Le premier acquéreur, s'il a acheté de bonne foi, a recours contre le voleur, c'est-à-dire contre celui qui a fait fuir l'esclave et qui sera puni selon la loi. Si le voleur n'a pas de quoi payer le premier acquéreur, celui-ci perdra le prix qu'il en a donné, soit entièrement, soit en partie, selon que le voleur a quelque chose ou n'a rien. L'esclave qui a fui sera puni selon sa faute et son âge. (Voyez article premier.)

Si celui qui a fait fuir cet esclave l'a vendu ou donné en gage à quelqu'un, puis l'a racheté pour le vendre ou le donner en gage à un autre, celui à qui il avait été vendu ou donné en gage et à qui il a été repris n'est point coupable; mais celui qui l'a acheté ou reçu comme garantie de l'argent qu'il a donné à celui qui l'a fait fuir, en dernier lieu, est coupable. Par conséquent, si l'on ne peut retrouver celui qui lui a donné en gage ou vendu cet esclave, il perdra l'argent qu'il lui a donné.

Si le voleur (celui qui a fait fuir l'esclave) peut retrouver l'esclave, l'affaire sera jugée conformément à la loi. (Voyez article premier.)

Si le voleur l'a vendu ou mis en gage trois ou quatre fois successivement, de manière que le premier maître ne puisse le retrouver, l'affaire sera jugée comme si cet esclave avait été conduit d'une province dans une autre, c'est-à-dire d'après l'article premier. Alors, le tribunal aura à examiner si les personnes qui l'ont acheté ou reçu comme gage d'une somme quelconque, lorsqu'ils l'ont reçu ou acheté, ont suivi les formalités prescrites par la loi. Si elles y ont manqué, celui qui l'a acheté ou reçu comme gage devra payer les deux tiers du prix de cet esclave ou de la somme pour laquelle il est esclave; celui qui l'a reçu ou acheté en second lieu, en paiera un tiers afin qu'il soit racheté et rendu à son maître.

Art. 8. — Celui qui, sachant qu'un malfaiteur (chor) veut faire fuir l'esclave d'autrui, lui indique soit le moment opportun, soit un chemin ou un sentier à travers une forêt, afin qu'il puisse fuir, soit une cachette où il peut se réfugier pour échapper aux recherches, s'il est saisi avec l'esclave, il sera condamné à payer toutes les dépenses faites pour saisir cet esclave, à moins qu'il n'ait aidé à chercher et à saisir l'esclave et le malfaiteur qui l'a fait fuir, car, dans ce cas, on lui fera grâce.

ART. 9. — Un malfaiteur (achor) qui est au service d'un étranger et qui a fait fuir l'esclave de quelqu'un, doit, d'après la loi, être condamné à mort et à la confiscation de ses biens; peu importe qu'il ait déjà reçu le salaire de son crime ou non, qu'il ait déjà conduit cet esclave au lieu désigné ou non, qu'il l'ait déjà vendu ou mis en gage pour de l'argent ou non; il diminue les forces du royaume. S'il a des complices ou des associés qui l'ont aidé, qui ont conduit l'esclave en fuite, ils subiront la même peine que lui; mais si ces complices ou associés l'ont seulement aidé à fuir sans le conduire hors du royaume; ils seront condamnés à quatre-vingt-dix coups de rotin et à trois ans de prison.

S'ils ne l'ont conduit que jusqu'à la moitié du chemin, ils seront condamnés à soixante coups de rotin et à deux ans de prison; s'ils ne l'ont favorisé que par leur silence, en n'avertissant pas l'autorité de leur dessein de faire fuir cet esclave ou en ne lui faisant pas connaître sa fuite, ou si, pouvant le saisir, ils ne l'ont point saisi, ils seront punis de quinze coups de rotin et six mois de prison. S'ils lui ont donné des aliments, s'ils lui ont donné asile ou s'il l'ont passé de l'autre côté d'un cours d'eau ou d'un lac pour le mettre à l'abri des recherches. ils seront condamnés à trente coups de rotin et à un an de prison. S'ils ont eu connaissance de la fuite de cet esclave ou des soupçons et qu'ils n'aient pas averti les anciens de l'endroit ou les officiers du gouverneur de la province, mais se soient contentés de le chasser, de le faire partir, ils seront condamnés à payer le prix de l'esclave ou la somme pour laquelle il est esclave, selon la loi. Si, connaissant la fuite de cet esclave, ils ont gardé le silence sans le faire partir ou sans le cacher, ils ne sont point coupables.

ART. 10. — Celui qui prête de l'argent ou des denrées, avec ou sans intérêts, ou des objets à un esclave qu'il connaît bien, qui est son voisin et qui a toute sa confiance, si cet esclave prend la fuite, ne peut être rendu responsable comme lui ayant fourni les moyens de fuir. Quand même le maître de l'esclave fugitif auquel on a prêté aurait eu connaissance du prêt qui lui a été fait avant qu'il lui fût fait ou immédiatement après, par celui qui le lui a fait, il ne peut pas être obligé de payer comme responsable ce qui a été prêté à cet esclave, à moins qu'il ne se soit porté caution pour lui ; dans ce cas, ce maître et le prêteur subissent tous les deux une perte. Si le maître de l'esclave fugitif s'est rendu caution pour lui et a été obligé de payer, dans le cas où il pourrait le retrouver, il lui fera supporter tout ce qu'il a été obligé de payer. Si le prêteur n'a point prévenu le maître de cet esclave du prêt qu'il lui a fait, il se fera payer comme il pourra ; s'il perd son argent ou son bien il n'aura rien à réclamer. Quant au maître de l'esclave, il en sera pour les dépenses qu'il a faites afin de le reprendre.

Si le maître de cet esclave, qu'il a pu reprendre, s'est fait payer ce qu'il lui devait à lui-même et ce qu'il devait à celui qui lui a prêté, puis l'a chassé et fait fuir, il sera condamné à payer le double de ce que l'esclave devait au prêteur.

Si le maître de cet esclave fugitif, après l'avoir saisi et s'être fait payer ce qu'il lui doit, le fait fuir, il sera condamné à payer tout ce que cet esclave doit à celui qui lui a prêté.

Si le maître de cet esclave fugitif, après l'avoir saisi et s'être fait payer ce qu'il lui doit à lui-même, a averti celui qui lui a prêté, et que celui-ci ait pu aussi trouver cet esclave et se faire payer ce qui lui était dû par lui, ce maître aura un quart de ce qui a été payé au prêteur, en récompense du service qu'il lui a rendu. Si le maître de cet esclave fugitif l'a non-seulement saisi, mais l'a amené au prêteur, il aura un tiers de ce que ce prêteur se fera payer par l'esclave.

Si celui qui a prêté à cet esclave fugitif est allé à sa recherche et a pu le saisir et le ramener à son maître, celui-ci sera tenu de payer la dette de l'esclave envers le prêteur, mais il la fera, selon la loi, supporter par l'esclave.

Si celui qui a prêté à cet esclave fugitif, après l'avoir saisi, l'accuse devant les tribunaux ou bien use de violence envers lui pour se faire payer, au point de l'obliger, soit à se vendre, soit à se mettre en gage pour de l'argent, ou à emprunter des denrées ou de l'argent à intérêt, dans le cas où cet esclave, en allant trouver son premier maître pour le prier de le racheter ou de le délivrer de cette nouvelle dette, en remboursant l'argent ou les denrées qu'il a été obligé d'emprunter, prendrait de nouveau la fuite, celui qui, par son accusation devant les tribunaux ou par sa violence, a été cause de sa nouvelle fuite, est obligé de payer le prix de cet esclave à son premier maître.

Si celui qui avait prêté à cet esclave en fuite, après l'avoir saisi et s'être fait payer en usant de violence, non-seulement ce qui lui était dû, mais encore la somme due par cet esclave à son maître, le fait fuir, il sera condamné à payer le double du prix de cet esclave ou de la somme pour laquelle il est esclave.

Si le prêteur, voyant qu'il s'est trompé en prêtant de l'argent ou des denrées à cet esclave, en dehors des usages, le fait fuir, puis va le saisir et le ramène à son maître, afin que celui-ci lui paie la dette de son esclave, il sera puni pour avoir fait fuir cet esclave. (Voyez article premier.)

ART. 11. — Dans le cas où deux parents ou deux amis ont des esclaves de l'un et de l'autre sexe, auxquels ils permettent de se fréquenter, d'aller et venir ensemble, qu'ils ont coutume d'envoyer ensemble indistinctement, qu'ils font boire, manger et coucher ensemble, et qu'un beau matin l'esclave de l'un, en venant comme à l'ordinaire manger, boire et dormir dans la maison du parent ou de l'ami de son maître, prenne la fuite et fasse fuir avec lui un esclave du parent ou de l'ami de son maître, d'après la loi, le maître de l'esclave qui a fait fuir l'autre n'est point coupable. Si l'esclave qui est allé manger, boire et dormir dans la maison du parent ou de l'ami de son maître, prend la fuite, ce parent ou cet ami, chez qui il a mangé et dormi, n'est point coupable.

ART. 12. — Le malfaiteur (chor) qui a fait fuir l'esclave d'autrui jusqu'à une douane-frontière où le chef de la douane le saisit, sera puni selon la loi (article 1er). Quant au maître de l'esclave fugitif, il en sera pour les dépenses faites, qui s'élèveront à une somme plus ou moins considérable, selon que l'esclave a traversé plus ou moins de provinces. Si ce malfaiteur a fait fuir cet esclave jusqu'à la mer qui est sur les frontières du royaume et si l'esclave y est saisi par une personne quelconque, le maître de cet esclave est obligé de le racheter selon son prix ou la dette pour laquelle il est esclave. Si cette personne saisit et l'esclave et le malfaiteur, elle recevra six *ánchíng* (336 francs) pour sa peine et ses frais.

Si l'esclave fugitif est un serviteur, un esclave ou un soldat valide de Sa Majesté, il sera racheté au prix d'un *ánchíng* dix *tomlong* (82 francs); s'il est impotent ou âgé, il sera racheté au prix d'un *ánchíng* (58 francs); s'il est usé, cassé par l'âge, son rachat sera de dix *tomlong* (29 francs). Le prix du rachat de l'esclave est pour celui qui l'a arrêté.

Art. 13. — Quiconque ordonne à un esclave d'autrui qu'il a loué ou auquel il a demandé un service, soit de pénétrer dans une forêt où une bête féroce le tue ou le dévore, soit de grimper jusqu'au sommet d'un arbre d'où il tombe et se tue, s'il n'a fait que le lui ordonner, sans le forcer ni le frapper, ne sera pas puni comme coupable d'homicide, mais il sera obligé de payer le prix de cet esclave et de son travail. Le prix du travail de cet esclave sera employé à faire de bonnes œuvres pour lui. Si cet esclave ne meurt pas, mais reste estropié au point de ne pouvoir faire aucun travail, celui qui lui a donné cet ordre sera condamné à payer le prix de l'esclave et de son travail, comme s'il était mort.

Si, par suite de l'ordre qui lui a été donné, cet esclave se casse un bras ou une jambe, ou perd un œil, celui qui lui a donné l'ordre sera condamné à payer les deux tiers du prix de l'esclave et le prix entier de son travail, de sorte que l'esclave, pour se libérer, n'aura plus à payer qu'un tiers de son prix.

Si l'esclave, quoique affaibli par ses blessures, peut encore être employé à quelques travaux, celui qui lui a ordonné d'entrer dans la forêt ou de monter sur l'arbre sera condamné à payer la moitié de son prix ou de la dette pour laquelle il est esclave, et son travail. Si celui qui lui a donné cet ordre le soigne bien et le guérit de manière qu'il puisse travailler comme auparavant, il ne sera tenu que de lui payer, pour son salaire, neuf *tomlong* (26 francs).

Dans le cas où celui qui lui a donné cet ordre aurait fait des dépenses pour lui fournir des médicaments et l'aurait gardé chez lui pour le soigner durant sa maladie, jusqu'à sa guérison, il ne sera pas obligé de payer les neuf *tomlong*.

Si celui qui a donné cet ordre a usé de violence ou a frappé cet esclave pour le faire pénétrer dans cette forêt ou grimper sur cet arbre, en cas de mort de l'esclave il sera condamné à payer son prix ou la somme pour laquelle il est esclave, le prix de son travail et la moitié du prix de sa vie (15 tomlong).

Si l'esclave qui a subi la violence, qui a été frappé, ne se tue pas en exécutant l'ordre qui lui a eté donné, mais se fait des blessures, celui qui lui a donné l'ordre et qui l'a maltraité pour l'obliger à l'exécuter, sera condamné à payer entièrement le prix de cet esclave et son salaire, et une amende proportionnée à la gravité des blessures.

Celui qui, forcé par la nécessité, a vendu ou mis en gage, en dehors de la province, l'esclave d'autrui qu'il a loué ou auquel il a demandé de lui rendre un service, sera condamné à payer le prix de l'esclave immédiatement et à aller le racheter. Pendant qu'il ira racheter cet esclave, il fournira une caution qui doit s'engager, par écrit, à répondre pour lui. S'il ne peut pas trouver de caution ou s'il ne peut racheter cet esclave, il subira la peine édictée contre les voleurs d'esclaves. (Voyez article premier.) Mais s'il l'a racheté et ramené à son maître, le prix de l'esclave qu'il a déboursé lui sera rendu, parce qu'il n'est pas considéré comme voleur, mais il devra payer tout le salaire de l'esclave.

Si l'esclave qui a été vendu ou mis en gage trouve moyen de s'enfuir et vient intenter un procès à celui qui l'a vendu ou mis en gage, et l'accuse d'avoir usé de rigueur envers lui, de l'avoir frappé pour le faire consentir à sa vente ou à son engagement, il sera condamné (celui qui a vendu l'esclave) à une amende égale à la somme qu'il doit à son maître ou à son prix, au bénéfice de l'esclave et du trésor du roi par moitié; quant au salaire, il devra le payer intégralement s'il a vendu ou mis en gage cet esclave dans sa province. Dans le cas où il ne pourrait ni fournir une caution ni ramener l'esclave à son maître, il sera condamné à une amende double du prix de l'esclave. Pour infliger cette amende, le tribunal fera attention au prix que son maître l'a acheté ou à la somme pour laquelle il est esclave et à la somme que celui qui l'a vendu ou mis en gage a reçue, car l'amende doit être le double de la plus élevée de ces deux sommes. La moitié de cette amende est pour l'esclave et l'autre pour le trésor du roi. Le salaire doit être payé entièrement.

Si l'esclave a consenti bénévolement à aller avec celui qui l'a vendu ou mis en gage, celui-ci ne peut être poursuivi comme voleur d'esclaves Si cet esclave s'enfuit et revient chez son premier maître, ou bien, si celui-ci veut le racheter, il est obligé de payer la somme que celui qui l'a acheté, ou à qui il a été donné en gage, a déboursée.

Si l'esclave accuse en justice celui qui, après l'avoir loué ou lui avoir demandé de lui rendre service, est allé le vendre ou le mettre en gage, d'avoir usé de rigueur et de violence pour le faire consentir à se laisser vendre ou mettre en gage, dans le cas où le fait de la violence ou de la force serait prouvé, celui qui l'a vendu ou mis en gage pour de l'argent sera condamné à payer une amende qui est le double de la somme qu'il l'a vendu ou pour laquelle il l'a mis en gage, au profit du trésor du roi et de l'esclave par parties égales, et à payer le double du salaire de l'esclave jusqu'au jour où il a pris la fuite ou a été racheté. Si l'esclave perd son procès, il en sera pour son salaire et paiera les frais judiciaires.

Art. 14. — Quiconque a loué l'esclave d'autrui ou lui a demandé un service à l'insu de son maître, si l'esclave meurt ou disparaît, est obligé de payer à son maître son prix ou la dette pour laquelle il est esclave.

Quiconque envoie dans une forêt épaisse l'esclave d'autrui qu'il a loué ou auquel il a demandé un service, lui ordonne de saisir un animal féroce ou lui en confie la garde, si cet esclave est dévoré ou tué dans cette forêt par un animal féroce ou par celui qu'il lui a ordonné de saisir ou dont il lui a donné la garde, sera condamné à payer le prix de cet esclave ou la somme pour laquelle il est esclave, et le prix de sa vie (1). Le prix de la vie de cet esclave sera partagé par moitié entre le trésor du roi et le maître de l'esclave, qui devra en faire de bonnes œuvres pour le défunt. Le salaire sera payé comme il avait été convenu entre l'esclave et celui qui l'avait loué.

Quiconque ordonne à l'esclave d'autrui qu'il a loué ou auquel

______

(1) D'après le grand juge (sauphea tippodey), le prix légal de la vie d'un homme est de 30 *tomlong* (84 francs), celui d'une femme, 25 *tomlong*. (Note du traducteur, déjà inscrite à l'article 16 du *Lakkana crom chor*.)

il a demandé un service, de monter sur un arbre d'où il tombe parce qu'une branche se casse, et se tue, sera condamné à payer :

1° Son prix ou la somme pour laquelle il est esclave ;

2° Le prix de sa vie, qui sera partagé par moitié entre le trésor du roi et le maître de l'esclave, qui devra employer sa part à faire de bonnes œuvres pour le défunt ;

3° Le salaire, comme il a été convenu entre l'esclave et celui qui l'a loué.

Quiconque envoie l'esclave d'autrui qu'il a loué ou auquel il a demandé un service, faire un voyage, si dans ce voyage il est tué ou pris par des brigands ou par des troupes ennemies, sera condamné à payer :

1° Le prix de cet esclave ou la somme pour laquelle il est esclave.

2° Le prix de sa vie, qui sera partagé par moitié entre le trésor du roi et le maître de l'esclave qui devra employer sa part à faire des bonnes œuvres pour le défunt.

3° Le salaire comme il a été convenu entre l'esclave et celui qui l'avait loué ou qui lui avait demandé un service.

Quiconque abandonne dans un lieu où il lui a dit de l'attendre un esclave d'autrui, qu'il a loué ou auquel il a demandé un service sans prévenir son maître, dans le cas où cet esclave mourrait dans l'endroit où il travaille ou se tuerait en travaillant, sera condamné à payer le prix de cet esclave, son salaire intégralement et une amende égale à la moitié du prix de la vie de l'esclave. Cette amende sera partagée par moitié entre le trésor et le maître de l'esclave, qui doit employer sa part de l'amende à faire de bonnes œuvres pour le défunt. Si l'esclave abandonné a pris la fuite ou s'est égaré, ou s'il a été pris par des troupes ennemies, celui qui, après l'avoir loué pour l'accompagner, l'a abandonné, sera condamné à une amende double du prix de l'esclave ou de la somme pour laquelle il était devenu esclave et sera obligé à fournir une caution qui s'engagera à retrouver l'esclave et à le ramener à son maître. Si l'esclave ne peut être retrouvé, celui qui l'a abandonné sera condamné à une amende triple du prix de l'esclave.

Quiconque prend l'esclave d'un autre, sans prévenir son

maître, pour aller le vendre ou le mettre en gage à prix d'argent, dans un royaume étranger, se rend coupable du crime de vol d'esclave et sera puni en conséquence. (Voyez article premier.)

S'il peut retrouver cet esclave et le ramener à son maître, il sera condamné à lui payer le prix de son travail, depuis le moment où il l'a fait partir jusqu'au jour où il a été rendu (1). S'il ramène cet esclave couvert de blessures, le tribunal devra examiner si celui qui l'a loué ou qui lui a demandé un service l'a fait voyager à contre-temps, s'il l'a obligé inconsidérément à aller ou à rester dans un endroit dangereux, s'il lui a fait faire un travail qu'il ne devait point lui ordonner et qu'il n'était pas opportun qu'il fît ; ensuite, les juges examineront l'état de ses blessures, puis prononceront leur sentence de la manière suivante : si, après la cicatrisation de ses blessures, cet esclave peut encore travailler, celui qui l'a loué ou qui lui a demandé un service sera puni d'une amende proportionnée au nombre et à la gravité des blessures. Si, après la cicatrisation de ses blessures, cet esclave reste estropié, de manière à ne pouvoir plus travailler, celui qui l'a loué ou qui lui a demandé un service, sera condamné à payer le prix de l'esclave ou la somme pour laquelle il est esclave et une amende égale au prix de la vie de l'esclave. Cette amende sera partagée par moitié entre le trésor du roi et l'esclave. Si l'esclave n'est impotent que d'un de ses membres, l'amende sera de la moitié du prix de sa vie. Cette amende revient au trésor du roi et à l'esclave, par parties égales.

Lorsqu'un esclave que quelqu'un a loué, ou auquel il a demandé un service du consentement de son maître, meurt soit par maladie, soit par un accident fortuit, soit par une imprudence, parce qu'il a voulu faire un travail qu'il ne devait pas faire ou aller où il ne devait pas aller, à l'insu et sans l'ordre de celui qui l'a loué ou qui lui a demandé un service, ou bien prend la fuite, celui qui l'a loué ou qui lui a demandé un service est innocent de la mort ou de la fuite de cet esclave.

____

(1) On compte : pour un homme cinq *tiéns* (0 fr. 50 cent.) par jour ; pour une femme, deux *tiéns* et demi (0 fr. 25 cent.). (Note du traducteur.)

Si un salaire avait été stipulé par celui qui avait loué cet esclave ou qui lui avait demandé un service, il sera payé entièrement depuis le lendemain du jour où il l'a loué jusqu'au jour de sa mort ou de sa fuite exclusivement.

Si celui qui a loué cet esclave, ou qui lui a demandé un service du consentement de son maître, le voyant aller là où il n'était pas opportun qu'il allât, ou faire un travail dangereux qu'il ne devait pas faire, ne l'a pas averti, ne l'a pas empêché, il s'est rendu coupable de négligence et il sera puni d'une amende de quinze *tomlong* (42 francs) au profit du trésor du roi. Mais s'il l'a averti et que l'esclave ne l'ait pas voulu écouter, il n'est nullement coupable et n'aura pas même le mandat de comparution à payer (chung ca). Néanmoins, il devra payer le salaire de cet esclave pour le temps qu'il a passé à son service.

Art. 15. — Un homme libre, qui fait fuir une esclave de quelqu'un avec laquelle il a des relations coupables, sera puni d'une amende double du prix de cette esclave ou de la dette pour laquelle elle est en esclavage. Si le maître de cette esclave a fait des dépenses pour rentrer en sa possession, ces dépenses seront supportées moitié par l'esclave fugitive, moitié par celui qui l'a fait fuir.

Une femme libre, qui a des relations coupables avec l'esclave d'autrui et le fait fuir avec elle, sera condamnée à une amende double du prix de l'esclave ou de la somme pour laquelle il est esclave. Les dépenses faites pour saisir et ramener à son maître cet esclave seront par moitié à la charge de l'esclave et de celle qui l'a fait fuir. Si deux esclaves de maîtres différents prennent la fuite ensemble, comme on ne peut dire que l'un ou l'autre est coupable de vol d'esclave, l'affaire sera jugée d'après le *Lakkhana tos tomma car*.

Art. 16 — Quiconque a reçu la promesse d'un salaire ou de l'argent pour le défrayer des dépenses qu'il doit faire, en allant saisir un malfaiteur (chor) qui a fait fuir un esclave, s'il se laisse suborner par ce malfaiteur qu'il a rencontré et reçoit de l'argent de lui, puis le laisse libre et se contente de saisir l'esclave fugitif pour le ramener à son maître, a droit au salaire promis et le maître de l'esclave doit le lui payer; mais comme il a laissé le malfaiteur en liberté, il sera condamné à fournir une caution et à aller à sa recherche. S'il ne peut le trouver, on lui attachera au cou ce qu'il a reçu de ce malfaiteur, soit argent, soit objets, et on le promènera au milieu du marché, à travers la ville, durant trois jours, au son du tambour, entre deux rangs de gens armés. Durant cette promenade ignominieuse, il devra faire connaître sa faute et engager le public à ne pas suivre son mauvais exemple. Ensuite, on lui infligera la peine qu'aurait dû subir ce malfaiteur. L'amende sera toute entière pour le trésor du roi. Si celui qui a reçu la promesse d'un salaire ou de l'argent pour aller saisir un malfaiteur qui a fait fuir avec lui un esclave d'autrui, après avoir rencontré cet esclave, se laisse suborner ou reçoit de l'argent de lui, puis, au lieu de le ramener à son maître, le laisse partir, il sera condamné à payer le prix de cet esclave et à rendre à son maître tout ce qu'il en a reçu comme salaire ou pour les frais qu'il a dû faire.

Si, lorsqu'il est allé à la recherche de ce malfaiteur, il a rencontré le malfaiteur et l'esclave, mais n'a pu saisir que l'esclave, ou bien s'il n'a pu arrêter ni l'un ni l'autre, la loi dit que cet homme, qui a fait tout ce qu'il pouvait et qui ne s'est point laissé gagner, doit rendre ce qu'il a reçu, soit comme salaire, soit pour le défrayer de ses dépenses, à celui qui le lui a donné, parce qu'il n'a arrêté ni le malfaiteur ni l'esclave; mais qu'il ne doit pas être inquiété pour les arrestations qu'il n'a pas pu faire.

Si celui qui a été condamné à payer une amende aux lieu et place du malfaiteur qui a fait fuir un esclave, parce qu'il l'avait laissé partir après avoir reçu de lui soit des objets, soit de l'argent, ou après s'être laissé toucher par ses prières ou séduire par ses larmes, le saisit quelque temps après et le livre, on lui donnera l'amende qui sera infligée à ce malfaiteur pour l'indemniser de celle qu'il a payée. Quant à ce qu'il avait reçu de ce malfaiteur pour le laisser partir, il doit le lui rendre parce qu'après l'avoir laissé partir, il est venu après coup le saisir.

Art. 17. — Quiconque s'est engagé à rechercher et à saisir un malfaiteur qui a fait fuir avec lui un esclave, et l'esclave fugitif lui-même, et à les livrer, si, après les avoir saisis tous les deux ou l'un des deux, chemin faisant, pour aller les livrer au maître de l'esclave qu'il connaît, afin de recevoir son salaire ou sa récompense, ils parviennent à prendre la fuite, ou bien s'il les a laissés dans un endroit d'où ils réussissent à prendre la fuite pendant qu'il va avertir le maître de l'esclave, d'après la loi, pourvu qu'il puisse prouver qu'il ne les a pas relâchés, il n'est point coupable et n'aura à payer ni mandat de comparution ni frais judiciaires.

Art. 18. — Si une personne à laquelle on avait promis, soit devant des témoins, soit en l'absence de tout témoin, verbalement ou par écrit, une valeur, fixée comme récompense ou salaire convenu, pour l'engager à aller à la recherche de cet esclave, l'a retrouvé et le garde chez elle pendant un à dix jours, parce que celui qui avait fait cette promesse ne veut pas la remplir et cherche à l'éluder à l'aide d'un prétexte ou d'un autre, dans le cas où, durant le temps que la personne qui a retrouvé l'esclave perdu le garde chez elle, il prendrait la fuite, elle n'est point coupable, pourvu qu'elle n'ait ni favorisé ni conseillé sa fuite. Celui qui a fait la promesse et qui ne veut pas la remplir doit se l'imputer à lui-même.

Mais si la personne qui a retrouvé et ramené l'esclave perdu, l'a laissé libre ou a soit favorisé, soit conseillé sa fuite, elle sera condamnée à payer le prix de cet esclave ou la somme pour laquelle il est retenu en esclavage. La personne qui a ramené cet esclave doit, à partir du onzième jour, citer en justice celui qui a promis la récompense ou le salaire. Si elle ne le fait pas, dans le cas où, après le onzième jour, l'esclave prendrait la fuite, elle sera condamnée à payer son prix ou la dette pour laquelle il est esclave.

Si l'affaire a été portée devant la justice et qu'il soit prouvé que celui qui a fait la promesse a refusé de l'accomplir, le tribunal le condamnera à payer le prix convenu.

Si celui qui a fait la promesse et celui qui l'a acceptée ne sont pas d'accord sur la valeur fixée ou sur le salaire convenu, s'il est prouvé que celui qui a fait la promesse dit la vérité, celui qui a trouvé et ramené l'esclave sera débouté de sa demande et perdra tout droit à la récompense promise; l'esclave sera remis à son maître.

Art. 19. — Quiconque vient dire qu'il a rencontré un esclave fugitif, qu'il l'a pris et remis entre les mains soit d'un maire de village, soit des anciens d'un hameau, soit des mandarins subalternes du gouverneur d'une province, et s'engage par écrit à aller le chercher et à le ramener, s'il reçoit du maître de cet esclave, comme avance, un salaire ou une récompense, et ne ramène pas l'esclave au temps fixé, parce qu'il n'a pas pu le retrouver, doit être considéré, d'après la loi, comme un escroc, et condamné à payer le prix entier de l'esclave ou la dette pour laquelle il était en esclavage. S'il n'a reçu à l'avance ni salaire ni récompense, mais seulement la promesse par écrit ou devant des témoins d'un salaire ou d'une récompense, s'il ne peut pas retrouver et ramener cet esclave à son maître, selon sa promesse, il sera condamné à payer la moitié du prix de l'esclave ou de la dette pour laquelle il était esclave, parce que, par son mensonge, il a été cause que le maître de cet esclave n'a pas fait les recherches qu'il aurait faites.

Si, ensuite, celui qui avait promis de ramener cet esclave peut le retrouver et le ramener, il aura droit au prix de l'esclave et à la récompense promise ou au salaire convenu.

Art. 20. — Quiconque a trouvé un esclave égaré ou saisi un esclave en fuite doit rechercher son maître. Lorsqu'il l'aura trouvé, s'il est de la même province ou du même village, il ne peut pas le garder plus de trois à cinq jours sans le lui conduire. S'il demeure dans une province séparée de la sienne par deux ou trois provinces intermédiaires, il ne peut le garder que de dix à quinze jours avant de le conduire à son maître. Si la province où est le maître de l'esclave est séparée de celle de celui qui l'a trouvé ou saisi par quatre ou cinq provinces intermédiaires, celui-ci ne peut pas le garder plus de vingt à vingt-cinq jours sans le lui conduire. Si ce maître demeure dans une province séparée de celle de celui qui a trouvé ou saisi cet esclave par six ou sept provinces intermédiaires, il ne pourra pas le garder plus de trente à trente-cinq jours avant d'aller le conduire à son maître pour en recevoir une récompense ou un salaire en rapport avec la distance des lieux. S'il a laissé passer le temps fixé par la loi, avant d'aller conduire cet esclave à son maître ou au moins sans lui faire savoir qu'il l'a trouvé ou saisi, afin qu'il vienne le chercher, il sera condamné comme ayant voulu cacher cet esclave et le garder; aussi, si l'esclave prend la fuite, celui qui l'a trouvé ou saisi sera condamné à payer en entier le prix de cet esclave ou la dette pour laquelle il est esclave, et à payer ses journées selon l'usage. Dans le cas où il aurait écrit au maître de l'esclave et que le porteur de la lettre ne se serait pas acquitté de sa commission et n'aurait pas averti le maître de cet esclave, si l'esclave prend la fuite, celui qui devait porter la lettre et a négligé de le faire contribuera à payer le prix de l'esclave ou la dette pour laquelle il est en esclavage.

Si celui qui a trouvé un esclave égaré ou pris un esclave fugitif, malgré toutes les recherches qu'il a faites, n'a pu connaître ni le maître de cet esclave, ni l'endroit où il habite, ni même son nom, parce que l'esclave trouvé ou pris, qui est soit *penong*, soit *stieng*, soit *laotien*, ne sait point la langue cambodgienne, il doit en prévenir les mandarins subalternes du gouverneur de sa province et leur faire savoir comment et où il a trouvé ou pris cet esclave. Après cette formalité, il peut garder cet esclave et s'en servir.

Si trois ans s'écoulent sans qu'il puisse retrouver le maître de cet esclave, son prix sera partagé par moitié entre le trésor du roi et celui qui l'a trouvé ou pris.

ART. 21. — Si quelqu'un, rencontrant sur sa route un malfaiteur qui emmène avec lui un esclave qu'il a fait fuir, le lui enlève et le ramène à son maître, le tribunal, pour lui adjuger la récompense qu'il a méritée, devra examiner les efforts qu'il a dû faire pour enlever cet esclave à ce malfaiteur. S'il a suffi de lui faire peur pour avoir l'esclave, il aura un tiers du prix de l'esclave ou de la somme pour laquelle il est esclave; cependant, si ce tiers n'est pas suffisant pour compenser les frais qu'il a faits pour le ramener de loin à son maître, on lui paiera le montant de ses dépenses, mais s'il est plus que suffisant pour les compenser, on lui donnera le tiers.

Si, pour l'enlever à ce malfaiteur, il a eu à souffrir, s'il a dû en venir aux mains avec lui, il aura droit à la moitié du prix de l'esclave ou de la somme pour laquelle il est en esclavage. Si cette moitié du prix de l'esclave ou de la somme pour laquelle il est esclave ne suffit pas pour compenser les dépenses qu'il a dû faire pour enlever à ce malfaiteur cet esclave, alors on devra lui payer ses dépenses; mais si elle est plus que suffisante, on devra la lui donner.

S'il a menti en disant qu'il l'a enlevé par force à un malfaiteur, tandis qu'il l'a trouvé ou pris sans difficulté, sans résistance, il sera frustré de tout salaire et les dépenses qu'il a faites ne lui seront pas payées, pour le punir de son mensonge et de sa cupidité.

Art. 22. — Quiconque cache ou conduit chez une personne qui a une dignité un esclave égaré qu'il a trouvé ou un esclave fugitif qu'il a saisi, et le lui livre pour de l'argent afin de ne pas le rendre à son maître, sera condamné à une amende double du prix de cet esclave ou de la somme pour laquelle il est esclave, parce que cet individu a un cœur de voleur. Cette amende sera partagée par moitié entre le trésor du roi et le maître de l'esclave.

Si une personne puissante, qui a trouvé un esclave perdu ou pris un esclave fugitif, abuse de son autorité pour le garder à son service ou pour le faire fuir, elle sera condamnée à une amende double du prix de l'esclave ou de la somme pour laquelle il est esclave, parce qu'elle a le cœur d'un malfaiteur. Cette amende sera partagée par moitié entre le trésor du roi et le maître de cet esclave.

Art. 23. — Si un voisin, dans un cas pressant, a employé ou a envoyé quelque part l'esclave d'autrui parce qu'il le connaît bien et a confiance en lui, sans prévenir son maître, dans le cas où cet esclave prendait la fuite, il serait tenu de payer les deux tiers de son prix ou de la somme pour laquelle il est esclave, en attendant qu'il fasse des recherches pour retrouver cet esclave. S'il ne peut le retrouver, il devra payer le prix intégral de l'esclave.

Si, dans la suite, il le retrouve et le ramène à son maître, ce qu'il a payé lui sera rendu, mais il devrait être obligé de payer les journées de cet esclave depuis le jour où il l'a employé ou envoyé pour son service, jusqu'à celui où il l'a ramené, en retranchant le jour de son départ et celui où il a été rendu; néanmoins, en qualité de voisin, on lui fera remise de la moitié des journées de l'esclave.

Art. 24. — Si quelqu'un qui n'est ni le père, ni la mère, ni le maître, mais qui est parent d'un esclave auquel on a mis soit la cangue, soit la chaîne, soit les entraves, soit un bambou au cou, touché de compassion, le détache et le délivre de sa cangue, de sa chaîne, de ces entraves ou de ce bambou, si l'esclave prend la fuite, il sera condamné à payer le prix de cet esclave.

S'il a délivré ou délié l'esclave sans vouloir écouter ceux qui l'en détournaient, en cas de fuite de l'esclave, il sera condamné à payer le double de son prix. Si, plus tard, il peut le retrouver et le ramener à son maître, dans le cas où ce serait un parent qui a délié cet esclave et lui a ôté soit la cangue, soit la chaîne, soit les entraves, parce qu'il avait confiance en lui, le prix de l'esclave qu'il a dû payer lui sera rendu, mais il devra payer le prix des journées de l'esclave à son maître, à partir du jour où il l'a délié jusqu'à celui où il le lui a ramené (dans le calcul du prix des journées, on aura soin de retrancher le jour où l'esclave a été délié et celui où il a été ramené à son maître). Si c'est un étranger qui a délié cet esclave et qui lui a ôté soit la cangue, soit la chaîne, soit les entraves, et qui, ensuite, l'a retrouvé et ramené à son maître après avoir payé le double de son prix ou de la somme pour laquelle il est esclave, le maître, s'il veut le reprendre, doit lui rendre ce qu'il a payé tout d'abord ; après, l'esclave lui sera remis, ainsi que le prix de ses journées. Si le maître de cet esclave ne consent pas à le reprendre à ce prix, l'esclave restera à celui qui l'a délié. Si cet esclave veut se libérer ou veut passer au service d'une autre personne, il devra rembourser à celui qui lui a ôté soit la cangue, soit la chaîne, soit les entraves, tout ce qu'il a dépensé pour lui.

Art. 25. — Quiconque emploie un esclave d'autrui pour une affaire ou pour un travail quelconque, doit le surveiller comme son enfant. S'il boit du vin et s'enivre, s'il va et vient à des heures indues, sans tenir compte des usages du pays, il doit l'avertir, et s'il ne tient pas compte de ses avertissements, il doit le ramener à son maître. S'il ne le lui ramène pas et qu'il lui arrive quelque accident fâcheux, il sera puni selon la loi.

Art. 26. — Si quelqu'un qui a loué ou demandé un esclave d'autrui pour l'accompagner dans un voyage, après son départ avec cet esclave, rencontre, soit des troupes ennemies, soit des brigands, soit un tigre, soit un buffle sauvage, soit un éléphant, et qu'au moment où les deux voyageurs sont poursuivis et où chacun pense à se sauver, l'esclave disparaisse, celui qui a loué cet esclave ou demandé ses services ne sera tenu qu'à aider le maître de l'esclave à faire des recherches : il ne peut être condamné à payer son prix ou la dette pour laquelle il est esclave. S'il l'a loué, il devra payer son salaire depuis le jour de son départ jusqu'à celui où il a disparu, en retranchant le jour du départ et celui de sa disparition. Si cet esclave est mort, celui qui l'a loué ou qui l'a demandé pour l'accompagner doit contribuer à ses funérailles et à l'arrosement de ses ossements. Si celui qui a loué ou demandé cet esclave pour l'accompagner, sachant qu'on met le cadavre de cet esclave dans le cercueil et qu'on fait de bonnes œuvres pour lui, ne vient pas y contribuer parce qu'il a peur de faire des dépenses, il sera condamné à payer un *ânchíng* dix *tomlong* (80 francs).

Si la mort n'est arrivée qu'après que le salaire a été payé, celui qui a loué cet esclave est libre de contribuer aux funérailles ou de ne pas y contribuer.

Quiconque a tenté d'arracher des mains d'une personne l'esclave d'autrui en fuite, pendant qu'elle le ramène à son maître, s'il a réussi à le lui arracher, à le faire partir, sera puni d'une amende double du prix de l'esclave ou de la somme pour laquelle il est esclave. Si, pour le lui arracher, il en est venu aux mains et qu'il y ait eu des coups de donnés, le tribunal jugera l'affaire d'après le *Lakkana tondon chor pi machas trop chap ban chor* (qui puni quiconque enlève, des mains de celui qui a été volé, le voleur qu'il a pu saisir).

S'il n'a pas réussi à lui arracher l'esclave, il sera condamné à une amende égale au prix de l'esclave ou de la somme pour laquelle l'autre est esclave. L'amende sera partagée par moitié entre la personne à laquelle on a fait violence et le trésor du roi. Si même, celui qui a voulu arracher cet esclave des mains de la personne qui l'a pris, était parent de cet esclave, le cas est le même.

La peine est la même pour quiconque tente d'arracher, des mains d'une personne qui l'a trouvé ou pris, un esclave en fuite.

VI. — LOI SUR LES DEVOIRS RÉCIPROQUES DES ÉPOUX ET SUR LE MARIAGE (LAKKANA PHODEY PRAPON NUNG TONDENG CON CREMON KI).

PREMIÈRE PARTIE.

Des devoirs réciproques des époux.

AVERTISSEMENT DU TRADUCTEUR. — La loi cambodgienne, fondée sur le livre sacré *Pra thom masat* et sur un usage immémorial, admet trois classes de femmes regardées comme légitimes. La première, qu'ils considèrent comme la plus grande (thom), est celle qui a été demandée en mariage à son père et à sa mère ou à ceux qui les remplacent lorsqu'ils sont morts, selon l'usage du pays, c'est-à-dire par l'offrande de bétel et d'arec, les saluts accoutumés, etc., etc. — Pour ce mariage, on prépare toujours des festins. La seconde classe, que la loi appelle *anupiria* et à laquelle, dans le langage ordinaire, on donne le nom de *prapon condal* (épouse du milieu), est la femme qu'un jeune homme ou un homme déjà marié demande à ses parents, sans faire l'offrande du bétel et de l'arec, et pour laquelle il n'y a pas de repas de noces. Ordinairement, cela arrive quand un mandarin aime une jeune fille du peuple ou quand un homme riche veut épouser une fille d'une famille pauvre. Néanmoins, dans ces cas, quoiqu'on ne donne aucune solennité au mariage, souvent celui qui demande ainsi la main d'une jeune fille fait des présents au père et à la mère, soit en argent, soit en objets quelconques. La troisième classe, que la loi nomme *teasey piria,* est celle qui comprend les femmes rachetées de l'esclavage où elles avaient été réduites par la misère de leurs parents ou par la leur propre, par un homme auquel la femme plaît et dont elle devient l'épouse.

---

(1) Voir les *Excursions et Reconnaissances*, page 5, 7e fascicule, 3e volume. — 1881.

Après avoir ainsi distingué les trois classes (1) d'épouses regardées comme légitimes et leur avoir assigné le rang qui leur convient, la loi ajoute : « Si un individu commet l'adultère avec la première femme d'un autre (prapon thom), il sera condamné à l'amende entière. Celui qui commet l'adultère avec la seconde femme (anu piria) d'un autre, sera condamné aux quatre cinquièmes de l'amende d'usage. Si l'adultère est commis avec la troisième femme (teasey piria) d'un autre, le coupable sera condamné aux trois cinquièmes de l'amende d'usage. »

Quant à la femme adultère, elle sera punie de la manière suivante : « On lui couvrira la figure d'un panier de bambous tressés (cheal), ensuite on mettra des roses de Chine rouges derrière ses deux oreilles et on tressera avec ces mêmes roses un collier et une couronne qu'on mettra sur sa tête et autour de son cou ; dans cet état, on la promènera trois jours durant au son du tam-tam, au milieu de deux haies de gens armés de piques et de sabres, dans la ville et dans le marché. Durant cette cérémonie, la coupable doit publier sa faute et exhorter les femmes à ne pas suivre son mauvais exemple.

« Si la coupable veut se racheter de la honte de cette cérémonie ignominieuse, elle le peut en payant une amende qui se calcule sur le prix de l'herbe des éléphants du roi (tuc chea thlay smau tomrey luong).

« Si le mari d'une femme adultère continue à la garder, à l'aimer et ne veut point qu'elle subisse l'ignominieuse cérémonie, l'amende imposée pour le rachat est versée au trésor du roi.

« Si une femme, qui a déjà commis l'adultère, est convaincue d'en avoir commis un second avec le même individu, elle sera condamnée à une amende triple de l'amende d'usage.

« Si une femme, qui a déjà commis un adultère avec un individu, est convaincue d'en avoir commis un second avec une autre personne, elle sera punie de la manière suivante : on lui rase la tête en forme de pied de corbeau (chea chung caec) (2);

---

(1) D'après le grand juge (suphea tippodey), un homme peut avoir plusieurs premières femmes (thom), plusieurs *anu piria* et *teasey piria*. (Note du traducteur).

(2) C'est-à-dire qu'on tire deux lignes allant l'une du front à l'occiput, l'autre d'une oreille à l'autre, et se coupant sur le sommet de la tête. (Note du traducteur).

après cela on la fait monter sur un *chho andot*, on la promène dans le marché et, enfin, on lui donne vingt coups de lanière de cuir. Le complice de cette femme sera condamné à l'amende d'usage, parce qu'il a volé la femme de son prochain. Si le mari de cette femme, malgré son double adultère, la conserve et continue à l'aimer, il ne profitera pas de l'amende, qui sera versée au trésor du roi.

« Si cette femme continue sa vie coupable et commet de nouveau l'adultère avec un autre, le complice ne sera point mis à l'amende, mais on punira la femme, puis on gravera sur les joues des deux coupables la figure d'un homme et d'une femme, pour les punir.

« Si, malgré les adultères réitérés de cette femme, son mari la conserve encore et continue à l'aimer, alors on doit graver la marque sur le visage de cette femme et de son mari, et les laisser tranquilles, sans autre punition pour la femme. »

Règle à suivre dans les cinq cas suivants, où une femme se rend coupable, par légèreté, d'offense envers son mari, sans néanmoins commettre l'adultère :

1er Cas. — Lorsque quelqu'un prend les mains, palpe les seins de la femme d'autrui ou lui dit des plaisanteries trop libres.

2e Cas. — Lorsqu'un homme va, en l'absence du mari, trouver une femme dans l'intérieur de sa maison.

3e Cas. — Lorsqu'un homme va trouver la femme d'un autre dans un endroit retiré et solitaire.

4e Cas. — Lorsqu'un individu a des entrevues et des entretiens secrets avec la femme d'autrui.

5e Cas. — Lorsqu'un individu monte dans une chambre et va chercher la femme d'un autre jusque dans la chambre à coucher.

Dans ces cinq cas, quoiqu'il n'y ait point adultère, celui qui est pris ou convaincu d'un fait pareil, sera puni, selon la loi, comme ayant volé la femme d'un autre (bat teang prom pracar ne ban chhe mochéa luech piria ki).

ARTICLE PREMIER. — Tout individu, au cœur audacieux, qui a volé la femme d'un autre et a commis l'adultère avec elle, sera puni d'une amende triple de celle qui est infligée à quiconque vole la première femme (prapon thom) d'un autre (1). S'il n'y a pas eu adultère, il sera puni de l'amende qui est infligée à celui qui vole la première femme d'un autre.

ART. 2. — Quiconque prend la main, palpe les seins de la femme d'un autre ou l'embrasse, ou lui donne un baiser, ou bien, en l'absence de son mari, va la trouver dans l'intérieur de sa maison, dans sa chambre à coucher ou dans un lieu retiré et solitaire, sans témoins, de manière à la rencontrer seule, sera puni d'une amende qui est la moitié de celle à laquelle est condamné celui qui commet l'adultère avec la femme d'autrui.

Si, dans son tête-à-tête avec cette femme, cet individu lui a dit des propos inconvenants, s'il lui a tenu des propos flatteurs sans porter les mains sur elle, sans qu'il y ait eu ni baisers donnés, ni embrassements, il sera puni d'une amende qui est la moitié de celle qui est infligée à celui qui prend la main, palpe les seins de la femme d'autrui ou l'embrasse ou lui donne des baisers.

ART. 3. — Si, pendant que quelqu'un est au service du roi ; par exemple : s'il est allé faire la guerre, s'il est allé accompagner Sa Majesté ou s'il est employé à toute autre occupation à son service, un individu va commettre l'adultère avec son épouse, ce coupable sera puni d'une amende triple de l'amende d'usage (90 tomlong = 255 ligatures).

ART. 4. — Quiconque est cause, par ses artifices, par ses procédés (thu chea mi andoc nom car), que la femme d'autrui commet l'adultère, sera puni d'une amende qui est la moitié de celle qui est infligée à celui qui vole la femme d'un autre. Celui qui, par son silence ou de toute autre manière, favorise ce commerce criminel, sera puni d'une amende qui est la moitié de celle à laquelle est condamnée la personne qui, par ses artifices, par ses procédés, est cause que l'adultère est commis.

---

(1) D'après le *suphea tippodey* (grand juge), l'amende ordinaire est de 30 *tomlong* = 85 ligatures. (Note du traducteur.)

Si le maître d'une esclave se sert d'elle comme entremetteuse (mi andoc), la loi veut qu'on punisse ce maître et non l'esclave, qui est censée ne pas oser résister à son maître. Ce maître sera condamné à une amende de trente *tomlong*. Si l'esclave entremetteuse appartient à un autre, on ne la mettra pas à l'amende, mais on lui donnera quinze coups de rotin.

ART. 5. — Si une aventurière qui gagne sa vie en chantant et en allant faire la comédie de côté et d'autre, en tendant la main et en mendiant de porte en porte, après avoir été épousée par quelqu'un, commet l'adultère au su de son mari, on doit la punir de manière à la couvrir de honte, elle et son complice. Par conséquent, on couvrira la figure de cette femme d'un panier de bambous tressés, on lui mettra des roses de Chine rouges aux deux oreilles, on tressera avec les mêmes fleurs une couronne qu'on mettra sur sa tête et un collier qu'on mettra à son cou, puis on prendra un joug et on attellera cette femme et son complice à côté l'un de l'autre. Cela fait, on les promènera au son du tam-tam et on les fera labourer trois jours durant.

Si le mari de cette femme a encore de l'affection pour elle et la garde pour épouse, la loi veut qu'on le saisisse et qu'on l'attelle avec sa femme à la place du complice, qui est mis hors de cause, sans même payer l'amende.

ART. 6. — Si une femme mariée, qui a un amant avec lequel elle a commis l'adultère, demeure avec lui un ou deux jours, ou plus longtemps, elle est considérée comme une personne perdue de mœurs ; par conséquent, après avoir mis à l'amende son amant, on la punira de la manière suivante : on prendra de la chaux avec laquelle on tracera deux lignes (chung caek) en forme de croix sur la figure de cette femme, puis on placera sur sa tête une couronne de roses de Chine rouges (phea chhebar krecam) et un collier de ces mêmes fleurs à son cou ; après, on la fera monter sur le *chho andot* et on la promènera au son du tam-tam, au milieu de deux rangs de gens armés de sabres et de piques, à travers la ville et dans le marché. Durant cette promenade ignominieuse, elle devra publier sa faute et exhorter les femmes à ne point suivre son exemple. Quant à son complice, déjà puni d'une amende, on le fera rester, la cangue au cou, trois jours durant sous le *chho andot*. Enfin, les deux coupables recevront soixante coups de rotin.

ART. 7. — Le mari qui surprend sa femme au moment où elle commet l'adultère, doit tuer les deux coupables. S'il ne tue que l'homme et laisse échapper la femme, ou s'il donne la mort à la femme et laisse l'homme s'enfuir, il sera condamné à une amende proportionnée à sa dignité (tam bonda sac), au profit du trésor du roi.

ART. 8. — Si le mari d'une femme qui a un amant, avec lequel elle a commis l'adultère, a pu saisir celui-ci et qu'emporté par la colère, avant d'avoir bien réfléchi, il le frappe et le tue, le tribunal doit examiner si réellement l'adultère a été commis. Dans le cas où il serait prouvé qu'il a été commis, il n'en déclarera pas moins ce mari coupable (oi mean tus dal phodey). Si ce mari n'a pas frappé et tué la coupable, qui a pu s'enfuir, on la saisira pour l'offrir au roi, qui décidera de la peine qu'on doit lui infliger.

ART. 9. — S'il est prouvé qu'une femme a commis l'adultère, cette femme et son complice seront punis de l'amende suivant l'usage et de la confiscation de tous leurs biens, de leurs esclaves des deux sexes, de leurs éléphants, de leurs chariots, de leurs barques, enfin de tout ce qu'ils ont, au profit du mari de cette femme. Si le mari ne veut plus de cette coupable pour femme, elle n'a droit, en sortant de la maison, qu'à un sarrau et une pièce de toile pour couvrir ses épaules et sa poitrine (sompot samliec muey sompot tondap muey).

ART. 10. — Si un homme qui va commettre l'adultère, soit avec la femme d'un mandarin, soit avec celle d'un homme du peuple, est saisi par le mari de cette femme qui le perce ou le frappe avec une arme tranchante et le tue, la femme coupable sera mise au nombre des esclaves du roi. Si c'est la femme qui est tuée, son complice, qui n'a pas été mis à mort, sera puni d'une amende comme ayant volé la femme d'autrui. Cette amende est pour le roi (creia piney chea luong).

ART. 11. — Si un homme, croyant qu'un individu entretient un commerce criminel avec sa femme, le saisit et le tue, dans le cas où l'adultère serait prouvé par l'instruction de l'affaire, ce mari doit être puni parce qu'il a violé la loi en tuant de sa propre autorité cet individu, et doit de plus être condamné à payer la vie du mort (oi loc vea doi tus del somlap manus). Tous ceux qui l'ont accompagné lorsqu'il a commis ce meurtre seront punis selon leur degré de culpabilité (oi loc vea tam tus sa nutus). Mais si l'adultère n'est point prouvé, ou bien s'il est prouvé qu'il n'a pas été commis, le meurtrier sera puni de mort.

ART. 12. — Si un homme et une femme mariée, qui ont un commerce criminel ensemble, sont saisis, on doit les livrer à la justice qui, après examen, les condamnera à l'amende selon leur culpabilité.

Si le mari de cette femme, non satisfait de l'amende à laquelle le complice a été condamné, parce qu'il la trouve trop légère, le demande pour le mettre à mort, on ne doit point le lui livrer.

ART. 13. — Si un individu a des relations criminelles avec une femme dont le mari a été obligé, soit par le service, soit pour des affaires pressantes, de s'absenter ou d'aller en pays étranger, et qu'il ait été saisi par les parents du mari, ceux-ci doivent le conduire au juge, au maire de l'endroit, ou au mandarin dont il dépend, et le leur livrer, afin qu'ils aient connaissance de l'affaire. A son retour, le mari pourra le poursuivre en justice. Si, au lieu de le conduire et de le livrer aux personnes dont on vient de faire mention, les parents du mari de cette femme infidèle le percent, lui font des blessures avec un instrument tranchant, le blessent d'une manière quelconque, ou lui disent des injures, lui lancent des malédictions, ils seront punis d'une amende proportionnée soit aux injures, soit aux blessures. Si ces blessures lui causent la mort, celui qui en est l'auteur sera puni de mort.

ART. 14. — Si une femme est accusée d'adultère par son mari qui l'a vue le commettre ou qui a eu connaissance de son crime par une voie quelconque, la justice doit examiner et prendre des informations pour s'assurer de la culpabilité de cette femme. Si l'adultère a été réellement commis, la coupable sera punie de l'amende, afin qu'elle se corrige. Cette amende, dont le mari doit bénéficier, sera versée au trésor du roi si ce mari « connait » sa femme avant l'application de la peine, pendant qu'elle est entre les mains de la justice ; il s'est réconcilié trop tôt avec elle et a manqué aux convenances.

Art. 15. — Si un individu, qui a commis l'adultère et entretient un commerce coupable avec une femme, frappe, perce, blesse, avec un instrument tranchant, le mari de cette femme et le tue, cet individu et la femme adultère doivent être punis de mort. S'il n'a pas tué ce mari, mais lui a fait des blessures ou des contusions, le coupable sera puni d'une amende triple de l'amende infligée à celui qui vole la femme d'un autre, et à une seconde amende proportionnée aux blessures ou meurtrissures. Quant à la femme, elle sera condamnée à la peine *acros*.

Art. 16. — Si une femme, qui a quitté la maison de son époux et le lit conjugal, entretient un commerce coupable avec un amant, son mari le sachant, le tribunal doit examiner si le fait est certain; s'il est établi, l'amant sera puni d'une amende au profit du mari, et la femme adultère doit subir la peine infligée par la loi.

Art. 17. — Si une femme mariée commet l'adultère, son complice sera puni d'une amende au profit du mari. Quant à la femme infidèle, si son mari ne la nourrit pas et ne l'entretient pas, on ne peut pas la mettre à l'amende : le mari qui a déjà bénéficié d'une amende, ne peut bénéficier d'une seconde et doit se contenter de la première. Dans le cas où le mari l'aurait rachetée pour en faire son épouse, elle doit se procurer le prix de sa rançon et le payer intégralement; si elle n'a pas d'enfants de ce mari, elle peut se séparer de lui. Si cette femme coupable est fille de mandarin ou si, dans sa parenté, il y a des personnes élevées en dignité, ils ne doivent point la reconnaître et ils doivent l'éviter.

Art. 18. — Si un homme, qui a enlevé la femme d'un autre, ne peut payer l'amende qui lui a été infligée, selon l'usage, il reste au pouvoir des juges. Si le mari de la femme qu'il a enlevée paie, du consentement du coupable, l'amende à laquelle il a été condamné, il devient son esclave. Dans le cas où le mari de cette femme meurt après un certain laps de temps, le coupable, qui était devenu son esclave, recouvre sa liberté. Les enfants, les neveux, les frères et sœurs, les parents et les héritiers du défunt n'ont aucun droit sur lui et ne peuvent le retenir en esclavage, parce que celui qui, seul, était son maître est mort. Bien plus, on ne peut pas le forcer à payer les dettes qu'il a contractées envers ce maître, ni répéter les choses qu'il lui a empruntées.

Art. 19. — Une femme qui a un mari, duquel elle a eu des enfants, et qui le quitte pour aller dans une contrée voisine ou éloignée où elle prend un autre mari, doit être mise à l'amende selon l'usage, ainsi que ce nouveau mari, sans examiner s'ils ont eu ou non des enfants de leur alliance. Si cette femme n'a pas eu d'enfants de son premier mari, mais en a eu un ou deux de celui qu'elle a pris après avoir quitté le premier, cette femme et ce second mari doivent être condamnés à l'amende prononcée contre ceux qui volent la femme d'un autre. Si cette femme a eu, de son union avec le second mari, trois ou quatre enfants ou un plus grand nombre, on ne peut mettre à l'amende ni elle ni son second mari. Cependant, si son premier mari l'avait demandée en mariage à ses père et mère ou à ceux qui, à leur défaut, tiennent leur place, selon les usages du pays, c'est-à-dire s'il y a eu offrande de bétel et d'arec, et des présents qui sont faits ordinairement en cette occasion, et s'il y a eu repas de noces, elle doit payer intégralement la valeur des présents et rembourser les dépenses faites pour la cérémonie du mariage et le repas de noces. Si cette femme a été rachetée par son premier mari, elle doit lui payer le prix de sa rançon. Si, en partant, elle a emporté avec elle quelques biens appartenant à son premier mari, elle doit les lui rendre. Quant à sa personne, elle reste en la puissance du second mari.

Art. 20. — Si un homme qui a fait fuir la femme d'un autre, la cache dans la maison de ses frères ou de ses sœurs de ses parents ou de ses subordonnés, et commet l'adultère avec elle au su et avec le consentement du maître de la maison, qui n'avertit ni le mari de cette femme, ni le gouverneur de la province, ni le maire du village, ni le mandarin, dont il relève directement, le maître de cette maison sera puni, comme complice, de la peine qui est prononcée contre quiconque, par ses agissements, est cause qu'une femme viole la foi conjugale (mi andóc).

Art. 21. — Si une femme mariée prend la fuite et va se réfugier soit chez ses père et mère, soit chez ses frères ou ses sœurs, soit chez d'autres parents, ils ne peuvent pas la garder plus d'un mois sans se rendre coupables d'une infraction à la loi : ils doivent la conduire à son mari. Si celui qui lui a donné asile use de paroles équivoques ou prétexte des raisons quelconques pour la tenir cachée ou pour ne pas la rendre, il sera puni d'une amende comme coupable de contravention à la loi et aux convenances.

ART. 22. — Si une femme qui a quitté son mari pour aller demeurer dans un pays autre que celui qu'il habite, et a été vendue par un individu, puis revendue par l'acheteur à quelqu'un qui, à son tour, l'a vendue à un troisième acheteur, est rencontrée par son mari, celui-ci n'a point recours sur le troisième acheteur ; pourtant, s'il veut reprendre sa femme, il doit payer sa rançon (le prix qu'elle a coûtée à ce troisième acheteur), mais il a son recours contre le premier vendeur, et, s'il le rencontre, il peut l'actionner en justice. En cas de mort du premier vendeur, il en est pour son argent.

ART. 23. — Quiconque reçoit chez lui une femme mariée qui a pris la fuite et éconduit, par des paroles équivoques, ou trompe le mari de cette femme en lui affirmant qu'elle n'est point chez lui, sera condamné à une amende égale à celle qui est prononcée contre celui qui, secrètement, fait fuir la femme d'un autre, dès que le mari de cette femme l'aura vue chez celui qui la tient cachée.

ART. 24. — Si un individu entretient un commerce criminel avec la femme d'autrui, dans l'intention d'en faire sa femme, cet individu sera condamné à une amende triple du prix de cette femme, en faveur de son mari, et cette femme, qui ne peut point être livrée à ce coupable, sera rendue à son époux.

ART. 25. — Si un homme qui a pour épouse une femme honnête, conçoit des soupçons contre elle, quoique jamais il n'ait pu la prendre en faute avec qui que ce soit, et, à cause de ces soupçons, l'injurie, la frappe, lui fait des meurtrissures graves ou des blessures, il sera condamné à une amende. Si cet homme et cette femme continuent à vivre ensemble, les père et mère, le frère aîné et la sœur aînée, et la tante de cette femme, bénéficieront de cette amende, parce qu'ils l'ont nourrie et entretenue depuis son enfance.

ART. 26. — Si une femme a réussi à séduire le mari d'une

autre et à se faire admettre comme épouse, et qu'elle opprime et veuille supplanter la première femme de cet homme, qu'elle soit dénoncée par cette première femme ou par le mari lui-même, au cas où elle en est convaincue en justice, malgré ses dénégations, elle sera condamnée à avoir le sarrau, qui la couvre depuis les reins jusqu'aux pieds, déchiré perpendiculairement, en loques de quatre doigts de largeur, tout autour de son corps, et couverte de ce seul vêtement, le front couvert d'un panier de bambous tressés, elle sera condamnée à monter sur le *cho andot;* ensuite, elle sera frappée avec une triple lanière de cuir, plus ou moins, selon la gravité de sa faute.

Art. 27. — Quand un homme diffame l'épouse d'un autre, disant qu'autrefois il a eu des relations avec elle, si, après examen, le fait est reconnu faux ou s'il n'est pas prouvé, le coupable sera puni d'une amende qui est la moitié de l'amende d'usage. Si le fait est vrai et prouvé, parce qu'il a, par ses paroles, couvert de honte cette femme, il sera puni aussi d'une amende, mais réduite encore de moitié.

Art. 28. — Si une femme quitte son mari et s'enfuit dans un pays autre que celui que son mari habite, ou bien, quoiqu'il y ait un registre, si elle ne fait point connaître sa condition et cache qu'elle est mariée, et si elle vit maritalement avec un individu auquel elle ne fait point savoir qu'elle a un mari, ou bien si elle commet une ou deux fois l'adultère avec cet individu, celui-ci n'est point coupable et ne peut être puni, parce qu'il ignore la condition de cette femme. Mais si cet individu sait que cette personne a un mari qu'elle a quitté et commet, malgré cela, l'adultère avec elle, il doit être puni de l'amende d'usage. Quant à cette femme, comme elle n'a point fait savoir qu'elle était mariée, elle sera punie selon la gravité de la faute dont elle s'est rendue coupable en quittant son mari qui l'entretenait et la nourrissait.

Art. 29. — Si, immédiatement après la mort de son mari, le corps du défunt, étendu dans un cercueil, étant encore dans la maison, lorsqu'elle doit porter le deuil et répandre des larmes, une femme introduit dans la maison même où se trouve ce cadavre un amant et l'y fait coucher, la justice, sur la plainte des parents de ce défunt, qui ont vu le fait, examinera s'il est vrai et certain. Si le fait est prouvé, cette femme sera punie de la manière qui suit : on mettra sur sa tête un panier de bambous tressés (*cheal*) qui descend jusqu'aux yeux, et on la promènera dans cet état trois fois autour de la maison où se trouve ce cadavre. Durant cette cérémonie, elle doit publier sa faute. Quant à celui qui a été introduit dans la maison mortuaire, il sera condamné à une amende de trois *ânchîng*, deux *tomlong* et deux *bat* (environ 280 francs). Les père et mère, les frères et sœurs ou les autres parents, au défaut des premiers, bénéficient de cette amende.

Art. 30. — Si un homme qui a fait fuir, dans une contrée éloignée, l'enfant ou la femme d'autrui, se trouve séparé de la personne qu'il a fait fuir par des troubles, par la guerre ou par toute autre cause qui disperse les habitants de cette contrée, et qu'une autre personne sauve cette femme ou cet enfant en les retirant du milieu de ces troubles ou des mains des troupes ennemies, si elle rencontre l'époux de cette femme, les parents de cet enfant, elle doit les leur rendre. Néanmoins, le mari de cette femme, les parents de cet enfant doivent reconnaître le service rendu et payer les dépenses faites pour sauver cette femme ou cet enfant.

Art. 31. — Si quelqu'un qui va faire la guerre, pendant l'expédition, prend sur l'ennemi une femme prisonnière de guerre et l'épouse, quiconque commet l'adultère avec cette femme, sera puni de l'amende, conformément à la loi (article premier).

Art. 32. — Celui qui a reçu chez lui et nourri une esclave du roi (*sitey neac ngear*) ou une esclave appartenant à autrui, qui lui a demandé asile, ne peut point, à sa sortie de chez lui, exiger d'elle le prix de sa nourriture, parce qu'il a bénéficié du travail de cette esclave. Si, pendant que cette esclave était chez lui, il l'a connue et a eu d'elle des enfants, elle est considérée comme femme de 2e classe (*ana piria*); par conséquent, si elle sort de chez lui et entretient des liaisons coupables avec un autre, celui-ci et cette femme seront punis d'une amende, conformément à la loi.

Art. 33. — La première femme d'un homme, qui, avertie que certaine fille publique entretient un commerce criminel avec son mari, prie ses frères, ses subordonnés, ses amis d'aller avec elle injurier, maudire cette mauvaise femme, ne sera point passible de l'amende si le fait est prouvé. Mais tous ceux qui l'ont accompagnée et cette fille publique seront mis à l'amende, conformément à la loi. Si cette première femme et ceux qui l'ont accompagnée ont frappé, ont percé, ont blessé la personne accusée, si le fait des relations coupables est prouvé, cette première femme et ceux qui l'ont accompagnée seront punis d'une amende proportionnée aux meurtrissures et aux blessures. S'il est faux que ces relations coupables existent, cette première femme et ceux qui l'ont accompagnée seront punis de l'amende triple de la précédente.

Si cette fille publique vient commettre l'adultère dans la maison même de la première femme, dans le cas où celle-ci la frapperait, pourvu que les blessures ne soient point graves, elle ne doit point être punie, parce que cette mauvaise femme lui a, par le fait même, fait injure. Mais si les blessures sont graves, cette première femme sera condamnée à une amende proportionnée à la gravité des blessures, au profit de la blessée. De plus, le mari de cette première femme sera puni d'une amende qui est la moitié de la précédente, pour n'avoir point empêché sa femme de se porter à de tels excès.

Art. 34. — Si le maître d'un esclave commet l'adultère avec la femme de celui-ci, il sera mis à l'amende et l'esclave doit être affranchi sans payer sa dette. Quant à la femme adultère, elle sera rendue à son mari : si elle ne consent point à revenir avec lui, le maître doit rembourser son prix à son mari, selon la loi.

Art. 35. — Tout individu qui rachète une femme mariée pour en faire son esclave et la prend de plein gré pour femme, se rend aussi coupable que celui qui viole la femme d'un autre. « car, dit la loi, lorsqu'il l'a rachetée, il n'a pas mis pour condition qu'elle devait abandonner son mari. »

Art. 36. — Si un homme libre, qui s'est épris de l'esclave d'autrui, a des relations avec elle avant d'avoir offert, selon l'usage, l'arec et le bétel à son maître, à son père et à sa mère, pour leur demander sa main, il est considéré par la loi comme un homme sans moralité qui s'est rendu coupable d'un délit. Par conséquent, s'il vient à abandonner cette esclave, il sera condamné à payer le tiers du prix de cette esclave, dont il a abusé (1) à l'insu de son maître.

Art. 37. — Un homme libre qui, épris d'amour pour une jeune fille esclave, la conduit chez lui sans la racheter, la nourrit, l'entretient et vit avec elle maritalement, sans avoir prévenu le maître de cette esclave, viole la loi et les coutumes; par conséquent, qu'il soit ou non né des enfants de cette union, il sera condamné à une amende de trente *tomlong* (84 ligatures) au profit du maître de cette esclave qu'il a privé de son travail. De plus, il doit payer le tiers du prix de cette esclave, qui en bénéficie, de sorte qu'elle ne devra plus que les deux tiers de sa rançon. Si, de l'union de cet homme libre avec cette esclave, il est né des enfants, ils suivent la condition de leur mère et appartiennent à son maître.

Art. 38. — Si le maître d'une esclave, ou ses parents, ou ceux qui demeurent chez lui (con kemuey), serviteurs qui ne doivent rien, mais qui sont attachés à sa personne, usent de violence envers cette esclave et la violent, pourvu qu'il y ait des personnes qui aient entendu les cris de celle qui subit la violence et qui lui servent de témoins, on doit faire remise de la moitié de sa rançon (thlay tour) à cette esclave, qui n'aura plus que l'autre moitié à payer. Si, sans viol, il y a eu des attouchements aux seins, aux mains, des embrassements, des baisers, contre son gré, la remise qui doit lui être faite sera du quart de sa rançon, pourvu toutefois qu'il soit prouvé que ces actes ont eu lieu réellement et qu'il ont eu lieu, malgré sa résistance, contrairement à sa volonté.

Dans le cas où cette esclave aurait consenti à leurs désirs, on ne lui fera aucune remise, et si elle veut sortir de cette maison, se libérer, elle doit payer tout ce qu'elle doit à son maître, à moins qu'elle n'ait eu des enfants issus de ses relations coupables avec son maître, ou avec les frères de son maître, ou avec ceux qui sont chez lui et qui lui sont attachés; dans ce cas, elle ne doit rien.

Art. 39. — Si un esclave entretient un commerce coupable

---

(1) L'esclave bénéficie de ce tiers et n'aura plus que les deux tiers de sa rançon à payer pour se libérer. (Note du traducteur.)

avec une femme également esclave, sans le consentement du maître et des père et mère de cette femme, et prend la fuite avec elle dans une contrée éloignée, l'union de cet esclave avec cette femme n'est considérée devant la loi que comme un concubinage. Par suite, si un individu autre que cet esclave commet la fornication avec cette femme qui s'y prête, il ne peut être mis à l'amende. Si cette femme a des biens, l'esclave qui vit en concubinage avec elle ne peut point les lui enlever ni se les approprier, et s'il le fait, il doit être puni de la flagellation avec une lanière de cuir de buffle desséché.

ART. 40. — Si un jeune homme, qui se rend dans un pays éloigné (de un à trente jours), une fois arrivé là, demande la main d'une jeune fille à son père ou à son oncle et l'obtient; si, après avoir épousé cette jeune fille, avec laquelle il a passé sa vie et vécu durant quelque temps, à cause de difficultés de ménage, de querelles avec son épouse, il abandonne son domicile où il laisse sa femme, il doit, avant de partir, déterminer le temps de son absence et fixer l'époque de son retour. S'il ne va qu'à une journée de marche de distance, il doit promettre de revenir dans trois mois; s'il s'éloigne de son domicile à une distance de trois jours de marche, il doit promettre d'être de retour dans six mois; si la distance qu'il doit mettre entre son domicile et l'endroit où il se rend est de sept jours de marche, il promettra de revenir dans huit mois; s'il se rend dans un pays distant, de celui d'où il part, de quinze jours de marche, il devra promettre d'effectuer son retour dans un an; enfin, s'il va dans une contrée éloignée de trente jours de marche, il doit promettre de revenir, au plus tard, dans un an et quatre mois. Si, au temps fixé pour le retour, cet homme ne revient pas, son épouse doit déposer entre les mains soit de deux ou trois des anciens du pays, soit du maire ou de celui qui tient le registre des hommes corvéables, soit enfin de deux ou trois personnes revêtues d'une dignité quelconque, les présents de noces et tous les biens que son mari a apportés lorsqu'il est venu l'épouser, afin qu'ils remettent à cet homme ces présents et ces biens. Cette formalité remplie, le mariage est dissous de plein droit: peu importe que le mari consente ou ne consente pas à reprendre ces présents et ces biens, « à cause, dit la loi,

« de l'abandon de cette femme et des craintes que fait naître la
« conduite de cet homme. »

Si les personnes qui ont reçu le dépôt de ces présents et de
ces biens n'ont pas pu les remettre à cet homme parce qu'elles
ne l'ont point trouvé, elles le remettront soit à son père, soit à
sa mère, soit à ses frères ou à ses parents. Dans le cas où le
père, la mère, les frères ou les parents ne voudraient point le
recevoir, cette femme préviendra soit le maire, soit le mandarin,
chef des hommes corvéables de l'endroit, soit les officiers du
gouverneur de la province, des démarches qui ont été faites
pour rendre les présents de noces, les objets, les habits et tout
ce qui a été donné par le mari le jour de son mariage, et du
refus des parents, à défaut du mari qui n'a pu être retrouvé,
de les recevoir. Après cette démarche, elle devient libre et son
mariage est dissous.

A défaut des démarches dont on vient de parler, soit pour
rendre les présents, habits, objets et biens apportés par le mari
le jour du mariage, soit pour constater que toutes les démarches ont été inutiles à cause du refus d'acceptation de la part
du mari ou de ses parents, le mariage n'est point dissous, ses
liens ne sont point brisés, cette femme sera passible des peines
infligées aux femmes adultères, si elle se livre à un autre, et
celui auquel elle s'est livrée sera puni comme quiconque vole
la première femme d'un autre. Si tout ce que le mari a apporté
le jour de son mariage a été consommé, dépensé pendant le
temps qu'il a vécu avec sa femme, avant son départ, cette
femme n'a qu'à avertir les anciens de l'endroit pour faire
annuler son mariage.

Si, avant son départ, il a eu des enfants de sa femme, celle-ci
ne sera pas tenue de rendre les présents de noces et tout ce qui
a servi pour le mariage ; elle ne sera obligée qu'à rendre les
biens qu'il possédait avant leur union. Après cela, s'ils veulent
se séparer et faire dissoudre leur mariage, ils agiront selon les
usages.

ART. 41. — Si un homme qui vit en bonne intelligence avec
sa femme et gagne sa vie avec elle, saisi subitement et sans
cause d'un accès de colère, prend et emporte de la maison tout
ce qui lui appartient, puis part et n'a plus aucun rapport avec

elle, cette femme délaissée peut, après avoir attendu de neuf à onze mois, selon la distance du chemin que son époux a dû parcourir depuis son départ, faire annuler son mariage, en allant rendre à son mari lui-même, ou à son père ou à sa mère, les présents de noces et l'argent provenant de la cérémonie du *chamnang day* (ligatures aux bras de l'épouse), ainsi que les biens appartenant à son mari.

Néanmoins, si cet homme, qui a été poussé par une sorte de fatalité, est revenu à son sang-froid, et si, ne pouvant pas se résigner à être séparé de sa femme, il revient à elle avec un cœur sincère et rapporte tous les biens emportés, dans l'intervalle de huit mois à onze ou douze mois, les liens qui les unissent ne peuvent être brisés : ils continuent d'être époux et épouse, quand même cette femme, qui n'aime pas son mari, le regarderait d'un mauvais œil et ne voudrait point lui permettre de revenir avec elle.

De plus, si cette femme, qui a un cœur mauvais pour son mari, prend un autre époux, elle sera punie selon la loi sur les femmes adultères.

Art. 42. — Si un mari, qui a des querelles, des disputes avec sa femme, dans un accès de colère, emporte du domicile conjugal tout ce qui lui appartient, le porte ailleurs, et, s'armant d'une hache ou d'un coutelas, démolit la maison, puis va se réfugier soit chez son père et sa mère, soit chez ses frères ou ses sœurs, soit chez un parent quelconque, quand même son absence ne durerait qu'un jour, son mariage peut être dissous. De plus, d'après la loi, cette femme n'est point obligée de rendre les présents de noces à cet homme, qui a changé de sentiments à son égard (pre chot phseng), et elle peut prendre un autre mari sans se rendre coupable.

Si, avant de démolir cette maison, le mari n'a rien emporté ni de ses biens propres ni de ceux qu'il a acquis avec sa femme durant leur cohabitation, dans le cas où, après s'être réfugié dans la maison soit de ses père et mère, soit de ses frères ou de ses sœurs, soit d'un de ses parents, il laisserait passer quinze jours ou un mois sans revenir avec sa femme, celle-ci doit lui rendre tous les biens qu'il avait avant leur mariage (trop dom). Si cet homme n'avait point de biens propres, elle n'est tenue à rien, et les deux époux peuvent se séparer et cesser d'être mari et femme.

Mais si le mari, dans sa colère, est sorti de la maison de sa femme, sans la démolir et sans rien emporter ni de ses biens propres ni des biens acquis avec sa femme, pour se retirer dans la maison soit de ses père et mère, soit de ses frères ou de ses sœurs, et s'il laisse s'écouler un laps de temps plus long que ne le permet l'usage du pays, sans revenir demeurer avec sa femme, celle-ci doit lui rendre les cadeaux de noces (kan sla) et tous les biens qu'il avait avant leur union. Quant aux biens qu'ils ont acquis ensemble, le mari en aura deux tiers et la femme un tiers.

Art. 43. — Si un homme qui a des biens propres, après avoir épousé une femme qui en a aussi et après avoir vécu avec elle en bonne intelligence, la quitte subitement, par suite de difficultés survenues entre eux, et disparaît pendant un laps de temps plus long que celui qui est admis par l'usage, sans donner de ses nouvelles, laissant chez sa femme ses effets et ses biens mêlés aux siens, sans rien emporter avec lui, il se rend, poussé par une fatalité, coupable d'une infraction aux usages; mais cette violation des usages n'est point une cause suffisante pour dissoudre les liens qui l'unissent à cette femme, pour laquelle il conserve de l'affection, puisqu'il a laissé son bien chez elle en partant. Par conséquent, si, durant l'absence de son mari, elle a tourné ses affections vers un autre et l'a épousé ou vit criminellement avec lui, le père et la mère de cette femme, qui sont censés la cause de cette dernière union, seront mis à l'amende (1).

Art. 44. — Si une femme, après s'être disputée et battue avec son mari, quitte la maison conjugale et va se réfugier dans celle de ses père et mère, de son oncle ou de sa tante, et refuse de revenir lorsque son mari va la chercher pour la ramener, elle sera punie de l'amende selon l'usage, parce que son refus fait supposer qu'elle a un autre mari ou qu'elle vit criminellement avec un individu quelconque.

----

(1) Quoique, dans cet article, il ne soit point fait mention de l'amende dont sera frappée cette femme, il est certain qu'elle ne l'évitera pas. On suppose, dans cet article, que le mari habitait chez les parents de sa femme, comme c'est l'usage au Cambodge, et qu'en partant il l'a laissée chez eux. (Note du traducteur.)

Art. 45. — Si les père et mère, l'oncle ou la tante, ayant reçu dans leur maison une femme qui, après s'être disputée, injuriée et battue avec son mari, a quitté sa maison pour venir demeurer chez eux et a pris un second mari, n'invitent pas le premier mari de cette femme, qui est venu la chercher chez eux, à manger l'arec et le bétel ou ne lui en donnent pas connaissance, ils seront mis à l'amende selon l'usage. Cette femme adultère et celui avec qui elle vit criminellement seront aussi condamnés à l'amende selon la loi qui punit l'adultère.

Art. 46. — Tout homme qui, après avoir vécu et gagné sa vie avec une femme qu'il a épousée, vient à manquer de sincérité et de franchise avec elle, prend tous les biens qu'ils avaient avant leur union et ceux qu'ils ont acquis ensemble, les porte soit chez ses père et mère, soit chez ses frères ou chez ses sœurs, soit chez ses parents, afin de rester maître de tout, la chasse ou l'abandonne durant un laps de temps plus long que celui qui est accordé par l'usage, ou bien prend une autre femme, sera obligé par le tribunal, sur la plainte de cette femme, à rapporter aux juges tous les biens qu'il a pris. S'il est resté quelque chose de ces biens entre les mains de cette femme, elle doit également rapporter au tribunal, afin qu'il partage le tout, par parts égales, entre les deux époux. Le partage fait, ils pourront se séparer.

Art. 47. — Tout homme qui commet l'adultère avec une femme que son mari a abandonnée, mais qui n'a pas de billet de divorce, sera condamné à payer la moitié de l'amende dont la loi punit tout individu qui vole la première femme d'autrui. La moitié de la somme, que le coupable est obligé de payer, est pour le mari de cette femme, l'autre moitié est versée au trésor du roi.

Quant à la femme coupable, elle doit être punie selon toute la rigueur de la loi portée contre la première femme qui commet l'adultère, car elle l'a violée en prenant son caprice pour règle de conduite.

Art. 48. — Si un homme marié, qui est allé pour son commerce, soit dans sa province même, soit dans une autre province du royaume, prolonge son absence plus d'un an, sans donner de ses nouvelles, il fait naître une cause légitime de divorce.

Mais si, durant son absence, il a envoyé à sa femme quelque objet, quelque bien, ou s'il lui a écrit pour savoir de ses nouvelles, ou bien si ces deux époux se sont fait savoir mutuellement leurs occupations, il n'y aura pas cause légitime de divorce et ils ne cesseront d'être époux et épouse qu'après trois ans. Dans le cas où, ces trois ans écoulés, l'époux ne reviendrait pas, alors, si cette femme veut contracter un nouveau mariage, elle le peut légitimement et sans avoir à craindre aucune punition, soit pour elle, soit pour celui qu'elle prend pour mari. Si quelqu'un prend cette femme pour épouse ou comme concubine, avant que le temps d'absence exigé par la loi soit écoulé, il sera puni de l'amende selon l'usage, parce que les liens qui unissent cette femme à son premier mari ne sont pas encore brisés.

Si cette femme contracte un nouveau mariage ou s'unit à quelqu'un après que le temps d'absence exigé par la loi est écoulé, son premier mari ne peut point venir faire des reproches ni à elle, ni à celui avec lequel elle vit, ni leur intenter un procès, sans se mettre en contravention avec la loi, et s'il le fait, il sera condamné à une amende triple de l'amende ordinaire. Si cet homme est allé en Chine, s'il a traversé la mer pour se rendre dans un pays éloigné où il éprouve des difficultés, sa femme doit l'attendre trois ans. Si l'on a appris qu'il est tombé entre les mains des ennemis, que le navire à bord duquel il était a été entraîné au milieu des flottes ennemies, sa femme doit l'attendre pendant sept ans. Si ces trois ou ces sept ans (selon le cas) écoulés, cette femme contracte un nouveau mariage ou s'unit à quelqu'un, elle ne commet aucune faute, et celui avec lequel elle vit est en règle avec la loi. Par conséquent, si son premier mari, de retour, veut la saisir, la molester ou intenter un procès soit à elle-même, soit à celui auquel elle s'est unie, il sera puni d'une amende triple de l'amende ordinaire.

Art. 49. — Si l'épouse d'un homme, que le roi a envoyé faire la guerre ou faire le commerce, éprouve, durant l'absence de son mari, des difficultés ou se trouve impliquée dans des affaires ou tombe dans la misère, elle doit faire connaître sa position soit au mandarin dont son mari dépend, soit à un protecteur de sa famille, afin qu'ils l'aident à parvenir jusqu'au roi pour informer Sa Majesté de la position pénible dans laquelle elle se trouve.

Si, au lieu d'agir ainsi, cette femme se remarie ou entretient un commerce criminel avec quelqu'un, ce second mari ou celui qui a ce commerce criminel avec elle, sera condamné à une amende quadruple de l'amende ordinaire au profit du mari de cette femme. De plus, on appliquera à ces deux coupables, dans toute sa rigueur, la loi portée contre les hommes et les femmes adultères.

Art. 50. — Si l'un des conjoints reçoit en héritage des esclaves ou des biens, soit de ses parents, soit de son père ou de sa mère, ou obtient de la générosité du roi, comme gratification, soit des plantations, soit des rizières, soit des pêcheries; si ces biens, ces esclaves, ces plantations, ces rizières ou ces pêcheries lui ont été légués ou donnés pendant leur union, leur cohabitation entraîne la communauté de ces biens.

Si des esclaves, qui sont la propriété particulière soit du mari, soit de la femme (qui les possédait avant son mariage), suivent leur maître ou leur maîtresse après son mariage et viennent demeurer dans la maison des deux époux, ils appartiennent en toute propriété à celui ou à celle qui les possédait avant le mariage. Mais si ces esclaves ont des enfants nés pendant que les deux époux vivaient ensemble, ils deviennent propriété commune, parce qu'ils sont considérés comme biens acquis ensemble. Par suite, en cas de divorce, les esclaves que l'époux ou l'épouse avait avant le mariage, restent la propriété du premier possesseur; quant aux enfants nés durant le mariage des époux, ils seront partagés.

Art. 51. — Si une femme, après avoir divorcé avec son mari à cause de difficultés survenues entre eux, et après avoir reçu de lui un billet de répudiation en bonne et due forme, devant ses parents et les anciens du village, se réconcilie et vit tranquillement avec lui au su et vu de personnes qui peuvent l'attester, elle sera punie comme adultère si elle vient à avoir un commerce criminel avec un autre.

Art. 52. — Cet article n'est que la répétition du précédent (1).

---

(1) Note du traducteur.

Art. 53. — Si un mari et sa femme ne sont point contents de rester ensemble et veulent divorcer, ils peuvent le faire librement, parce qu'ils ne pourront pas être fidèles l'un à l'autre, attendu qu'ils ne trouvent plus le bonheur ensemble et que leur destinée n'est point d'être unis.

Art. 54. — Si un homme et une femme, unis par les liens du mariage, changent de sentiment à l'égard l'un de l'autre et veulent divorcer, la femme doit rendre à son mari les biens qu'il avait avant leur union et le prix des cadeaux de noces, à moins que des enfants ne soient nés de cette union, car, dans ce cas, les biens que l'un et l'autre avaient avant leur mariage, ceux qu'ils ont acquis leur union durante, et le prix des cadeaux de noces seront partagés entre les deux époux, de façon que le mari en ait les deux tiers.

Si la femme seule possédait, avant son mariage, un capital qui a fructifié pendant le mariage, alors, dans le partage, la femme aura les deux tiers et le mari un tiers seulement.

Art. 55. — Si deux époux ont des difficultés de ménage, des disputes, les anciens de l'endroit doivent prendre des informations et examiner soigneusement de quel côté se trouve le bon droit ; si c'est le mari qui est coupable, on doit l'obliger à prendre, devant les parents de la femme et les anciens de l'endroit, l'engagement par écrit de se corriger, sous peine d'une punition déterminée. Cet écrit sera remis aux parents de la femme ou aux anciens de l'endroit. Dans le cas où le mari ne tiendrait pas son engagement et ne tiendrait aucun compte des exhortations, la loi ordonne de lui infliger la peine déterminée dans l'écrit qu'il a fait.

Art. 56. — Si un mari, après avoir habité durant quelque temps avec sa femme, est parti pour se rendre dans un endroit quelconque d'où il ramène une seconde femme, et qu'à son retour il maltraite sa première femme, en cas de divorce d'un mutuel consentement de ces deux époux (le mari et la première femme), les biens qu'ils possèdent seront partagés entre eux par parts égales.

Art. 57. — Si un homme viole une veuve, il sera, sur la plainte de la victime, puni comme celui qui commet l'adultère avec la seconde femme d'un autre. La moitié de l'amende dont il sera puni est pour la veuve violée, et l'autre sera versée au trésor du roi. Si cet homme n'a fait qu'user de violence envers cette veuve, sans néanmoins commettre la fornication il sera puni d'une amende qui est la moitié de celle qui est infligée lorsque cet acte a eu lieu.

ART. 58. — Pour faire le partage des biens de personnes qui, après s'être unies par les liens du mariage, par suite de difficultés survenues entre elles, veulent divorcer, on suivra la règle ci-après : on fait la distinction des biens propres (trop dom) et des biens acquis (trop sombach); les premiers comprennent tous les biens que l'un et l'autre des conjoints ont reçu de leurs parents avant leur mariage ou le jour même du mariage. Ces biens restent toujours la propriété de celui ou de celle qui les a reçus; les seconds comprennent les cadeaux et présents de noces (cham nong day), comme esclaves, animaux, objets divers, etc., et tous les biens que ces époux ont acquis durant leur union, soit par leur travail, soit dans des emplois, des charges, des bénéfices.

Si les biens propres ont été dissipés ou perdus par des revers de fortune, durant l'union des deux époux, ils seront remplacés, jusqu'à due concurrence, par les biens acquis pendant le mariage (trop sambach). Si la valeur des biens acquis n'égale pas celle des biens propres dissipés ou perdus, comme ces biens ont été dissipés ou perdus durant l'union des deux époux, chacun d'eux supportera, au prorata de ses biens propres, ce surplus de perte.

Cela posé, chaque conjoint prendra ses biens propres ou la part des biens acquis qui doivent les remplacer, si les propres ont été dissipés ou perdus. Quant aux biens acquis ou à la portion de ces biens qui reste après le prélèvement de ce qui a remplacé les biens propres dissipés ou perdus, la loi ordonne d'en faire le partage entre les époux, selon l'usage.

Si, durant l'union de ces deux conjoints, l'un d'eux dissipe les biens propres, les donne soit à son père, à sa mère, soit à ses parents, soit à ses amis, ou les porte dans un endroit quelconque, on mettra à son compte tout ce qu'il a dissipé, donné ou emporté, et on prendra l'équivalent de ce qu'il a dissipé, donné ou emporté, sur ses biens propres, pour le faire entrer dans le partage. S'il a dissipé ou emporté l'équivalent de tous ses biens propres, il n'aura plus rien à réclamer. S'il n'a pas dissipé ou emporté l'équivalent de ses biens propres, on prendra sur les biens acquis pour lui faire la part qui lui revient.

S'il a pris ou dépensé plus que sa part et si ce surplus a été pris sur les biens acquis, au moment du partage, il sera tenu de le rembourser pour le faire entrer dans le partage.

Dans le cas où les deux époux, d'un commun accord, mettent leurs biens propres en commun et les emploient à faire le commerce, si ces biens périssent ou sont consommés, tous les deux subiront la perte de ces biens par égales parties, lors même que l'un d'eux se plaindrait de ce que l'autre a pris ou dépensé plus que se part, sa plainte ne sera point écoutée et on ne fera rien restituer.

Art. 59. — Si l'un des conjoints, qui n'a pas de biens propres, fait, au moment du partage des biens pour cause de divorce ou de disputes, un inventaire reconnu faux par le juge, pour se faire adjuger en plus ou moins grande quantité des biens propres qu'il n'a pas, il subira une peine plus ou moins grave, suivant la dignité de la personne qu'il a voulu tromper en faisant cet inventaire. Si c'est le roi qu'il a voulu tromper, il aura la bouche fendue ; si c'est un mandarin, il recevra quinze coups de lanière de cuir ; s'il a voulu tromper les anciens de l'endroit, il sera condamné à dix coups de rotin ; dans les trois cas, il sera privé de la part des biens qu'il convoitait.

Si les deux parties font de faux inventaires, elles prouvent par là qu'elles sont toutes les deux de mauvaise foi et qu'elles se valent ; aussi, elles seront punies de la confiscation de la moitié de leurs biens acquis, au profit du trésor du roi. Quant à l'autre moitié, elle sera partagée en deux parts égales pour le mari et la femme.

Art. 60. — Si une femme qui vit en paix avec son mari, changeant subitement de sentiment, ne veut plus rester avec lui et prend la fuite pour aller se réfugier dans la maison soit d'un homme qui a reçu une dignité, soit d'un juge d'instruction (suphea tralacar), soit de ses père et mère, soit de quelque parent, à l'effet d'accuser son mari et de demander à divorcer, le tribunal qui reçoit l'accusation examinera si, oui ou non, ce mari est coupable. S'il n'est pas reconnu coupable, le tribunal ne peut point permettre le divorce, et si cette femme refuse de suivre son mari, il lui fera passer une corde au cou et la lui livrera, afin qu'il la reconduise à son domicile en la tirant par cette corde. Si, après cela, cette femme, par entêtement, ne consent nullement à rentrer dans la chambre à coucher, et, dans son opiniâtreté, va se réfugier chez l'un ou chez l'autre, parce qu'elle veut absolument divorcer, après examen, le tribunal pourra prononcer la séparation, car, dans cet état de choses, cette femme ne peut point demeurer avec son mari sans que quelque malheur arrive à l'un ou à l'autre. Après la séparation, on procédera au partage des biens de la manière suivante : le mari et la femme prendront leurs biens propres (trop dom); puis on estimera les dépenses faites par le mari, soit en cadeaux de noces, soit pour le repas, soit pour autres choses, à l'occasion du mariage, et on fera payer par cette femme, à son mari, le double de la somme totale de ces dépenses. De plus, si ce mari a été obligé de faire des frais, soit devant la justice, soit ailleurs, pour la ramener au logis, elle doit tous les supporter. Quant aux biens qu'ils ont acquis ensemble (trop sambac) pendant leur union, le mari en aura les trois quarts et la femme un quart seulement. Si, durant leur union, des dettes ont été contractées par eux, cette femme en supportera les deux tiers et le mari un tiers seulement. Pour les dettes faites par eux avant leur mariage, chacun d'eux paiera les siennes.

Art. 61. — Si un mari, dont la femme demande le divorce, conçoit, à cause de cette demande, des soupçons contre elle et croit que cette demande de divorce vient de ce qu'elle entretient des relations criminelles avec quelqu'un, s'il fait un écrit dans lequel il expose, soit aux juges, soit aux anciens de l'endroit, les soupçons qu'il a contre certaines personnes, et assure, dans cet écrit, que dans le cas où sa femme commettrait l'adultère avec un de ceux qu'il soupçonne ou l'épouserait, il ne veut point garder le silence, mais veut que justice lui soit rendue; dans le cas où, longtemps même après le divorce, cette femme aurait des rapports criminels avec un de ceux qui sont l'objet des soupçons du mari ou l'épouserait, d'après la loi cette femme est considérée comme vraiment adultère. Par conséquent, on fera l'application des articles de la loi qui punit l'adultère à cette femme et à son complice. Après avoir subi la peine de l'adultère, cette femme devient l'épouse légitime de l'individu avec lequel elle a entretenu commerce. Quant à ses biens propres, si elle en a, ils seront donnés à son premier mari. On ne lui laissera qu'un sarrau (sampot sluc), un voile pour couvrir ses épaules (sampot tondop) et un mouchoir de toile pour protéger son cou (sbai bang co).

ART. 62. — Sa Majesté prend la parole et dit : « Vous tous, « qui habitez le noble royaume de Campuchéa, apprenez la « manière dont vous devez garder la justice envers vos femmes « et vos enfants. Quelques-uns ont deux, trois ou quatre femmes « auxquelles ils doivent donner une part des biens acquis, soit « rizières, soit plantations, soit jardins, etc., etc. Dans le par- « tage, la première aura deux parts, la seconde une part, et la « dernière la moitié d'une part. Ce que recevra chacune de ces « femmes sera plus ou moins considérable, selon la quantité « des biens. »

DEUXIÈME PARTIE.

Des fautes dont se rendent coupables les jeunes gens qui, sans avoir demandé, selon l'usage, la main d'une fille, l'enlèvent ou entretiennent un commerce coupable avec elle.

ARTICLE PRÉLIMINAIRE. — Ces fautes diffèrent et sont plus ou moins graves, selon que la jeune fille est sous la tutelle : 1º de sa mère; 2º de son père; 3º de son père et de sa mère; 4º de parents d'une origine noble; 5º de son frère ou de sa sœur aînés; 6º de parents; 7º d'étrangers.

Tout jeune homme qui commet le crime de fornication, secrètement, avec une jeune fille et use de violence pour la faire fuir, se rend coupable. Si une jeune fille va d'elle-même trouver un homme ou un jeune homme et se donne à lui, cet homme ou ce jeune homme n'est point coupable.

ARTICLE PREMIER. — Un homme ou un jeune homme qui

prend la main, palpe les seins d'une fille, qui s'amuse ou rit avec elle, qui va à l'endroit où elle est assise, qui pénètre jusqu'à son lit et l'attire à lui pour l'embrasser, etc., etc., se rend coupable et sera puni comme ci-après.

ART. 2. — Un homme marié qui commet le crime de fornication, soit avec la fille, soit avec la nièce non mariée, soit avec la petite-fille de quelqu'un, sera puni d'une amende qui est la moitié de celle qui est infligée à celui qui vole la femme d'un autre.

S'il n'y a eu que des caresses, des attouchements, sans fornication, l'amende sera égale au quart de celle qui est infligée à celui qui commet l'adultère avec la femme d'un autre.

ART. 3. — Un homme non marié, qui commet le crime de fornication, soit avec la fille, soit avec la nièce (jeune fille), soit avec la petite-fille de quelqu'un, sera puni d'une amende qui est la moitié de celle infligée à celui qui, étant marié, a des relations coupables avec la fille, la nièce (jeune fille), ou la petite-fille de quelqu'un. S'il n'y a eu que des caresses, des attouchements, sans fornication, l'amende sera la moitié de la précédente (la moité de celle qui est infligée lorsqu'il y a eu crime de fornication).

ART. 4. — Celui qui viole une enfant qui n'a pas encore l'usage de la raison, qui est vierge, sera puni de l'amende infligée à quiconque commet l'adultère avec une femme mariée. Si, pour pouvoir la violer, il y a eu effort au point qu'il y a eu écoulement de sang des parties sexuelles de cette enfant, il sera condamné à une amende triple de celle qui est infligée à quiconque vole la femme d'un autre. Si, pour la faire consentir à ses exécrables desseins, il l'a frappée, il l'a souffletée ou s'est servi contre elle d'instruments tranchants, et qu'il en soit résulté des plaies, des blessures ou des meurtrissures qu'elle porte sur son corps, outre l'amende infligée à cause du viol, il en subira une autre proportionnée à la gravité des blessures ou des meurtrissures.

ART. 5. — Tant que les cérémonies du mariage, comme repas de noces, etc., n'ont point été faites, une fille dont la main a été promise reste sous la tutelle de ceux chez qui elle est (par exemple, son père, sa mère, ses parents, etc.); par conséquent, si quelqu'un veut la demander en mariage, c'est à eux qu'il doit la demander.

Dès que ceux qui ont la tutelle de cette fille (*neac esara*) ont donné leur consentement au mariage, que les cérémonies du mariage ont été faites selon l'usage et que la fille a été unie à son époux, elle passe sous sa tutelle et devient sa légitime épouse.

Si les père et mère d'une fille, rencontrant dans leurs allées et venues un homme ou un jeune homme qui va commettre le crime de fornication et entretient des rapports coupables avec cette fille, bien qu'il n'ait pas demandé sa main selon l'usage, le maudissent, le frappent, le percent et lui font des blessures, ils ne sont passibles d'aucune peine. De même, si des parents ou des amis d'une famille, ayant sous leur tutelle une jeune fille, rencontrent dans leurs allées et venues un homme ou un jeune homme qui va commettre le crime de fornication et entretient des rapports coupables avec cette fille, dont il n'a pas demandé la main selon l'usage, et le maudissent, le frappent, le percent, le blessent, ils ne sont passibles d'aucune peine.

Art. 6. — Si un individu, qui va secrètement commettre le crime de fornication avec une fille qu'il n'a pas demandée en mariage selon l'usage, est saisi par les parents ou les tuteurs de cette fille, ceux-ci ne peuvent point le mettre à mort; ils doivent le livrer à la justice, afin qu'il soit puni selon la gravité de sa faute.

Art. 7. — Si un individu a eu des relations coupables et a commis le crime de fornication avec une fille, à l'insu des père et mère de cette fille, et si, devenue enceinte, cette fille l'a désigné comme auteur de sa grossesse et meurt en couches, dans le cas où il protesterait et n'accepterait pas cette accusation, le tribunal examinera l'affaire. Si l'examen établit que c'est certainement lui qui est l'auteur de la grossesse de cette fille, il sera condamné à une amende égale au prix de la vie de cette fille, et à trente coups de rotin.

Si un individu a eu des relations coupables et a commis le crime de fornication avec une esclave, à l'insu de son maître, si cette esclave, devenue enceinte, le désigne, le dénonce comme auteur de sa grossesse et meurt en couches, s'il proteste contre cette accusation, le tribunal devra examiner l'affaire. Si l'examen établit que c'est certainement lui qui est l'auteur de la grossesse de cette esclave, il sera comdamné à une amende égale au prix de cette esclave, et à trente coups de rotin.

ART. 8. — Si un homme ou un jeune homme a des relations d'amour avec une jeune fille, au vu et au su des père et mère de cette jeune fille, et que, témoins de ses allées et venues, de ses visites fréquentes à leur fille, ils gardent le silence, il est, d'après la loi, le mari de cette jeune fille. Néanmoins, il est tenu de préparer ce qui est requis par l'usage pour aller faire ses excuses et demander pardon aux père et mère de cette fille et de préparer tout ce qui est nécessaire pour les cérémonies du mariage et le repas de noces. Les père et mère de cette jeune fille doivent, après avoir accepté les excuses et donné leur consentement au mariage, les laisser cohabiter comme mari et femme. Si, après que cet homme ou ce jeune homme a fait ses excuses et demandé pardon, les père et mère, ayant refusé de recevoir ses excuses, de les agréer, ne consentent point à lui donner leur fille et la marient à un autre, ils se rendent coupables et manquent à la justice ; par suite, ils seront punis de l'amende selon l'usage. Celui à qui cette fille a été donné en mariage sera également puni d'une amende.

Si ce jeune homme ou cet homme refuse de faire ses excuses et de demander pardon aux père, mère et ancêtres de cette fille, de l'entretenir et la nourrir, comme tout mari entretient et nourrit sa femme ; si, après avoir commis le crime de fornication avec elle, il veut l'abandonner, il sera comdamné à une amende proportionnée à l'injure qu'il a faite aux père et mère de cette fille qu'il a déshonorée.

Cet article s'applique au cas où il s'agirait de la nièce (jeune fille) ou de la petite-fille de quelqu'un, pourvu que toutes les circonstances soient les mêmes.

ART. 9. — Si l'amant d'une fille venant, soit spontanément, soit sollicité par elle, la voir pendant la nuit, est surpris par les parents de cette fille qui, ne le connaissant pas, le prennent pour un individu suspect, pour un voleur et le tuent, cette fille sera vendue (loc) et la moitié de son prix sera pour les père et mère, les frères et sœurs de cette fille. Si les père et mère, frères et sœurs de cette fille savent parfaitement ce qui se passe et connaissent celui qui vient débaucher leur fille, feignent de ne point le connaître et le tuent, après avoir calculé le prix de ce mort, le tribunal fera vendre cette fille sur le marché. Le prix qu'il retirera de la vente sera livré aux père et mère du défunt, afin qu'ils l'emploient à faire de bonnes œuvres pour lui.

Art. 10. — Si, sans qu'il y ait eu *khan sla* (présents, soit en argent, soit en objets, que celui qui demande une fille en mariage fait à ses père et mère et, à leur défaut, à ceux qui sont ses tuteurs) ni repas de noces selon l'usage, une fille, de son plein gré, va se livrer à un jeune homme qui ne l'a point demandée en mariage à ses père et mère ou, à leur défaut, à ses tuteurs (cysara), et si elle devient enceinte, les père et mère de cette fille ou, à leur défaut, ses tuteurs, qui n'ont connaissance de ce qui se passe entre ce jeune homme et cette fille que par sa grossesse, peuvent, si le jeune homme est de basse condition, par exemple esclave du roi (pol), les faire séparer et reprendre la fille. Mais si cette fille, devenue orpheline par la mort de ses père et mère, a vécu maritalement avec ce jeune homme et a eu des enfants de lui, ces enfants sont comme la preuve et le lien de leur union conjugale. Par conséquent si, ensuite, cette femme a un commerce coupable avec quelqu'un, l'individu qui a ce commerce coupable avec elle sera puni de l'amende ordinaire, au profit du mari. Quant à cette femme, si elle ne consent pas à revenir avec son mari, on lui enlèvera tous ses biens pour les donner à son mari, puis on la condamnera à l'amende.

Art. 11. — Si, quoiqu'il n'y ait pas eu *khan sla* ni repas de noces, un jeune homme et une fille se sont unis et cohabitent comme époux et épouse, du consentement des père et mère de cette fille, si ceux-ci le savent et le tolèrent, si ce jeune homme construit une maison, gagne sa vie et travaille pour entretenir et nourrir leur fille, aussi longtemps que l'usage l'exige, quand même ils n'auraient pas eu des enfants de leur union, ils sont légalement époux et épouse. Mais si ce jeune homme n'a pas construit de maison pour habiter, s'il n'a pas cherché à gagner sa vie, s'il n'a pas travaillé pour entretenir et nourrir cette fille, comme l'usage exige qu'un mari entretienne et nourrisse sa femme, s'il a toujours habité la maison soit de ses père et mère, soit de ses parents, soit de ses amis, cette fille n'est point légalement son épouse, et si ses parents veulent les séparer et reprendre leur fille, ils le peuvent; si cette fille veut l'abandonner, elle le peut.

Art. 12. — Si une fille de condition libre et un jeune homme qui est *pol* (esclave du roi) s'unissent d'un commun consentement, cohabitent comme mari et femme au su des père et mère de la fille, qui gardent le silence et font semblant de ne rien savoir, quand même il n'y a pas eu de *khan sla*, s'ils ont eu des enfants issus de leur union, ils sont légitimes époux; peu importe qu'ils aient ou non fait une maison et travaillé pour gagner leur vie. Par conséquent, si plus tard cette femme a un commerce coupable avec quelqu'un, celui-ci sera puni d'une amende selon l'usage, au profit du mari de cette femme.

Art. 13. — Quiconque se fait l'entremetteur des relations coupables d'un homme ou d'un jeune homme avec la fille, avec la nièce (jeune fille), ou avec la petite-fille de quelqu'un et les favorise, sera condamné à quinze ou vingt coups de rotin, selon la gravité de la faute dont il se rend coupable en faisant déshonorer cette jeune fille. S'il ne veut point recevoir les coups de rotin, il devra payer une amende qui est la moitié de celle dont est puni quiconque se rend coupable de fornication.

Art. 14. — S'il est prouvé par des témoins qui ont vu, ont entendu, qu'un individu, soit seul, soit avec des complices, a saisi ou fait saisir la fille, la nièce (jeune fille), la petite-fille ou la femme de quelqu'un, pour lui faire violence, cet individu, que le viol ait eu lieu ou non, sera puni selon l'usage. Si la personne qui a été victime de cette violence a reçu, en se débattant, des blessures, des meurtrissures, des plaies qui lui occasionnent une maladie, le tribunal doit ajouter à la première peine une seconde peine proportionnée aux blessures, à la maladie de cette femme. Quant aux complices de cet individu, s'ils n'ont pas porté la main sur la personne, ils seront frappés d'une peine qui sera la moitié de celle du principal coupable. S'ils ont porté la main sur elle, si tous ont également participé à la violence qui a été faite à cette personne, leur peine sera la même que celle du principal coupable. S'ils n'ont pas pu l'appréhender au corps, l'amende sera simple (mot kun); si la personne qui a été saisie est une jeune fille, la peine sera moindre que si c'était une femme mariée.

Art. 15. — Si, une femme ayant deux amants, l'un des deux rencontrant l'autre, l'injurie, le frappe et le blesse, il sera puni d'une amende selon la loi, au profit du blessé. Quant à cette femme qui a des relations avec deux hommes et qui, par son inconduite, est cause de ce qui est arrivé, elle sera punie selon l'usage du royaume.

Art. 16. — Une femme qui donne d'abord ses bonnes grâces à un premier amant, puis à un second, et qui, par sa légèreté de conduite, est cause que l'un de ces deux rivaux tue l'autre, sera punie de la manière suivante : d'abord, elle recevra trente coups de rotin, puis elle aura les cheveux coupés en forme de pied de corbeau (chung caec); on lui mettra des roses rouges de Chine aux deux oreilles, et, dans cet état, on la fera monter sur le pieu (chho andot) pendant trois jours. Quant à celui qui a tué son rival, il sera mis à mort.

Si le roi lui fait grâce de la vie, alors il sera vendu, et le prix de sa vente sera remis aux père et mère, frères et sœurs et parents de celui qui a été tué.

Art. 17. — Si une fille a un amant qui entretient des relations avec elle, et si les père et mère de cette fille ont averti les père et mère du jeune homme et leur ont recommandé de surveiller leur fils, dans le cas où, malgré les avertissements et les recommandations des père et mère de la fille, ce jeune homme continuerait à aller chez elle la voir, si les parents de la fille tuent ce jeune homme, ils seront passibles de l'amende d'usage, au profit du trésor du roi. Quant à la fille, elle sera condamnée à une amende de vingt-cinq *tomlong* (à peu près 75 francs) au profit des parents (père et mère) du mort. Mais si les parents de la fille n'ont fait que blesser ce jeune homme avec des instruments tranchants ou avec des piques, ils ne sont passibles d'aucune peine.

Art. 18. — Tout individu qui, après avoir séduit par de belles paroles, par des promesses, une fille qui se rend à ses désirs et devient sa concubine, lui enlève tout ce qu'elle possède, puis la tue, sera puni de mort.

Art. 19. — Un jeune homme qui, après avoir demandé la

main d'une fille et offert le *khan sla*, l'arec et le bétel aux parents de cette fille, va, avec leur consentement et le consentement de ses père et mère, habiter chez les parents de la fille, les servir, gagner sa vie avec eux, est, aux yeux de la loi, légitime époux de cette fille, quoique le repas de noces n'ait pas eu lieu.

Par conséquent, si ensuite ce mari, rencontrant sa femme au moment où elle commet l'adultère avec quelqu'un, tue ces deux coupables, il n'est passible d'aucune amende.

Art. 20. — Si un jeune homme, ayant demandé, selon l'usage, la main d'une fille à ses parents, qui ont consenti à la lui donner, mais n'ayant pas encore fait le repas de noces, a réussi, par ses paroles, à faire consentir cette fille à ses désirs et à se livrer à lui à l'insu de ses parents (parents de la jeune fille), il n'a plus, pour devenir devant la loi légitime époux de cette fille, quand même ses parents (parents de la fille) auraient changé de sentiment et ne voudraient plus la lui donner, qu'à préparer ce qui est requis par la coutume pour aller leur faire ses excuses et leur demander pardon.

Mais s'il n'y a pas eu cohabitation, si la fille ne s'est pas encore livrée à ce jeune homme, ou s'il a usé de violence envers elle, s'il l'a enlevée et l'a violée, ce jeune homme se rend coupable envers les parents de cette fille; par suite, ils peuvent les faire séparer et la lui enlever. De plus, ce jeune homme sera puni de l'amende, selon l'usage.

Art. 21. — Si un jeune homme a demandé en mariage une fille à ses parents qui ont consenti à la lui donner et que, par affection pour eux, par attachement, il les ait aidés dans des besoins pressants; s'il a communiqué avec cette fille, l'a connue intimement du consentement de ses parents, il devient, devant la loi, son époux légitime, alors même qu'il n'aurait pas encore fait le *khan sla*.

Si ensuite, à l'insu de ses parents, cette fille a des relations coupables avec un autre, ses père et mère ne sont passibles d'aucune peine. Quant à l'individu qui a ces relations avec elle, il sera puni de l'amende infligée à quiconque vole la femme d'un autre.

Art. 22. — Si un jeune homme, ayant demandé la main

d'une fille à ses parents, qui ont consenti à la lui donner, et ayant déjà fait le *khan sla*, deux ou trois fois, mais n'ayant pas encore fait le repas de noces, use de violence envers cette fille pour la posséder, que l'acte charnel ait été consommé ou non, pourvu qu'il soit prouvé qu'il y a eu violence, il sera condamné à recevoir cinquante coups de lanière de cuir de buffle desséché et à payer une amende égale à celle qui est infligée à tout individu qui vole la femme d'un autre. Quant à la fille, elle lui sera enlevée et remise à ses parents. Si ce jeune homme pervers a eu des compagnons, des complices dans cet acte de violence, chacun d'eux sera puni de vingt-cinq coups de rotin.

Art. 23. — Si un jeune homme a demandé en mariage, soit la fille, soit la nièce (jeune fille), soit la petite-fille de quelqu'un; s'il a fait l'offrande solennelle de l'arec et du bétel (luc sla thom) et s'il a fait des cadeaux à cette jeune fille à l'effet de gagner son cœur, mais n'habite pas avec elle; s'il est tué par elle, la nuit, au moment où il va furtivement, comme un voleur, chez elle, cette jeune fille n'est point coupable. Quant aux objets qui lui ont été donnés et aux cadeaux qui lui ont été faits par ce jeune homme, ils deviennent la propriété des parents de la jeune fille.

Art. 24. — Si un jeune homme, qui passe pour joueur, n'a obtenu la main soit de la fille, soit de la nièce (jeune fille), soit de la petite-fille de quelqu'un, qui lui avait été refusée à cause de sa passion pour le jeu, que parce qu'il s'est engagé par écrit envers les père et mère, l'oncle ou le grand-père de cette fille à ne plus jouer; s'il ne change pas de conduite et continue à jouer, il devra être chassé de la maison des parents ou des tuteurs de cette fille (oncle ou grand-père), parce qu'il a manqué à sa promesse. Tout jeune homme qui, après avoir demandé en mariage soit la fille, soit la nièce (jeune fille), soit la petite-fille de quelqu'un qui a consenti à la lui donner, fait société avec des voleurs, des brigands, de mauvais drôles, doit, comme mauvais sujet, être chassé par les parents, l'oncle ou le grand-père de la jeune fille, qui ne doivent point permettre qu'il demeure avec elle, à cause des embarras qu'il peut leur créer et des malheurs qu'il peut leur causer dans la suite. Les biens qu'il a apportés, les présents qu'il a faits soit à l'oncle, soit au grand-père de la jeune fille, lorsqu'il leur a présenté l'arec et le bétel, doivent lui être rendus. Après cela, qu'il ait repris ses biens et ses présents ou qu'il ait refusé de les recevoir, on avertira les père et mère, les frères et sœurs, les parents de ce jeune homme, ainsi que le mandarin auquel il est soumis pour les corvées, les anciens de l'endroit et ceux qui ont des dignités, que cet individu a des relations avec des voleurs et des brigands. Quant à la fille, elle devient libre; elle n'est plus, devant la loi, la femme de ce jeune homme : les liens de leur union sont brisés.

ART. 25. — Si un jeune homme ou un homme, après avoir demandé en mariage soit la fille, soit la nièce (jeune fille), soit la petite-fille de quelqu'un, et avoir donné des objets, de l'argent comme gage, comme arrhes, meurt avant le repas de noces, avant d'avoir cohabité comme mari et femme avec cette jeune fille, tout ce qu'il a donné sera partagé en parts égales entre les père et mère du jeune homme et cette fille. Si la fille meurt avant le repas de noces et avant d'avoir eu commerce avec ce jeune homme, les objets et l'argent donnés comme arrhes sont acquis à ses parents (père et mère). Si ce jeune homme a connu sa fiancée et a communiqué avec elle avant de mourir, tout ce qu'il a donné comme arrhes devient la propriété de cette fille.

ART. 26. — Cet article renferme deux cas bien distincts :

1er Cas. — Si le père ou la mère ont promis la main de leur fille, si un oncle a promis la main de sa nièce, si un grand-père a promis la main de sa petite-fille à un jeune homme qui l'a demandée en mariage; si les parents ont accepté de l'argent ou des objets comme arrhes et manquent à leur promesse, sans qu'il y ait eu de la faute du jeune homme, qui s'est montré bon, honnête, poli envers eux, ils doivent non-seulement rendre l'argent et les objets reçus comme arrhes, mais, de plus, ils doivent payer une amende de la valeur de la jeune fille promise. La moitié de cette amende est pour le jeune homme et l'autre sera versée au trésor royal.

2e Cas. — Si les tuteurs d'une fille, après l'avoir promise en mariage à un jeune homme irréprochable, qui s'est présenté, le premier, et avoir reçu de lui des objets ou de l'argent comme arrhes, comme gage, changent d'avis, veulent la donner à un autre et se contentent de rendre au premier les objets et l'argent qu'il leur a donnés, le tribunal, sur la plainte de ce jeune homme, mécontent de cet arrangement, doit faire en sorte que cette fille soit donnée au plaignant qui a été le premier à la demander. Si le jeune homme qui l'a demandée en dernier lieu doit en éprouver des dommages ou en subir des pertes, les tuteurs de cette jeune personne seront condamnés à une amende dont la somme sera triple de la somme totale des dommages et des pertes éprouvées, à rendre à ce dernier jeune homme une somme égale à celle des dommages et des pertes qu'il a éprouvés, et à payer tous les frais du procès. L'amende sera partagée en parties égales entre le trésor du roi et le jeune homme éconduit.

ART. 27. — Dans le cas où une personne demandée en mariage, se voyant délaissée par un fiancé qui a changé d'avis et qui en a épousé une autre, irait maudire ou frapper cette autre femme, elle sera condamnée à l'amende ordinaire au profit de celle qui a été maudite ou frappée.

ART. 28. — Si la première femme d'un homme qui, pour pouvoir en épouser une seconde, a employé des entremetteurs et a trompé cette dernière en affirmant qu'il n'est point marié, maudit, frappe cette seconde femme, lui fait des blessures et la force, par ses mauvais traitements, à quitter son mari, le tribunal peut prononcer leur séparation, mais il doit en même temps condamner le mari à une amende, proportionnée à la gravité des blessures, au bénéfice de la seconde femme. Si les entremetteurs que cet homme a employés pour ce second mariage étaient complices de sa tromperie, chacun d'eux sera condamné, au profit du trésor du roi, à une amende qui est la moitié de celle que ce mari doit payer.

Si cet homme a cohabité avec sa seconde femme et en a eu des enfants, la séparation ne peut point être prononcée par le tribunal qui, dans ce cas, ne doit s'occuper que des blessures faites. Si elles sont graves, la première femme doit être punie d'une amende proportionnée à leur gravité, au profit de la seconde. Si elles sont légères, elle doit être obligée à préparer ce qui est requis par l'usage pour aller faire ses excuses à cette seconde femme.

ART. 29. — Quiconque, après avoir demandé en mariage

soit la fille, soit la nièce (jeune fille), soit la petite-fille de quelqu'un et avoir vu sa demande agréée, va audacieusement, seul ou avec des compagnons, faire violence à cette jeune fille qui lui a été promise, la saisir avant le mariage, avant le repas de noces, sera puni, comme violateur du *Pra reach achnha*, d'une amende de trois *ânchíng* dix-sept *tomlong*, multipliés par trois (deux cent trente et un *tomlong* = environ 600 francs), et de trente coups de lanière de cuir de buffle desséché. Quant à ses compagnons, s'il en a eu dans cette action coupable, ils seront punis chacun de quinze coups de lanière de cuir et d'une amende qui est la moitié de celle du principal coupable.

Si un jeune homme honnête et irréprochable, après avoir demandé en mariage soit la fille, soit la nièce (jeune fille), soit la petite-fille de quelqu'un, et après avoir vu sa demande agréée, éprouve un refus sans motif de celui qui la lui a promise, s'il use alors de violence et enlève cette fille de sa propre autorité, sans en référer à la justice, il se rend coupable de transgression du *Pra reach achnha* et sera puni d'une amende de trois *ânchíng,* dix-sept *tomlong* (soixante-dix-sept *tomlong* = environ 200 francs).

Dans le cas où le refus de celui qui avait promis la fille en mariage serait motivé par l'inconduite ou une faute du jeune homme, si celui-ci va soit seul, soit avec des compagnons, de sa propre autorité, faire violence à la jeune fille et l'enlève, l'amende est égale à la précédente (c'est-à-dire qu'elle sera, pour ce jeune homme, de deux cent-trente-et-un *tomlong* = environ 600 francs, et pour chacun de ses compagnons, de cent soixante-quinze *tomlong* = environ 300 francs). Quant à la fille, elle sera rendue à ses parents.

Art. 30. — Quiconque commet le crime de fornication avec une jeune fille qui a été promise en mariage à un jeune homme qui l'a demandée et qui a déjà offert une, deux ou trois fois l'arec et le bétel aux parents de cette fille, mais qui n'a pas encore fait le repas de noces, seule cérémonie qui reste à faire pour que tout soit terminé, doit être considéré comme ayant volé la femme d'un autre, et sera condamné à une amende dont le montant est triple de la somme totale des dépenses faites, soit pour les offrandes, soit à leur occasion. Sur cette amende, on

préléve la valeur des dépenses faites par le jeune homme et on
la lui remet, puis on partage le surplus en deux parties égales,
dont l'une est pour ce jeune homme et l'autre pour le trésor
du roi.

Alors même que le mariage n'aurait pas été conclu, si le
jeune homme qui a demandé la jeune fille a cohabité avec elle
comme mari et femme, l'individu qui est venu après commettre
le crime de fornication avec elle sera puni de l'amende infligée
à quiconque vole la seconde femme d'un autre. La moitié de
cette amende est pour le mari de cette femme et l'autre pour
le trésor du roi. Si, après cet acte de fornication, ce mari ne
veut plus de sa femme, le coupable doit de plus payer tous les
frais faits par ce jeune homme, en vue de son mariage.

Si un jeune homme, après avoir demandé la main d'une
fille qui lui a été promise et fixé le mois, le jour où le mariage
devait se célébrer et le repas de noces se faire, laisse passer le
temps déterminé, la loi dit que la fille qui lui a été promise
n'est point son épouse, et que si elle se livre à un autre et a
commerce avec lui, ce dernier n'est pas coupable envers le
premier. De plus, le jeune homme qui a laissé passer le temps
fixé par lui pour son mariage ne peut point réclamer les
dépenses qu'il a faites en vue de ce mariage.

Art. 31. — Si un jeune homme, après avoir demandé en
mariage soit la fille, soit la nièce (jeune fille), soit la petite-fille
de quelqu'un, et vu sa demande favorablement accueillie; après
avoir fait déjà deux ou trois fois l'offrande de l'arec et du
bétel, après avoir cohabité, au su des parents de la fille, comme
mari et femme avec sa fiancée, n'a plus qu'à faire le repas de
noces pour que tout soit terminé, et si, rencontrant cette fille
au moment où elle se livre à un autre, il tue les deux coupables,
il est déclaré innocent par la loi.

Mais s'il n'y avait pas eu encore cohabitation comme mari et
femme, ce jeune homme se rend coupable s'il les perce, les tue
ou les blesse, et doit être puni.

Art. 32 — Tout individu qui, après avoir demandé en
mariage soit la fille, soit la nièce (jeune fille), soit la petite-
fille de quelqu'un, et après avoir servi durant quelque temps
les parents de cette fille, les quitte et va épouser une autre

personne, puis revient intenter un procès aux parents de la jeune fille dont il avait demandé la main à l'effet de l'épouser, doit être débouté de sa demande.

ART. 33. — Si un jeune homme, qui a demandé la main soit de la fille, soit de la nièce (jeune fille), soit de la petite-fille de quelqu'un, qui a servi durant quelque temps les parents de cette fille, mais qui n'a pas encore préparé le festin de noces, perd tout respect et devient insolent à l'égard de son beau-père, de sa belle-mère, des frères et des sœurs de sa fiancée, et use de violence envers elle, il doit être chassé de la maison et privé de tout espoir d'épouser cette fille, dont la main doit lui être refusée.

ART. 34. — Si un jeune homme qui aime soit la fille, soit la nièce (jeune fille), soit la petite-fille de quelqu'un, l'a fait demander en mariage par ses parents ou par les anciens de l'endroit, selon l'usage, aux parents de la jeune fille, qui ont consenti à la lui donner, et est obligé, pour le service du roi, de s'absenter durant de longues années immédiatement après avoir célébré son mariage et fait le repas de noces ; quelque longue que soit cette absence, son mariage subsiste toujours : lui et cette fille restent unis comme mari et femme.

ART. 35. — Si, après qu'un jeune homme a fait demander la main soit de la fille, soit de la nièce (jeune fille), soit de la petite-fille de quelqu'un, à ses parents, à ses frères et sœurs, ou à son tuteur, selon l'usage, et avant qu'il ait cohabité comme mari et femme avec elle, un individu va commettre le crime de fornication avec cette jeune fille et la fait fuir avec lui, à l'insu des père et mère de cette fille, cet individu doit être puni de l'amende qui est infligée à quiconque vole l'épouse d'un autre, pour laquelle on a fait le *khan sla*.

ART. 36. — Si, après qu'un jeune homme a demandé, selon l'usage, la main de la fille, de la nièce (jeune fille) ou de la petite-fille de quelqu'un, et subi un refus de la part des parents, ce jeune homme et cette jeune fille qui s'aiment prennent la fuite ensemble et vont dans un endroit quelconque où ils vivent comme mari et femme, à l'insu des père et mère de cette fille, ils ne sont point mariés aux yeux de la loi, quand même ils auraient eu des enfants. Par conséquent, si cette fille, qui n'est que la concubine de ce jeune homme, se livre à un autre, ce dernier ne sera puni que d'une amende de trente *tomlong* (environ 80 francs) au profit du trésor du roi. Quant au jeune homme qui l'a demandée en mariage selon l'usage et qui l'a fait fuir, il doit préparer tout ce qui est nécessaire, d'après la coutume du pays, pour aller faire des excuses aux père et mère de la fille et leur demander pardon. S'il ne le fait pas et s'il ne prépare pas le repas de noces, les parents de la fille peuvent la lui reprendre et les séparer.

ART. 37. — Si un jeune homme, qui a épousé une fille dont les parents ont fait le repas de noces et ont construit une maison pour que les deux jeunes époux aient leur habitation particulière et séparée, rend à ses parents, longtemps après avoir cohabité, leur fille qui est tombée malade, dans le cas où les parents de cette fille voudraient, après lui avoir rendu la santé par leurs soins, la donner à un autre, ils ne le peuvent pas. Mais s'ils ont fait des dépenses pour la soigner et la guérir, le mari de leur fille doit les leur rembourser intégralement, parce que la nourriture et l'entretien d'une fille ne sont à la charge de ses père et mère que durant son bas âge; dès qu'elle a un mari, c'est à lui de la nourrir et de l'entretenir.

ART. 38. — Si un jeune homme qui, par des paroles flatteuses, a sollicité et a fait fuir avec lui la fille, la nièce (jeune fille) ou la petite-fille de quelqu'un, reconnaissant sa faute, prépare tout ce qui est requis par l'usage et vient avec elle avouer sa faute aux parents de la fille, il ne sera pas puni, dans le cas où ceux-ci consentent à lui pardonner et à la lui donner pour épouse.

Si les parents de la fille (ses père et mère), auxquels ce jeune homme, après l'avoir cachée, envoie des intermédiaires pour la leur demander en mariage, la lui refusent, il ne peut la garder ni l'épouser. Si cette fille, ne voulant point rester avec ce jeune homme, prend la fuite pour revenir vers ses père et mère, ce jeune homme ne peut point s'opposer à son retour ni la saisir pour la ramener, et s'il le fait ou si, cette fille étant déjà revenue chez ses parents, il la suit et vient la reprendre, il se met en contravention et doit être puni selon la loi (pra reach crot dica). Si ce jeune homme a eu des complices dans sa conduite coupable, chacun d'eux subira la moitié de la peine prononcée contre le principal coupable.

Art. 39. — Dans le cas où un jeune homme et une fille ont des rapports ensemble à l'insu des parents de la fille et prennent la fuite, si ce jeune homme ne revient pas saluer les parents (père et mère) de celle-ci et leur demander pardon, il doit être puni d'une amende proportionnée à sa faute, au profit des père et mère de la fille, à qui elle doit être rendue.

Art. 40. — Si une jeune fille prend la fuite pour suivre un jeune homme, elle doit être punie d'un nombre de coups de rotin proportionné à sa faute, puis elle sera livrée à ses père et mère. Pour le jeune homme qui a manqué aux parents de cette fille, il doit être mis à l'amende selon l'usage.

Art. 41. — Quiconque a fait fuir et a gardé longtemps comme concubine, à l'insu de ses parents, une fille qui, devenue enceinte, meurt des suites de sa grossesse ou de ses couches, doit d'abord payer une amende égale à la valeur de la vie de cette fille, puis subir une peine proportionnée à la faute qu'il a commise envers les parents de cette jeune fille.

Art. 42. — Si un jeune homme a séduit et a fait fuir la fille, la nièce (jeune fille) ou la petite-fille de quelqu'un, et s'il vit heureux avec celle qui s'est donnée à lui, il doit ramener cette fille soit à ses père et mère, soit à ses frères et sœurs, soit à son grand-père ou à sa grand'mère, soit à son oncle ou sa tante, puis préparer tout selon la coutume et faire le repas de noces. Après cela, pourvu que ce jeune homme soit irréprochable, il peut rester avec cette jeune fille comme son mari ; mais s'il est ingrat, irréligieux, s'il a la réputation de boire, de jouer ou de se livrer à des actes coupables, les père et mère, les frères ou sœurs, le grand-père ou la grand'mère, l'oncle ou la tante, qui ne sont pas satisfaits de cette alliance, doivent exiger de lui la promesse par écrit de s'amender. Cela fait, ce jeune homme et cette fille pourront cohabiter et se considérer comme époux et épouse, parce que, vu leur affection mutuelle, il serait injuste de les séparer. Si, après que ce jeune homme a rendu cette fille à ses père et mère ou à ses frères et sœurs, etc., et préparé toutes choses, selon la coutume, il se dispose à aller leur faire les offrandes requises par l'usage, et s'ils ne veulent point le recevoir, le trompent par des paroles fallacieuses et donnent cette fille à un autre, ils se rendent coupables de violation des usages. Par conséquent, celui à qui cette fille a été donnée en mariage en dernier lieu, sera condamné à l'amende qui est infligée à quiconque vole la femme d'un autre, et ceux qui la lui ont donnée à la moitié de cette amende.

Si ce jeune homme n'a point remis cette fille entre les mains soit de ses père et mère, soit de ses frères et sœurs, soit de son grand-père ou de sa grand'mère, soit de son oncle ou de sa tante, et n'a pas préparé toutes choses selon l'usage, il commet une contravention et sera puni de trente coups de rotin et d'une amende proportionnée à la faute dont il s'est rendu coupable envers les parents de cette fille, dont il a méconnu l'autorité. Cette fille recevra également trente coups de rotin pour avoir manqué à ses parents.

Si ce jeune homme, après avoir fait fuir cette jeune fille, l'a vendue ou engagée à prix d'argent, il doit être condamné à l'amende dont est passible quiconque fait fuir une fille de famille, et à rembourser intégralement tout l'argent qu'il a reçu, pour cette vente ou cet engagement, à celui qui l'a déboursé. Ensuite, ce jeune homme recevra cinquante coups de rotin et cette fille qui l'a suivi vingt-cinq coups, parce qu'en s'attachant à ce mauvais sujet, elle a causé un scandale dans le royaume.

Art. 43. — Si une fille vierge qui s'est unie spontanément à un jeune homme, à l'insu de ses parents, a été déjà promise en mariage à un autre qui l'a demandée, ne consent point, après que l'offrande de l'arec et du bétel a été faite et que le repas de noces a été préparé par ce dernier, à cohabiter avec lui et prend la fuite avec le premier (que ses parents ne connaissent point et qui est venu la faire fuir avec lui), en emportant des objets ou de l'argent, les parents de cette fille seront condamnés à une amende triple de la somme totale de la valeur des présents, de l'arec, du bétel et de toutes les autres dépenses faites par le jeune homme auquel ils ont promis leur fille, et ils lui rembourseront tout ce qu'il a dépensé pour la noce, parce qu'ils n'ont point consulté leur fille avant de la donner en mariage. Quant au jeune homme qui a fait fuir cette fille, il sera condamné à l'amende au profit des père et mère de cette jeune fille et la gardera comme sa légitime épouse, parce que, comme le dit la loi, ce jeune homme et cette fille se sont unis d'avance de leur plein gré.

Art. 44. — Si un jeune homme, voulant garder une fille qu'il a fait fuir, la conduit devant un magistrat (suphea tralacar) qui ordonne aux parents de la fille de faire le sacrifice d'un capital (trop dom) quelconque au profit soit des père et mère du jeune homme, soit du jeune homme lui-même; si, devant cet ordre, ce dernier prend sur lui le sacrifice pécuniaire à faire, puis vend la fille pour se procurer l'argent nécessaire et payer ce qu'il ne peut se procurer d'une autre manière, il se rend coupable et doit être condamné à une amende triple de la somme d'argent qu'il a obtenue de cette vente, au profit, par parties égales, du trésor du roi et des père et mère de la fille, qui doivent la racheter et chasser ce mauvais sujet, auquel ils ne doivent point donner leur fille.

Dans le cas où les parents du jeune homme auraient pris sur eux le sacrifice pécuniaire que devaient faire les père et mère de la fille et où, pour se procurer la somme nécessaire qu'ils n'ont pas, ils auraient vendu cette fille, ils seraient condamnés, comme ci-dessus, à une amende triple de la somme d'argent obtenue de cette vente, au profit, par parties égales, du trésor du roi et des parents de la fille, qui doivent la racheter et refuser sa main au fils de ceux-là.

Art. 45. — Si une fille, qui a des relations, à l'insu de ses père et mère, avec un jeune homme qu'elle aime, emporte, en prenant la fuite pour aller se réfugier dans la maison soit des père et mère, soit des frères, soit des sœurs, soit des parents de ce jeune homme, des objets ou de l'argent de ses parents qui réclament, elle doit leur rendre ces objets ou cet argent : sa conduite à l'égard de ses parents la rend indigne de conserver quoi que ce soit de ce qui leur appartient.

Art. 46. — Une jeune fille qui, après s'être donnée à un jeune homme à l'insu de ses parents, a pris la fuite pour aller se réfugier dans la maison soit des père et mère, soit des frères ou sœurs de ce jeune homme où elle vit avec lui, ou bien qui est allée vivre avec lui dans un endroit quelconque où ils ont construit une maison, n'est point, aux yeux de la loi, légitime épouse de ce jeune homme, quand même elle aurait eu des enfants de lui; elle n'est que sa concubine. Néanmoins, si elle a un commerce criminel avec un autre, ce dernier sera condamné, au profit du trésor du roi, pour la nourriture des éléphants, à l'amende infligée à tout individu qui vole la première femme d'un autre. Cette fille sera punie de la même amende que celui avec lequel elle a eu ce commerce criminel; puis elle sera rendue à ses parents; car on ne peut point la laisser à celui qui l'a fait fuir, parce qu'il a été malhonnête et insolent à l'égard des parents de cette fille. Si elle a des objets ou de l'argent, ce jeune homme ne peut nullement se les approprier, et s'il tente de le faire, il sera frappé avec une lanière de cuir de buffle desséché et mis en prison, la cangue au cou, comme coupable de vol commis avec violence.

ART. 47. — Un jeune homme qui a fait fuir soit la fille, soit la nièce (jeune fille), soit la petite-fille de quelqu'un, parce qu'il veut l'épouser et qui la ramène chez elle dès que les père et mère, ou les frères et sœurs, ou des parents de cette jeune personne, ont connaissance de sa faute, n'est point coupable de rapt ni de viol, attendu que cette fuite, qui a été causée par leur amour mutuel, ne leur a pas fait abandonner sans retour la maison paternelle ni les parents de la jeune fille, puisqu'ils sont revenus d'eux-mêmes. Néanmoins, ce jeune homme doit, pour se conformer à l'usage, praparer tout ce qui est requis pour aller saluer les père et mère, les parents de cette fille et les anciens de l'endroit.

ART. 48. — Quiconque fait fuir, contre tout usage, la fille de quelqu'un, doit être frappé, au profit des père et mère de la fille qu'il a fait fuir, d'une amende égale aux deux tiers de celle dont est puni tout individu qui se rend coupable d'une transgression au *Pra reach achnha*.

ART. 49. — Si une jeune fille, dans un mouvement de colère contre ses parents, sort de chez eux et va habiter chez un voisin qui la marie, celui qui l'a épousée n'a pas le droit de plaider contre les père et mère de cette jeune fille qui veulent la reprendre, parce qu'elle leur appartient et qu'ils ne la lui ont point donnée pour épouse.

Les dépenses faites pour le mariage de cette fille, par ce jeune homme, sont à la charge de ceux qui l'ont mariée.

Art. 50. — Les père et mère d'une fille qu'un parent a conduite et gardée chez lui, et qu'il a mariée, peuvent, si le jeune homme à qui elle a été donnée en mariage ne leur convient pas, la reprendre et la ramener chez eux dès qu'ils ont connaissance du mariage, sans que celui à qui elle avait été donnée puisse porter plainte en justice contre eux, comme lui ayant enlevé sa femme.

Celui qui a marié cette fille à l'insu de ses parents, doit rendre au jeune homme tout ce qu'il a apporté pour son mariage et l'indemniser des dépenses qu'il a faites à cette occasion, parce que la fille qu'il a mariée n'étant point son enfant, il n'avait aucun droit de l'établir. Si ce parent a marié cette fille à son propre fils, les père et mère de la fille peuvent la reprendre tout de suite et la ramener chez eux, mais il doivent supporter la moitié des dépenses faites pour le mariage.

Art. 51. — Si une fille établie par ses parents, après avoir vécu avec son mari hors de la maison paternelle, dans un domicile particulier, se sépare de celui-ci par suite de difficultés de ménage, elle peut, sans se rendre coupable, se réconcilier avec son mari, même après que leurs biens ont été partagés entre eux par leurs parents ou par les anciens de l'endroit, et venir habiter et gagner sa vie avec lui.

Mais si, après leur séparation, cette femme est allée demeurer chez ses parents, elle ne peut pas, de sa propre volonté, se réconcilier avec son mari et aller habiter avec lui, parce que, du moment qu'elle est revenue chez ses parents, ils ont repris sur elle leur tutelle *(chea ey saro)*.

Art. 52. — Dans le cas où une fille ingrate envers ses parents qui, après l'avoir nourrie et entretenue depuis son enfance jusqu'à son adolescence, tombés dans la misère, l'ont vendue pour subvenir à leurs besoins, prend la fuite sans les prévenir, pour suivre un jeune homme qui ne la leur a point demandée selon l'usage, ce qui est pour eux une cause de tristesse et les couvre de honte, ses parents, pour la punir, doivent exiger d'elle le prix du lait qu'elle a tété et de la nourriture qu'ils lui ont donnée.

Quant au jeune homme qui l'a fait fuir, il doit l'aider à payer la moitié de la somme qu'elle a été obligée de solder, mais il ne sera pas mis à l'amende, parce que, comme dit la loi, tôt ou tard les parents se réconcilient avec leurs enfants, et le grand-père et la grand'mère se réconcilient avec leurs petits-fils ou petites-filles.

ART. 53. — Lorsque des parents ont donné leur fille en mariage à quelqu'un, il ne peuvent point la lui enlever, à moins qu'il ne soit en faute,

ART. 54. — Une fille pauvre ou esclave qui commet le crime de fornication avec un jeune homme, sur sa promesse de l'aider, devient la femme légitime du jeune homme, s'il l'aide effectivement. Mais s'il ne l'aide pas, s'il ne la rachète pas après avoir abusé d'elle en la trompant, sur la plainte de cette fille le tribunal, après avoir acquis la certitude qu'il l'a réellement trompée, le condamnera à une amende égale à la valeur de la vie de cette fille au profit, par parties égales, du trésor du roi et de la fille trompée. Après cela, on peut les séparer, à cause de la fourberie du jeune homme.

Si, après que ce jeune homme l'a aidée de sa bourse, mais pas suffisamment pour qu'elle devienne libre, cette fille ingrate envers lui ne veut point habiter avec lui, elle doit lui rendre tout ce qu'il a dépensé pour elle; après cela, ils peuvent se séparer.

Si ce jeune homme l'a non-seulement aidée de sa bourse, mais a eu des enfants de son union avec elle, le divorce ne peut avoir lieu : ils restent mari et femme. Si ce jeune homme, après avoir séduit cette fille et en avoir fait sa concubine sans l'aider pour qu'elle recouvre sa liberté, la vend ou la met en gage pour de l'argent chez quelqu'un qui s'en sert comme d'une esclave, parce qu'elle ne veut point demeurer avec lui, il sera condamné à rendre à celui qui a acheté cette fille ou qui l'a reçue comme gage, tout l'argent qu'il a payé.

Cette fille sera punie de dix coups de rotin, parce que, par sa légèreté, elle a été cause de la faute de ce jeune homme qui, en la vendant, a causé du scandale dans le royaume. Après cela, ce jeune homme et cette fille peuvent se séparer.

ART. 55. — Si un étranger, qui ne suit point la religion de Bouddha, a un commerce criminel avec la fille ou la petite-fille de quelqu'un, il doit, d'après l'ordre du roi, être séparé d'elle et être mis à l'amende selon l'usage. Quant à la fille, elle sera punie selon la loi. Si, après avoir été séparés, cet étranger et cette fille recommencent leur commerce criminel, l'étranger, après avoir été puni de l'amende d'usage, sera expulsé du royaume et la fille sera mise au nombre des esclaves du roi. Si c'est avec le consentement de ses père et mère qu'elle a eu ce commerce avec cet étranger, ceux-ci doivent aussi être mis au nombre des esclaves du roi, pour avoir donné leur consentement.

Art. 56. — Si l'esclave soit d'un particulier, soit d'un mandarin, soit du roi, ou un sauvage *(Stieng, Radé, Penong)*, commet le crime de fornication avec une fille libre, les deux coupables seront punis selon la loi. Ensuite, ceux qui ont autorité sur la fille peuvent ou les laisser se prendre pour mari et femme ou les séparer, parce que la condition des deux parties n'est point la même. Si, après leur séparation, cette fille se montre obstinée et continue ses relations avec cet esclave ou ce sauvage, elle et celui avec lequel elle vit en concubinage, doivent être punis selon l'usage.

Si, à cause de son inconduite, ceux qui ont autorité sur cette fille, tuteurs ou autres, ne veulent plus se charger d'elle ni la reconnaître, elle sera condamnée à l'amende *boncho sampou* (c'est-à-dire 3 ânching = 60 tomlong, environ 160 francs), puis elle sera libre de prendre pour mari celui avec lequel elle a commis le crime de fornication.

Un jeune homme libre qui vit en concubinage avec une esclave qu'il n'a point rachetée, soit chez le maître de l'esclave, soit chez lui, soit dans une autre maison, doit, si ce maître est malade ou se trouve dans la nécessité, lui témoigner de l'attachement et travailler de temps à autre pour lui. Cela est juste et convenable.

Si ce jeune homme veut abandonner cette esclave, il doit payer à son maître le tiers de son prix (de l'esclave), parce qu'après l'avoir déshonorée, il l'abandonne et la laisse veuve.

L'argent donné par ce jeune homme profite à cette esclave, qui ne devra plus que les deux tiers de la somme pour laquelle elle est esclave. Si c'est l'esclave qui quitte ce jeune homme, ce dernier n'aura rien à payer, et s'il a déjà payé au maître de cette esclave une somme quelconque, ce dernier doit la lui rembourser intégralement, parce que, par le fait de son abandon, elle reste seule chargée de sa dette.

Art. 57. — Si, après qu'un jeune homme a commis secrètement le crime de fornication soit avec la fille, soit avec la nièce (jeune fille), soit avec la petite-fille de quelqu'un, une maladie vient saisir celui sous la tutelle duquel est cette fille, ou un de ses parents; si le malade pour lequel on a fait des vœux et offert des sacrifices aux mânes des père et mère ou des ancêtres de la fille, à qui on attribue cette maladie, et on a obligé le jeune homme coupable à en faire et à en offrir, se rétablit, celui de qui dépend cette fille reste libre de la donner à ce jeune homme ou de la lui refuser. — Si, après que la fille a fait connaître celui auquel elle s'est livrée, après les vœux faits et les sacrifices offerts aux mânes des père et mère ou des ancêtres, le malade n'est pas guéri; s'il n'a éprouvé qu'un mieux ou s'il est dans le même état; si les parents du jeune homme, avertis par ceux de la fille, ne lui permettent pas d'aller faire des vœux et offrir des sacrifices, le font esquiver; ou bien si le jeune homme s'esquive, pourvu qu'il soit seulement établi qu'il a badiné avec cette fille, qu'il lui a pris les mains, qu'il lui a palpé les seins, qu'il l'a embrassée ou qu'il a vraiment commis le crime de fornication avec elle, la loi dit qu'on doit abattre avec un croc le toit de la maison paternelle de ce jeune homme, puis le saisir et l'obliger à aller faire sans faute les sacrifices d'usage.

Art. 58. — Si, parce qu'un jeune homme est allé badiner soit avec la fille, soit avec la nièce (jeune fille), soit avec la petite-fille de quelqu'un, lui a pris les mains, lui a palpé les seins, l'a embrassée ou a commis le crime de fornication avec elle, un parent de cette fille tombe malade, ce jeune homme doit, sur leur demande, venir saluer les mânes des morts, leur offrir des sacrifices pour les apaiser. S'il n'y va pas, il doit payer une somme double de celle qui a été dépensée pour la guérison du malade.

Si le malade meurt, il sera condamné à payer une somme égale à la valeur de la vie du défunt et quinze *tomlong* en plus pour les funérailles et l'arrosement des ossements du mort.

Art. 59. — Si, parce qu'un jeune homme, ayant demandé

la main soit de la fille, soit de la nièce (jeune fille), soit de la petite-fille de quelqu'un, est allé badiner avec elle, lui prendre les mains, lui palper les seins, l'embrasser, commettre le crime de fornication avec elle, de manière à irriter les mânes de ses parents ou de ses ancêtres défunts, le tuteur ou quelque parent de cette fille contracte une maladie dont il se remet après les vœux et les sacrifices qu'on a faits pour apaiser les mânes des parents ou des ancêtres défunts, le jeune homme doit préparer le repas de noces, parce que les parents lui ont pardonné la faute qu'il a commise. Mais si, après que ce jeune homme a fait des vœux et offert des sacrifices, selon l'usage, pour apaiser les mânes des parents ou des ancêtres défunts, le malade meurt, la loi dit que c'est son destin et que le jeune homme n'est pas coupable de cette mort. Cependant, comme il a commis le crime de fornication avant d'être marié, il doit payer la moitié de l'amende ordinaire, pour les cérémonies des funérailles et de l'arrosement des ossements du défunt. Cela fait, il peut prendre cette fille pour épouse et préparer le repas de noces.

ART. 60. — Si un jeune homme, après avoir demandé la main soit de la fille, soit de la nièce (jeune fille), soit de la petite-fille de quelqu'un, qui consent à la lui donner, change d'avis et ne veut plus l'épouser, il doit faire des excuses à cette fille et lui donner douze *tomlong* (environ 35 francs). Si, lorsque ce jeune homme est allé demander cette fille en mariage, il a fait des présents ou donné des arrhes, il ne peut pas les réclamer ; la fille en bénéficie.

VII. — DU PRÊT SIMPLE ET DU PRÊT A INTÉRÊT
(LAKKANA TOMNOL) (1).

AVERTISSEMENT DU TRADUCTEUR. — Les lois concernant les prêts ont été révisées en l'an 1215 de l'ère cambodgienne

---

(1) Dans le code, le prêt simple, sans intérêts, soit qu'il s'agisse de denrées ou d'argent, est exprimé par le mot *khechey*. Le prêt à intérêts, s'il s'agit d'argent, est exprimé par les mots *chang car* (*car prac* signifie intérêt de l'argent) ; s'il s'agit de denrées, il est exprimé par le mot *bol*. (Note du traducteur.)

(1853) par le roi Pra Arrirak. Ce prince, cinq ans après qu'il fut monté sur le trône, voyant que, pendant les troubles et les guerres qui avaient dévasté le royaume du Cambodge, les cahiers de feuilles de latanier sur lesquelles se trouvaient gravés les usages et les lois du pays, avaient été dispersés ou perdus, songea à réviser le code. Mais, pour des raisons qui me sont inconnues, au lieu de le réviser en entier, il borna son travail au *Lakkana tomnol,* qu'il divisa en articles.

La loi sur les prêts distingue, selon qu'il s'agit :

1° Du prêt simple ou à intérêts entre le mari et la femme, entre les père et mère et leurs enfants, entre les enfants et leurs père et mère ;

2° Du prêt simple ou à intérêts entre frères, entre frères et sœurs, entre sœurs ;

3° Du prêt simple ou à intérêts entre parents ;

4° Du prêt simple ou à intérêts entre amis, *mit somlanh,* et entre *klo* (1).

Ces quatre titres qui composent toute la législation du pays sur le prêt simple et le prêt à intérêts, ont été expliqués et formulés en un grand nombre d'articles.

D'abord, le législateur ordonne que, dorénavant, on fasse un billet pour toute somme prêtée qui dépasse un *tomlong prac prasat* (16 francs), sous peine, pour le créancier, de ne pouvoir actionner son débiteur en justice. Ce billet, pour être valable, doit porter le jour de la lune, le nom de l'année où il a été fait. S'il y a une caution, son nom doit s'y trouver, ainsi que la signature de celui qui l'a écrit et les noms des personnes qui ont été témoins. La signature de l'emprunteur doit toujours se trouver dans le billet.

L'intérêt est fixé de la manière suivante : pour un *tomlong prac prasat* (16 francs), on prendra un *fuong* par mois (50 centimes). La journée d'un esclave est d'un *fuong* et celle d'une esclave est de la moitié d'un *fuong* (25 centimes). Dès que l'intérêt est égal au capital, il ne court plus, quel que soit le temps qui s'est écoulé depuis l'emprunt : par exemple, un

____

(1) On désigne ainsi une personne qui a été comme adoptée et qui devient, pour ainsi dire, membre d'une famille. (Note du traducteur.)

débiteur qui n'a pas payé les intérêts d'une somme qu'il doit depuis vingt ou trente ans, sera quitte en payant le double de cette somme.

La dette d'un esclave qui a pris la fuite augmente d'un *fuong* par jour pour un homme et d'un *demi-fuong* pour une femme, jusqu'à une somme égale à la dette de l'esclave, qui est considérée comme un capital. Lorsque ces augmentations, qui représentent le travail perdu, se sont élevées à une somme égale au prix ou à la dette de l'esclave, on ne compte plus les jours de son absence.

Quiconque vend à crédit une chose ou un esclave dont le prix est de 16 francs et au-dessus, est tenu de faire souscrire un billet à l'acheteur, sous peine de ne pouvoir recourir au tribunal pour se faire payer.

ARTICLE PREMIER. — Lorsque deux époux (le mari et la femme) se prêtent, avec intérêts ou non, quand même l'emprunteur ou l'emprunteuse aurait fait un billet à la prêteuse ou au prêteur, dans le cas où soit le prêteur, soit la prêteuse, porterait plainte en justice pour exiger sa créance, aucun tribunal ne peut la recevoir, parce que le mari et la femme gagnent leur vie ensemble et amassent ou dépensent ensemble.

Si le père ou la mère emprunte à un ou à plusieurs de ses enfants, quand même la personne qui a emprunté aurait fait un billet, aucun tribunal ne pourra recevoir la plainte de celui ou de ceux des enfants en faveur de qui il a été souscrit, si elle y est portée pour exiger la créance. Il en est de même si le père ou la mère a prêté à un de ses enfants qui a fait un billet, parce que les père et mère doivent nourrir leurs enfants, et les enfants, par reconnaissance, doivent aider leurs parents.

Cependant, si un enfant qui est établi, qui vit pour son compte et travaille pour lui-même, et qui a eu une part des biens de ses parents, emprunte à son père ou à sa mère et fait un billet, il devra payer ce qu'il a emprunté, sans intérêts. Si un père ou une mère a emprunté à un de ses enfants, quand même la personne qui a emprunté aurait fait un billet, cet enfant ne peut rien lui réclamer, à cause de la reconnaissance qu'il doit à ses parents, auxquels il a une grande obligation.

Si le père et la belle-mère ont emprunté à un de leurs

enfants qui est établi, qui gagne sa vie et fait ses affaires pour son compte personnel, et auquel ils ont donné une part de leurs biens, et lui ont fait un billet, cet enfant ne peut exiger que la moitié de ce qu'il leur a prêté, sans intérêts. Le cas est le même lorsque la mère et le beau-père ont emprunté à un de leurs enfants de l'argent ou une valeur quelconque. La remise de la moitié de la dette est ordonnée par la loi, en faveur du père ou de la mère de l'enfant qui a prêté.

Lorsque des difficultés surgissent entre un enfant établi, qui vit en dehors de sa famille, qui a emprunté à son père ou à sa mère et qui lui a fait un billet, au point que ce père ou cette mère est dans la nécessité de l'accuser devant la justice, s'il est prouvé que cet enfant doit réellement, le tribunal le condamnera à payer tout ce qu'il doit et lui infligera une peine proportionnée à la faute qu'il a commise envers son père ou sa mère. Mais si on ne peut pas prouver qu'il doit, l'affaire en restera là, et on n'infligera aucune peine à ce père ou à cette mère, à cause de l'obligation de l'enfant envers ses parents.

Art. 2. — Si des frères germains entre eux, des sœurs entre elles ou des frères ou des sœurs entre eux, qui sont établis et vivent chacun de son côté, se sont fait des emprunts de choses ou d'argent qui leur appartiennent ou qui appartiennent à leurs parents et ont fait des billets, celui ou celle qui a prêté ne peut exiger, de sa sœur ou de son frère qui a emprunté, que le capital, sans intérêts.

Dans le cas où le débiteur ou la débitrice ferait des difficultés pour payer et obligerait le prêteur ou la prêteuse à recourir à la justice, ce débiteur ou cette débitrice devra payer, non-seulement le capital, mais encore tous les frais judiciaires. Si, non-seulement ce débiteur ou cette débitrice a fait des difficultés, mais encore a nié la dette, le tribunal l'obligera à payer le capital et un tiers des intérêts, et à supporter tous les frais du procès.

Art. 3. — Si des cousins germains, des cousines germaines ou des cousins germains et des cousines germaines, qui se sont fait des emprunts et qui ont fait un billet, ont des difficultés pour le paiement de la créance, et que le prêteur ou la prêteuse doive recourir à la justice pour se faire payer, le tribunal condamnera le débiteur ou la débitrice à payer le capital et un tiers des intérêts. Si le débiteur ou la débitrice a nié la dette qui est prouvée par l'instruction, le tribunal l'obligera à payer le capital et les deux tiers des intérêts.

Entre enfants issus de germains, qui se sont fait des emprunts, le débiteur qui oblige, par ses refus, son créancier à avoir recours au tribunal, sera condamné à payer le capital et les deux tiers des intérêts. Si ce débiteur, non-seulement a fait des difficultés pour payer, mais encore a nié la dette qui est prouvée par l'instruction, il sera condamné à payer le capital et tous les intérêts.

Quant aux parents qui sont au quatrième, au cinquième, etc., degré, pour le prêt, ils sont considérés comme étrangers entre eux.

Quant aux alliés, ceux qui sont au second degré, s'ils ont contracté des dettes entre eux, si le débiteur fait des difficultés pour payer, il sera condamné par le tribunal à payer le capital et la moitié des intérêts. S'il a nié sa dette, que le tribunal juge certaine, il sera condamné à payer le capital et tous les intérêts et à supporter tous les frais judiciaires. Mais si l'instruction établit qu'il ne doit pas, le demandeur sera condamné à lui payer une somme égale à celle qu'il lui réclame. Les frais du procès sont à la charge de la partie perdante. Quant à ceux qui sont au troisième, au quatrième, etc., degré, pour les dettes et les prêts, ils sont considérés comme étrangers entre eux.

Art. 4. — Les dettes entre personnes qui sont liées d'une amitié intime (mit klo somlanh), qui se sont aidées mutuellement dans leurs peines, dans leur pauvreté, dans leurs embarras, sont considérées comme les dettes entre cousins germains ou cousines germaines (article 3). Les dettes entre personnes qui se sont autrefois rendu service, qui se sont aidées dans leurs peines, dans leur pauvreté et dans leurs embarras, mais qui, ensuite, ont laissé se relâcher les liens de leur amitié, sont considérées comme les dettes entre enfants issus de germains et sont jugées d'après la même loi (article 3).

Art. 5. — Entre étrangers, celui qui, se trouvant dans le besoin, a emprunté une valeur, une somme quelconque, et a fait un billet à son créancier, si à cause de sa pauvreté il fait des difficultés pour payer, au point d'obliger le créancier à déposer une plainte contre lui au tribunal, il sera condamné à payer le capital et à fournir une caution. Pour ce paiement, on lui donnera trois délais : le premier d'un mois, le deuxième de trois mois et le troisième de cinq mois ; à l'expiration de chaque délai, il devra payer une partie de sa dette.

Si ce débiteur, à l'expiration du troisième délai, n'a pas encore payé toute sa dette, comme il l'avait promis, sa caution sera livrée au créancier, dont elle devient l'esclave.

Les frais judiciaires sont à la charge des deux parties, parce que le débiteur est trop pauvre pour les supporter seul. S'il n'y a pas de caution et que la dette ne soit pas entièrement payée à l'expiration du troisième délai, le débiteur sera livré au créancier, qui aura à supporter tous les frais du procès. Si le débiteur, ayant suffisamment pour rendre, ou s'il a assez de crédit pour se procurer ce qui lui manque pour payer, diffère de jour en jour ou fait des difficultés, il sera condamné à payer le capital et à donner une caution qui s'engagera à payer pour lui, dans l'espace de vingt-quatre jours divisés en quatre délais, dont le premier est de trois jours, le second de cinq jours, le troisième de sept jours et le quatrième de neuf jours. Si, à l'expiration de ces quatre délais, la caution n'a pas payé, on lui mettra la cangue et elle restera pendant un mois entre les mains de la justice. Tous les frais judiciaires seront à la charge du débiteur. Dès que ces frais et dépens seront payés, on livrera la personne du débiteur au créancier.

Lorsque l'instruction établit la certitude d'une dette qui a été niée par le débiteur, celui-ci sera condamné à payer le capital et les intérêts, et une amende proportionnée à la somme qu'il a voulu faire perdre en niant sa dette (provanh trop ki) ; l'amende est égale à la moitié de la somme niée. Si au contraire l'instruction établit que la dette réclamée par le créancier n'existe pas, celui-ci sera condamné à payer, à celui à qui il l'a réclamée, une somme égale à celle qu'il demandait ; on le punit ainsi pour avoir convoité le bien d'autrui (tuc chea prelom trop ki).

Les frais judiciaires sont à la charge de celui qui perd son procès. Si, durant les délais qui ont été accordés par le tribunal

au débiteur, celui-ci meurt, le créancier en subit les conséquences ; il ne peut avoir son recours contre la caution ; mais
s'il prend la fuite, la caution est obligée de payer la dette en
son lieu et place.

Si le débiteur est très-pauvre et doit à plusieurs créanciers
qui ont réclamé en justice, les juges rachèteront ce débiteur à
sa juste valeur (le prix légal d'un homme est de trente *tomlong*
= 84 francs) et partageront, au marc le franc, entre les créanciers, l'argent provenant du rachat de cet homme. Ce débiteur,
restera pendant six ans au service du juge qui l'a racheté
comme esclave ; après, il pourra, en payant le prix de son rachat,
devenir libre.

Art. 6. — Si une femme, agissant seule, à l'insu de son mari,
emprunte à quelqu'un et lui fait un billet qu'il a l'imprévoyance
de recevoir sans avertir ce mari, dans le cas où le prêteur aurait
recours à la justice pour se faire payer, le tribunal, pour le punir
de son imprévoyance, ne lui fera payer que le capital. Le prêteur perdra les intérêts et supportera les frais judiciaires. Quand
bien même on aurait inséré par fraude, dans le billet, le nom
du mari de cette femme, cela ne changerait nullement l'affaire,
et la sentence sera la même. Ce prêteur ne pourra pas faire
changer la sentence, en prouvant que le mari de cette femme,
qui, en effet, n'avait point été prévenu, a néanmoins su, quelque
temps après, que sa femme avait emprunté et fait un billet, car
cette connaissance, qu'il acquiert après coup, ne peut pas être
considérée comme un consentement donné à l'acte de sa femme.

Si cette femme meurt avant d'avoir payé, le tribunal ne doit
point recevoir la plainte que ce prêteur lui porte contre le mari
de cette femme, à l'effet de lui faire payer cette dette. Si, lorsque
cette femme a fait cet emprunt et souscrit ce billet, son mari,
prévenu par le prêteur, a gardé le silence, il sera tenu de payer
le capital et la moitié des intérêts, aux lieu et place de sa femme.

Si un mari a seul fait un emprunt et fait mettre dans le billet
qu'il a souscrit son nom et celui de sa femme, qui n'a pas été
prévenue, d'après la loi, le capital et les intérêts doivent être
payés, parce que le mari est le seigneur et maître de sa femme.

Cependant, si ce mari meurt ou prend la fuite, sa femme ne
sera pas obligée de payer, à cause de l'ignorance dans laquelle

on l'a laissée. Si, du vivant de son mari, le créancier est venu réclamer sa créance en présence de la femme du débiteur qui, par cela même, a eu connaissance de la dette, cette femme sera tenue, à défaut de son mari, de payer la moitié du capital, sans intérêts.

Lorsqu'un billet est fait au nom du mari et de la femme, qui a été prévenue et qui a consenti à payer aux lieu et place de son mari, la femme devra payer tout le capital, mais nullement les intérêts. Si la femme meurt, le mari qui lui survit ne sera obligé de payer que le capital. Mais si le mari et la femme sont tous les deux vivants, le tribunal les condamnera à payer le capital et les intérêts.

ART. 7. — La loi défend à la première et à la seconde femme et aux concubines du même homme, qui se font des emprunts et se font des billets, de prendre l'intérêt de ce qu'elles se sont prêté. Néanmoins, si l'une d'elles s'obstine à vouloir prendre l'intérêt, le tribunal lui permettra de prendre un tiers seulement des intérêts. Pour les deux autres tiers, elle devra en faire la remise. Tous les frais judiciaires seront à la charge de celle qui a pris ce tiers des intérêts.

Si la débitrice est réellement pauvre, elle ne paiera que le capital ; les frais judiciaires seront supportés conjointement par les deux parties. Si la débitrice fait des difficultés pour payer et oblige la créancière à déposer une plainte contre elle au tribunal, les juges la condamneront à payer tout le capital et à supporter les frais du procès.

Si la débitrice a nié une dette qui est jugée certaine, elle sera condamnée à payer le capital, plus une somme égale à la moitié du capital : on la punit ainsi d'avoir voulu faire perdre à autrui son bien (provanh). Les frais judiciaires seront supportés conjointement par la créancière et la débitrice. Si la dette niée par la débitrice n'est point jugée certaine par le tribunal, ou si l'instruction établit qu'elle n'existe pas, la créancière, qui a convoité injustement le bien d'autrui, sera condamnée à payer à la partie adverse une somme égale à celle qu'elle lui réclamait, et à supporter tous les frais du procès.

ART. 8. — Lorsque le mari et la femme ont fait un emprunt pour acheter des marchandises et faire le commerce, si par malheur ces marchandises périssent ou sont enlevées par des pirates, ou sont saisies à la suite d'un procès qui leur a été intenté, en cas de mort du mari, cette femme, si elle est riche, sera tenue de payer le capital et les intérêts. Si elle n'a que ce qu'il faut pour payer le capital et les intérêts, elle ne sera obligée de payer que le capital; si elle est pauvre, elle ne sera obligée de payer que la moitié du capital; l'autre moitié sera perdue pour le créancier. Si elle est très-pauvre et délaissée par tout le monde, elle sera condamnée à payer le tiers de son prix.

ART. 9. — Quiconque a prêté à un esclave de quelqu'un sans avertir son maître, pourra réclamer son bien à cet esclave, mais il ne pourra ni le saisir, ni le frapper, ni le maltraiter pour se faire payer. S'il le saisit, le frappe ou le maltraite et le met dans l'impossibilité de travailler pour son maître, il sera condamné à payer au maître le tiers du prix de cet esclave ou le tiers de la somme pour laquelle il est esclave.

S'il lui fait des blessures graves d'où le sang coule en abondance, il sera condamné à payer au maître les deux tiers du prix de l'esclave ou de la somme pour laquelle il est esclave. S'il l'estropie ou s'il lui a causé, par ses coups, une maladie mortelle, il sera condamné à payer au maître tout le prix de l'esclave ou toute la somme pour laquelle il est esclave. L'esclave restera avec son maître; les frais judiciaires et le *khuat* seront à la charge de celui qui a frappé.

ART. 10. — Lorsqu'un jeune homme et une jeune fille, ou un homme et une femme, qui ont des dettes personnelles, se marient, si l'un des conjoints meurt avant d'avoir payé sa dette personnelle, le créancier ne peut pas l'exiger du conjoint survivant, quand bien même celui-ci aurait su que son conjoint a fait cette dette ou l'aurait vu en payer une partie. La connaissance qu'il a de cette dette ne peut créer l'obligation de la payer.

Si les biens du conjoint décédé sont entre les mains de celui qui survit, le tribunal examinera. S'il est prouvé que les biens qui sont entre les mains du survivant ont été acquis du vivant du défunt, en cas du décès du mari, ces biens seront divisés en trois parties égales, dont une revient à la veuve et une autre sera affectée à payer la dette du défunt. Si la part affectée au paiement de la dette du mari est surabondante, le surplus reviendra à la veuve : si elle ne suffit pas, d'après la loi, le créancier supporte le déficit qu'il y a.

Dans le cas du décès de la femme, les deux tiers des biens acquis durant leur alliance reviennent au mari, un seul tiers revient aux héritiers ou ayants-cause de la défunte. Par conséquent, si elle laisse une dette personnelle à sa mort, ce tiers sera divisé par moitié. Une moitié sera affectée au paiement de cette dette; s'il y a un surplus après que la dette est payée, il revient au mari. S'il y a un déficit ou que cette moitié ne suffit point à combler, d'après la loi, c'est au créancier à le supporter.

Si le conjoint, à sa mort, laisse des biens propres (biens qu'il avait avant son mariage), on en livrera au créancier ce qui suffit pour payer la dette. Si ces biens propres ne sont pas suffisants pour payer, le créancier subit la perte qui en résulte (chea aphop mechas bomnol).

Art. 11. — Les enfants qui héritent des biens de leurs père et mère doivent, si ces biens sont plus que suffisants pour payer leurs dettes (intérêts et capital), les payer, parce que les enfants doivent, par reconnaissance, payer les dettes de leurs parents pour leur éviter des peines dans la vie future. Mais s'ils ne suffisent que juste pour payer les dettes, alors ils ne sont obligés qu'à payer le capital, parce qu'il est juste qu'il leur reste quelque chose.

Si les parents n'ont laissé à leur mort que peu de biens, la moitié de ces biens sera employée au paiement de leurs dettes et l'autre sera laissée aux enfants.

Si, à leur mort, les père et mère n'ont laissé que très-peu de biens, un tiers de ces biens servira à payer leurs dettes et les deux autres resteront aux enfants.

Si, à leur mort, les père et mère n'ont laissé aucun bien, leurs enfants sont libres de payer leurs dettes ou de ne pas les payer.

Art. 12. — Si le mari et la femme qui, d'un commun consentement, ont emprunté et souscrit un billet, divorcent avant d'avoir payé, le mari devra payer les deux tiers du capital et des intérêts de la somme empruntée, et la femme paiera l'autre tiers du capital et des intérêts.

Art. 13. — Lorsque le créancier d'un débiteur meurt, celui-ci ne peut pas faire partager la créance : elle passe aux héritiers ou aux ayants-cause du créancier dans son intégrité. Si ce créancier ne laisse ni héritiers, ni ayants-cause, ce débiteur n'est point tenu de payer sa dette; il en est libéré : aucun juge ne peut l'obliger à payer.

Art. 14. — Quiconque a emprunté et s'est engagé, par écrit, à payer à un jour ou à un mois fixé soit l'intérêt, soit le capital et l'intérêt; si, au jour ou au mois fixé, il ne paie pas selon l'engagement qu'il a pris, le tribunal, sur la plainte du créancier qui ne peut se faire payer, pour fixer l'intérêt qu'il doit prendre examinera si l'emprunt a été fait avant ou après le 15 de la lune. S'il a été fait avant le 15, pour un capital d'un *tomlong prac pra sat* (16 francs), et si c'est un homme qui doit, les juges feront payer deux *bey phey* (25 centimes), et la moitié si c'est une femme (125 millièmes), pour ce mois. Si l'emprunt a été fait après le 15 de la lune, le mois pendant lequel l'emprunt a été fait ne comptera pas et l'intérêt ne sera pris que pour les mois subséquents, jusqu'au jour où la plainte a été déposée au parquet.

Si la plainte a été déposée avant le 15 de la lune, les jours qui se sont écoulés depuis le 1er de la lune jusqu'au jour où elle a été déposée, ne compteront pas pour l'intérêt. Lorsque la plainte a été déposée après le 15 de la lune, le mois pendant lequel la plainte a été faite comptera.

Pour une dette qui a plus de trois ans d'existence, on ne peut exiger, pour tous les intérêts, qu'une somme égale au capital : il n'est jamais permis de prendre davantage, quelque ancienne que soit la dette. Si le débiteur a payé un ou plusieurs mois d'intérêts de plus qu'il ne devait, la loi veut que ce qu'il a payé de plus soit retranché du capital : elle ne permet pas qu'on suive les inspirations d'un cœur cupide pour opprimer les pauvres. Les frais judiciaires sont par moitié à la charge du créancier et du débiteur.

Art. 15. — Lorsque, dans un billet qu'il s'est fait souscrire, un créancier a stipulé un intérêt plus élevé que celui qui est réglé par la loi, les juges, pour le punir de sa cupidité, le débouteront de tous les intérêts et ne lui feront payer que le capital par le débiteur. Un débiteur qui a payé le capital et qui ne doit plus que les intérêts de ce capital, ne paiera point l'intérêt de ces intérêts.

Si un créancier, par ruse, fait faire à un débiteur qui a déjà payé soit les intérêts, soit le capital, un nouveau billet à l'effet de prendre de nouveaux intérêts, il doit, d'après la loi, perdre et le capital et les intérêts stipulés dans ce nouveau billet, et être condamné à payer une somme égale à celle qui est portée sur le billet et à supporter seul tous les frais de procédure.

Art. 16. — Pour les prêts en nature, exigibles dans un an, l'intérêt ne peut être que de la moitié de ce qui a été prêté (pour une mesure de riz, on ne pourra en exiger qu'une demi-mesure.) Lorsque le prêt est fait pour deux ans, l'intérêt est égal à ce qui a été prêté (une mesure de riz donne, dans ce cas, droit à deux mesures).

Quel que soit le nombre d'années qui s'écoulent depuis celle où l'emprunt a été fait jusqu'au jour de son paiement, l'intérêt ne sera jamais plus fort que le capital (une mesure de riz au bout de dix ans ne peut donner droit qu'à une mesure d'intérêts).

Quiconque prend plus que la loi ne permet devra rendre le tout au débiteur (teang as) (1), et sera mis à une amende égale à la valeur du capital. Tous les frais judiciaires seront à sa charge.

Cependant, si le créancier a été obligé de recourir à la justice parce que le débiteur ne voulait pas payer ou le renvoyait de jour en jour, les frais du procès seront à la charge de ce dernier.

Si ce débiteur est pauvre, les frais judiciaires seront supportés par le créancier et le débiteur, par parties égales.

Art. 17. — Quiconque, à l'échéance d'une créance ou quelque temps après, sans recourir à la justice, pour éviter les frais judiciaires, se fait payer de sa propre initiative en prenant au débiteur soit des objets, soit des animaux, soit des esclaves, sera condamné, pour cet abus d'autorité, à rendre au débiteur ce qu'il lui a pris et à perdre sa créance ; de plus, il sera débouté de sa demande devant le tribunal.

---

(1) Le législateur ne dit pas ce qu'il entend par ces mots *teang as*, mais en s'en tenant à ce qui a été dit précédemment, il semble qu'il veut dire *l'intérêt et le capital*. (Note du traducteur.)

S'il a saisi soit la femme, soit les enfants, soit le frère ou la sœur du débiteur, il sera condamné à perdre sa créance, capital et intérêts, à payer une amende triple de la valeur de sa créance et à supporter les frais judiciaires.

ART. 18. — Lorsqu'un individu doit à un autre parce qu'ils ont bu, joué ou fumé l'opium ensemble, si celui qui est le créancier se paie lui-même en prenant de force des objets appartenant à son débiteur, la loi dit que personne ne doit s'en préoccuper, parce que ce créancier et ce débiteur sont des gens de rien. Néanmoins, le créancier ne peut saisir la femme ou les enfants du débiteur que dans le cas où cette femme et ces enfants auraient joué. S'il saisit cette femme et ces enfants qui n'ont point joué, il sera puni d'après le *Lakkhana amnach luong amnach montrey amnach reas;* mais la dette sera toujours exigible. Les frais de procédure sont à la charge du créancier qui a saisi la femme ou les enfants de son débiteur.

Si c'est un simple particulier qui a joué avec une personne revêtue d'une dignité quelconque, dans le cas où ce particulier se paierait en saisissant soit le bien, soit la femme, soit l'enfant de son débiteur, il n'est pas coupable, car ce dignitaire, en jouant ainsi, a jeté l'opprobre sur sa dignité et mérite d'être traité de cette manière par cet homme du peuple. Les frais judiciaires sont à la charge du dignitaire.

ART. 19. — Le débiteur qui maltraite, frappe, blesse ou perce son créancier qui vient lui réclamer une dette, sera puni d'après le *Lakkhana amnach luong amnach montrey amnach reas*, et sera obligé de payer le capital et les intérêts et de supporter tous les frais judiciaires.

Si ce créancier, ainsi maltraité par son débiteur, au lieu d'aller porter plainte au tribunal, suit sa nature irascible et insulte, maltraite son débiteur, la loi dit que ce créancier et ce débiteur sont des gens de rien, et que, par conséquent, la justice ne doit point s'occuper d'eux ni juger leur affaire. Le créancier qui frappe, perce son débiteur et lui fait des blessures, des meurtrissures, ou l'estropie, sera puni d'après le *Lakkhana amnach luong amnach montrey amnach reas*. La dette restera telle quelle et sera exigible. Les frais du procès seront à la charge du créancier.

ART. 20. — Si, dans un billet souscrit par un esclave du roi (pol), qui a emprunté de l'argent ou autre chose, il y a le nom des anciens de l'endroit, et si l'*ok luong* (chef des esclaves du roi qui sont dans la province) a reconnu la dette et s'est porté caution, le créancier pourra prendre la moitié des intérêts seulement. Mais si, dans ce billet, il n'y a pas le nom des anciens et si l'*ok luong* ne l'a pas apostillé comme caution, mais seulement comme en ayant eu connaissance, le créancier ne pourra prendre que le tiers de l'intérêt.

Si les anciens et l'*ok luong* n'ont eu connaissance ni de la dette ni du billet, le créancier ne pourra réclamer que le capital. Si cet esclave, qui a plusieurs créanciers auxquels il a souscrit des billets, se trouve dans l'impossibilité de payer ses dettes, on estimera son prix, puis on lui fera remise d'un tiers de son prix, parce qu'il est esclave du roi, et les deux autres tiers seront partagés entre les créanciers, au prorata de leurs créances. S'il ne peut pas se procurer les deux tiers de son prix, il deviendra esclave, pour ces deux tiers, de ses créanciers. Lorsque son tour d'aller servir le roi viendra, il ira faire sa corvée d'un ou de trois mois, puis, de retour chez lui, il travaillera pour les créanciers. Les frais judiciaires sont à la charge des créanciers.

Art. 21. — Si un débiteur qui a fait un billet refuse de payer son créancier, qui vient exiger sa créance, et apporte au tribunal ce qu'il avait emprunté ainsi que les intérêts, les juges le recevront et rendront au créancier l'intérêt et le capital. Les frais de procédure, le *khuat*, seront à la charge de ce débiteur qui, en outre, sera puni de vingt coups de rotin.

Art. 22. — Lorsqu'une personne, qui a emprunté de l'argent ou toute autre chose, pour n'avoir pas d'intérêt à payer, a donné à son créancier un esclave ou un animal pour gage, si le gage périt, le créancier ne pourra prendre l'intérêt qu'à compter du jour où ce gage a péri. Si le gage se perd, l'intérêt ne courra qu'à partir du jour de sa perte. Depuis le jour où le gage a été donné jusqu'au moment où il a péri ou s'est perdu, le créancier ne pourra pas prendre l'intérêt. De plus, on défalquera du capital le prix de l'esclave ou de l'animal qui était en gage, et le créancier ne pourra prendre l'intérêt que du capital diminué de ce prix. Les frais du procès seront à la charge des deux parties, par moitié.

ART. 23. — Lorsque deux, trois ou plusieurs personnes ont fait un emprunt et souscrit un billet au prêteur, si elles veulent, pour ne pas avoir d'intérêt à payer, s'engager à travailler pour le créancier, la loi le leur accorde, à condition que le prêteur y consente. Dans ce cas, si ces personnes, en dehors d'une absence ou d'une maladie grave, ne travaillent pas pour le prêteur : 1º lorsqu'il est gravement malade et qu'il a besoin de bras étrangers pour se lever et se coucher (luc dac); 2º lorsqu'il se marie; 3º lorsque son père ou sa mère se remarie; 4º lorsqu'il marie ses enfants ou petits-enfants; 5º lorsqu'il marie ses frères ou ses sœurs; 6º lorsqu'il démolit sa maison pour la rebâtir; 7º lorsque la saison de faire ses rizières ou ses plantations est arrivée, et 8º lorsqu'il fait un service religieux solennel (th.. bản thờn), la loi les condamne à payer l'intérêt, au taux fixé, pour tous les jours où elles n'ont pas travaillé. Les frais judiciaires sont à la charge des personnes qui ont emprunté.

Ce qui vient d'être dit de plusieurs personnes qui ont emprunté et se sont engagées à travailler pour le prêteur, s'applique aussi à une seule. En dehors des cas énumérés, les personnes qui ont emprunté sont libres d'aider ou de ne pas aider le prêteur dans les travaux qu'il a à faire, sans crainte d'avoir à payer les intérêts si elles ne l'aident pas. Si un étranger fait fuir, tue ou perce une des personnes qui ont emprunté et qui se sont engagées à travailler pour le prêteur, il sera condamné à l'amende, selon la loi, au bénéfice du créancier, qui devra défalquer du capital une somme égale à cette amende.

Tous les codébiteurs profiteront, selon leur âge, leurs forces et leur sexe, de cette déduction.

Si c'est un des codébiteurs ou la caution qui a porté plainte contre l'agresseur qui a fait fuir, tué ou percé un des codébiteurs, l'amende sera pour eux, mais on ne la défalquera pas du capital, qui restera tel quel.

Si tous les codébiteurs ont disparu et qu'il ne reste que la caution, elle sera condamnée à payer l'intérêt et le capital, mais elle sera indemnisée par l'amende qui, dans ce cas, lui revient intégralement. Les frais de justice sont tous à la charge de celui qui a fait fuir ou tué ce débiteur.

ART. 24. — Si un homme a prêté à une femme qui lui a fait un billet, et si, après avoir cohabité avec elle ou l'avoir connue, il y a séparation soit parce qu'il ne l'aime plus, soit parce qu'elle ne l'aime plus, il ne pourra réclamer à cette femme que le capital, sans intérêts.

Si, avant leur séparation, ils ont eu un enfant, cet homme ne pourra réclamer ni intérêts, ni capital à cette femme.

Une femme qui a prêté à un homme et qui a cohabité ensuite avec lui, ne pourra réclamer de son débiteur ni capital ni intérêt si, sans aucune faute de la part du débiteur, elle se sépare de lui.

Mais si son débiteur s'est montré méchant et d'un mauvais cœur envers cette femme, ou s'il s'est rendu coupable envers elle, cette femme peut réclamer le capital, mais elle ne peut exiger les intérêts. S'ils ont eu des enfants avant leur séparation quand même elle aurait eu lieu parce que ce débiteur s'est montré méchant et s'est rendu coupable envers sa créancière, elle ne peut réclamer ni capital ni intérêts. Le débiteur et la créancière supporteront les frais judiciaires, par parties égales.

ART. 25. — Si un client, qui doit aller dans un lieu éloigné pour le service du roi, a emprunté avant son départ de l'argent à son patron, celui-ci ne pourra lui réclamer, à son retour, que le capital. Cependant si, après son retour, ce client laisse s'écouler un an avant de payer sa dette, il sera tenu de payer l'intérêt pour le temps écoulé depuis son retour jusqu'au jour du paiement.

Un client qui a prêté de l'argent à son patron partant pour faire un voyage, ne pourra, au retour de son patron, réclamer que le capital. Si, après ce retour, ce patron laisse passer six mois avant de payer, il paiera l'intérêt pour ces six mois. Si un patron, qui part pour faire un voyage, emprunte à un autre patron, ou si un client, qui va faire un voyage, emprunte à un autre client, le débiteur, de retour chez lui, paiera le capital sans intérêts. Si, après son retour, le débiteur laisse s'écouler un long laps de temps avant de payer, l'intérêt courra à partir de ce retard. Les frais de procès sont à la charge de celui qui le perd.

Art. 26. — Lorsqu'un débiteur, qui vient faire un paiement, se contente de mentionner sur le dos du billet la somme qu'il a versée, sans dire s'il paie les intérêts ou donne un à-compte du capital, le tribunal portera la moitié de la somme versée sur les intérêts et l'autre comme à-compte, et diminuera le capital de la moitié de la somme versée. A partir de ce versement, le créancier ne prendra les intérêts que de la partie du capital qui reste à payer. Les frais judiciaires seront à la charge des deux parties, par moitié.

Art. 27. — Si un créancier, qui avait d'abord consenti à prêter sans intérêts, change, quelque temps après, d'avis et se les fait payer, il sera condamné à restituer au débiteur tout ce qu'il a reçu de lui comme intérêts. Le capital sera payé intégralement au créancier, qui aura à supporter tous les frais judiciaires.

Art. 28. — Si un débiteur, qui a fixé une échéance pour faire le paiement de sa dette, à l'échéance n'accomplit pas sa promesse, sur la plainte du créancier, le tribunal examinera l'affaire. Si ce débiteur nécessiteux a promis de payer sa dette sans tarder, à l'échéance, afin de trouver quelqu'un qui consentît à lui prêter, et s'il est réellement pauvre, on ne le condamnera pas pour avoir manqué à sa promesse.

Art. 29. — Tout débiteur qui livre à son créancier un objet comme gage pour sa dette, ne sera pas tenu de fournir une caution parce que le gage tient lieu de caution; mais il sera obligé de payer l'intérêt fixé par la loi. Si l'objet donné en gage périt ou se perd, parce que le créancier s'en est servi, il ne pourra réclamer ni intérêts ni capital à son débiteur. Mais si cet objet périt par cas de force majeure, s'il se perd en même temps que beaucoup de choses appartenant au créancier, s'il est volé, s'il périt dans un naufrage ou dans un incendie, le créancier pourra prendre l'intérêt de son argent depuis le jour où il l'a prêté jusqu'à celui où il a déposé sa plainte au tribunal. Les frais judiciaires sont, par parties égales, à la charge du créancier et du débiteur.

Art. 30. — Si un billet, souscrit par un débiteur, périt soit dans un incendie, soit dans un naufrage, soit dans une invasion des ennemis, ou est volé, le propriétaire de ce billet doit immédiatement prévenir le maire de l'endroit ou le chef du village et les habitants, afin qu'on connaisse cette perte, le nom du débiteur et la manière dont le billet a été perdu. Après, il fera des recherches pour trouver celui qui a souscrit ce billet et la caution, afin de le leur faire refaire. S'il ne trouve que l'un d'eux, il fera refaire le billet par celui qu'il a trouvé le premier; ensuite, lorsqu'il pourra trouver l'autre, il le lui fera signer, ou bien il lui en fera faire un second.

Si le débiteur et le créancier ne sont pas d'accord sur l'époque de l'emprunt et la date du billet qui a péri et ont recours à la justice, le tribunal interrogera successivement le créancier et le débiteur, puis divisera la différence des deux dates données par eux en deux parties égales, et condamnera le débiteur à payer l'intérêt pour une de ces parties et le créancier à perdre l'autre (si la différence des deux dates est d'un an, le débiteur paiera six mois d'intérêts). Ainsi, l'intérêt à payer par le débiteur sera compté à partir de la date donnée par lui, plus la moitié de la différence de cette date avec celle que le créancier a donnée au tribunal, jusqu'au jour où l'affaire a été déférée à la justice; si le débiteur prétend qu'il n'y a qu'un an qu'il a emprunté, tandis que le créancier assure qu'il y en a deux, le débiteur sera condamné à payer dix-huit mois d'intérêts. Le capital sera intégralement payé au créancier. Les frais judiciaires seront, par moitié, à la charge du créancier et du débiteur. Si le débiteur et le créancier sont en dispute sur l'existence de la dette, que l'un nie et l'autre affirme et que tous ceux qui en avaient eu connaissance et qui auraient pu être appelés en témoignage soient morts, la loi ordonne de déférer le serment au créancier. S'il affirme, sous la foi du serment, l'existence de la dette, le créancier sera condamné à payer le capital sans intérêts.

VIII. — DU TÉMOIGNAGE. — DES TÉMOINS. (SACH KEDEY LAKKHANA. — SACSEY.)

AVERTISSEMENT. — Il n'y a que ceux qui ont vu ou entendu et qui se souviennent de ce qu'ils ont vu ou entendu qui puissent être cités ou admis comme témoins. Comme, d'après la loi, on ne pourrait point obliger des personnes qui avaient vu ou connu l'affaire portée au tribunal à servir de témoins, si elles s'y refusaient, sur la plainte du mandarin Coddorach, membre de la commission nommée pour réviser le code, Sa Majesté a dit : « Que les juges doivent, en inspirant la crainte « par leur autorité, les amener à parler lorsque la justice les « interroge. »

ARTICLE PREMIER. — Ceux qui sont appelés à rendre la justice, à juger les affaires doivent avoir le cœur droit et l'intelligence éclairée : ils doivent aussi avoir toujours présentes à leur mémoire les peines qu'ils peuvent encourir en ce monde et dans la vie future. Leur devoir les oblige à bien examiner les affaires qu'ils ont à juger, afin de ne pas juger selon leurs caprices. Les livres sacrés *Prat homma sat* et *Reach sat*, doivent leur servir de règle de conduite.

Lorsqu'ils ont à examiner une affaire, ils ne doivent pas causer à haute voix de choses étrangères à cette affaire : mais surtout ils doivent être en garde contre la cupidité.

En mettant en pratique ce qui vient d'être dit, ils se rendront dignes de leurs fonctions et du nom de juges.

Lorsqu'ils auront des doutes sur une affaire, si un homme instruit et d'une haute intelligence leur fait quelque observation juste et raisonnable, ils doivent l'écouter : les convenances le demandent.

Lorsqu'il s'agira de citer comme témoins les *Reach trecol,* les *Pream trecol,* les *Pet trecol,* les *Sot trecol* et les *Hen trecol,* le tribunal examinera s'il est convenable de le faire, vu que toutes ces personnes ont des rapports avec la famille royale, soit par consanguinité, soit par alliance, soit par leurs fonctions.

Il y a six classes de personnes dont le témoignage a une grande valeur :

1° Celles qui sont riches ;
2° Celles qui ont une nombreuse famille ;
3° Celles qui se font remarquer par leur bonté ;
4° Celles qui sont réputées comme pratiquant la vertu ;
5° Celles qui sont d'extraction illustre ;
6° Celles qui se font remarquer par leur générosité.

Il y a trente-trois sortes d'individus, dont il ne convient pas de recevoir le témoignage en justice :

1º Ceux qui ne pratiquent pas la vertu (mun can sel pram sel pram bey) ;

2º Les débiteurs des parties qui plaident ;

3º Ceux qui sont en relations d'affaires avec les personnes qui plaident ;

4º Les personnes connues pour leur méchanceté ;

5º Ceux qui ont de la haine contre les personnes qui sont en procès avec elles ou qui leur gardent rancune ;

6º Les personnes qui ont beaucoup d'infirmités ;

7º Les enfants âgés de moins de 7 ans ;

8º Les vieillards qui ont plus de 70 ans ;

9º Les médisants, les fourbes ;

10º Les histrions et les comédiens de profession ;

11º Les personnes qui vont chanter de porte en porte pour gagner leur vie ;

12º Les vagabonds ;

13º Les mendiants de profession ;

14º Les sourds ;

15º Les aveugles ;

16º Les filles publiques ;

17º Les femmes de mauvaise vie ;

18º Les femmes enceintes ;

19º Les hermaphrodites ;

20º Les eunuques ;

21º Les père et mère des plaideurs ;

22º Les hommes pervers ;

23º Les médecins de profession qui n'étudient pas les livres sacrés ;

24º Les cordonniers de profession ;

25º Les chasseurs de profession ;

26º Les joueurs de profession ;

27º Les voleurs ;

28° Les individus connus pour leur avarice ou leur cupidité ;
29° Les esclaves (1).

ART. 2. — Lorsqu'une personne qui a un procès invoque le
témoignage d'un bonze en sa faveur, le tribunal doit examiner
si celui dont elle invoque le témoignage est équipé comme doit
l'être tout bonze, c'est-à-dire s'il a sa case, son manteau jaune,
son sarrau jaune, sa besace, son couteau, son éguillier, son
valapan et une serviette. S'il lui manque un seul de ces objets,
sa déposition doit être reçue comme renseignement, mais non
comme témoignage. Lorsqu'on invoque le témoignage d'un élève
des bonzes, le tribunal doit aussi examiner s'il a l'équipement
nécessaire à son état. Dans le cas où il lui manquerait un seul
article, sa déposition n'aura de valeur que comme renseignement : elle ne pourra pas servir comme témoignage.

ART. 3. — Si des personnes qui habitent ou dorment dans le
même lieu, ou des personnes qui vont et viennent ou voyagent
ensemble ont un procès entre elles, les étrangers qui les ont
vues de leurs yeux ou entendues de leurs oreilles, peuvent servir
de témoins.

Ceux qui n'ont connu leur affaire que par le rapport qu'on
leur en a fait après coup, ne peuvent pas être cités comme
témoins ; ceux qui sont loin, qu'on ne peut faire venir ni aller
interroger ; ceux par lesquels une des parties a connu l'affaire
pour laquelle elle a intenté ce procès ; ceux auxquels on n'a
fait connaître l'affaire qu'après leur avoir donné de l'argent ou
des objets, ne peuvent pas servir de témoins, parce que les
juges ne peuvent pas ajouter foi à leur parole et ne peuvent
pas, par cela même, juger ce procès d'après leur témoignage.

ART. 4. — Si, dans une maison, il y a des disputes, ou s'il
y arrive quelque affaire, les personnes des maisons voisines
peuvent être citées comme témoins. Si des voyageurs ont quelque affaire entre eux, ceux qui font voyage avec eux peuvent
être cités comme témoins. Lorsque des personnes, qui sont dans

---

(1) Quatre catégories de personnes inaptes à témoigner en justice sont
omises dans cette nomenclature. Le traducteur ajoute que viennent à la suite
une énumération des qualités qui doivent distinguer un témoin, puis une
exhortation faite aux juges de bien veiller à la valeur des témoignages.

la même barque ou dans le même navire, ont une affaire entre elles, ceux qui étaient dans cette barque ou dans ce navire, au moment où l'affaire a eu lieu, sont témoins. Lorsque des personnes, qui se rendent dans une pagode ou dans un endroit quelconque pour faire de bonnes œuvres, ont une affaire entre elles, ceux qui y allaient en même temps qu'elles sont témoins. Si des personnes, dans un marché, se disputent et ont un procès entre elles, les personnes de ce marché seront citées comme témoins. Si deux individus qui vont ensemble dans une forêt se disputent, se battent, etc., la justice citera les chasseurs de cette forêt comme témoins, et invoquera le témoignage des morts qui y sont.

Lorsqu'une des parties invoque le témoignage de personnes qui ont vu ou entendu, et qui se souviennent de ce qu'elles ont vu ou entendu, pendant que l'autre veut en venir à l'épreuve, le plaideur qui a des témoins pour lui gagne son procès si les dépositions de ces témoins sont conformes à ce qui est dit devant le tribunal.

Lorsque des joueurs ont une affaire à propos du jeu, le maître du jeu et les autres joueurs serviront de témoins. Si des ouvriers, qui travaillent ensemble, ont une affaire entre eux, celui qui est chargé de surveiller (mi car) et les autres ouvriers serviront de témoins.

Note du traducteur. — *A la fin de cet article, qui se résume dans ces paroles : « Ceux qui ont vu ou entendu, et qui se souviennent de ce qu'ils ont vu ou entendu, peuvent servir de témoins », le législateur dit que les juges, avant de recevoir les dépositions des témoins, doivent exiger d'eux le serment.*

Le code cambodgien classe les témoins selon l'importance qu'il donne à leur témoignage. La première classe (tip sacsey) comprend vingt-sept catégories ; la deuxième (odor sacsey) en comprend sept ; la troisième en comprend trente-trois, etc., etc.

Comme, dans la pratique, toutes ces classifications ne sont nullement suivies, même au Cambodge, j'ai jugé inutile de m'y arrêter. Qu'il suffise de savoir que, d'après ce que j'ai vu ou entendu, pendant plus de vingt-cinq ans que j'ai habité ce pays, aucun tribunal n'a fait difficulté pour recevoir le témoignage des personnes que les plaideurs citaient comme témoins à charge ou

*à décharge. Tout ce qu'on exige des témoins, c'est qu'ils prêtent
serment.*

ART. 5. — La sentence du tribunal doit être en faveur de la
partie qui a des témoins d'une classe supérieure, à moins que
la partie adverse n'ait pour elle un plus grand nombre de témoins.
Dans ce cas, les juges doivent examiner et voir de quel côté se
trouve la plus grande valeur du témoignage (1).

ART. 9. — Lorsque les deux parties se seront engagées par
écrit à s'en tenir au jugement qui sera prononcé, d'après les
dépositions des témoins, le juge d'instruction, après avoir fait
le résumé de l'affaire, annoncera que, puisque les deux parties
consentent à ce que les témoins soient entendus, on va entendre
leurs dépositions. Il avertira les témoins qu'ils doivent, sans
égard pour qui que ce soit, dire tout ce qu'ils ont vu ou entendu,
concernant l'affaire en litige, et tout ce dont ils se souviennent.
Après cela, un des juges ira avec les témoins et les deux parties
dans un lieu convenable pour entendre leurs dépositions. En se
rendant du tribunal au lieu où les témoins doivent prêter serment
et faire leurs dépositions, les deux parties et les témoins ne
doivent point se parler. Après la prestation du serment, lorsqu'ils retourneront au tribunal, ils doivent aussi éviter de se
parler. S'il y a contravention sur ce point, si une des parties
parle aux témoins de l'affaire en litige et cherche à se les rendre
favorables, elle perd sa cause par le fait même de son bavar-
dage. Quant aux témoins qui prêteraient l'oreille aux paroles
d'une des parties qui veut les suborner, ils seront condamnés à
une amende *tum bonda sac* (voir *Lakkana crom chor)*, et leur
témoignage sera frappé de nullité; on ne devra pas même les
interroger.

ART. 10. — D'après les livres sacrés, ceux qui sont chargés

---

(1) Le traducteur a cru devoir omettre : l'article 6, parce qu'il ne traite que
du mode d'application de la règle établie dans l'article 5; — l'article 7, parce
qu'il ne fait que donner la manière de faire, dans l'exposé et le contre-exposé
par écrit d'une affaire, le choix des points sur lesquels on doit interroger les
témoins, — et l'article 8, parce qu'il n'enseigne que la manière dont les parties
doivent s'engager par écrit à perdre ou à gagner le procès, selon que les dépositions des témoins, sur les points choisis d'avance, leur sont favorables ou
défavorables.

par le tribunal, soit de faire le choix des points capitaux de l'exposé de l'affaire fait par l'accusateur ou le demandeur, soit de faire prêter serment aux témoins et de prendre leurs dépositions, doivent être des personnes vertueuses (can sel pram sel pram bey).

Au moment où les témoins doivent prêter serment, en présence des parties, devant le *Tiparac* (esprit, génie), on allume cinq petits cierges et cinq bâtonnets odoriférants. Puis, l'officier de justice dit : « Si, moi, serviteur de *Samana Cudom*, qui « suis chargé d'amener les témoins, afin qu'ils prêtent, en pré- « sence des deux parties, serment devant le *Tiparac* qui habite « en ces lieux, je ne remplis pas mon emploi avec un cœur « sincère et pur, comme ma religion me le commande ; si je « n'interroge pas selon la vérité, comme j'y suis obligé par « ma charge, que jamais, après cette vie, en quelque endroit « que je renaisse, je ne puisse avoir le bonheur de jouir de la « présence du *Prapot* (Somana Cudom), du *Pra thor* (sainte « prière) et des *Pra sang* (bonzes). » C'est la plus terrible imprécation, c'est se vouer aux plus grands malheurs.

Après cela, il conduit les deux parties et les témoins devant le *Tiparac*, auquel ils offrent ce qui est prescrit par l'usage. Cela fait, l'officier de justice, s'adressant au *Tiparac*, dit : « Les « juges, ne sachant comment juger l'affaire et à qui donner « gain de cause, vous envoient les deux parties, parce que votre « puissance est grande et que votre connaissance est surnatu- « relle, et vous demandent de décider cette affaire selon la « justice. Que celui qui n'est pas juste périsse ou soit accablé « de malheurs dès cette vie ; que celui qui est juste soit « heureux, qu'il prospère en toute chose dès cette vie, afin que « nos yeux le voient. » Immédiatement après, il lit ou fait lire devant le *Tiparac* l'écrit qui renferme le résumé de l'affaire et la formule du serment, qui renferme une invocation aux génies, et prend note du jour et du mois. Alors, il commence à poser les questions aux témoins sur les points capitaux qui ont été choisis.

Il demande à chacun d'eux, en particulier, s'il a eu connaissance de l'affaire en litige, s'il a vu ou s'il a entendu ; s'il se souvient bien de ce qu'il a vu ou entendu. S'il répond qu'il en a eu connaissance, il lui demandera s'il sait réellement l'affaire, si elle s'est passée comme elle est exposée dans le résumé qui en a été fait. Si c'est un témoin auriculaire qu'il interroge, s'il a bien entendu ; si ce qu'il a entendu est conforme au résumé qui a été fait de l'affaire. Si c'est un témoin oculaire qui est interrogé, il lui demandera si l'affaire s'est véritablement passée comme elle est exposée dans le résumé qui en a été fait.

Le témoin doit répondre exactement à chaque question qui lui est posée ; ses réponses doivent être courtes et claires ; elles doivent autant que possible se résumer dans quelques mots ou se borner à une affirmation ou une négation. L'audition des témoins terminée, celui qui a fait les interrogations doit écrire fidèlement les dépositions et demander à chaque témoin de signer sa propre déposition. Lorsqu'un mandarin sert de témoin, il doit apposer son sceau sur sa déposition. Après cela, l'officier de justice reconduit les parties et les témoins au tribunal, auquel il livre les dépositions écrites, afin qu'il juge selon la loi.

Art. 11. — Lorsqu'un bonze, qui observe bien sa règle et qui a tout l'équipement requis, est cité comme témoin, on ne lui fait pas prêter serment. On lit devant lui les points où, d'après les deux parties, se trouve le nœud de l'affaire, et dès qu'on arrive au fait ou au passage qui est en contestation entre les deux parties, on s'arrête et on examine le bonze, qui ne dit mot, mais se borne à placer sa besace de telle ou telle manière. S'il l'abaisse, c'est un signe négatif ; s'il se la passe au cou, c'est un signe affirmatif ; s'il l'éloigne de lui, c'est un doute qu'il exprime. C'est d'après ces signes que le tribunal connaît la valeur de sa déposition, juge si son témoignage est pour ou contre celui qui l'a invoqué, s'il lui est favorable ou contraire.

Quant aux bonzes qui ne suivent pas en tous points leur règle et qui n'ont pas tout l'équipement qu'ils doivent avoir, ils ne peuvent pas être cités comme témoins.

Art. 12. — Cet article n'est qu'une répétition du précédent, avec la différence que dans l'un il s'agit du témoignage d'un bonze, et dans l'autre du témoignage d'un élève de bonze. (Note du traducteur.)

Art. 13. — Le tribunal doit recevoir la déposition, soit d'une personne qui fait profession de pratiquer la vertu (can sel) et qui a un vêtement particulier ; soit celle d'un *pream,* soit celle d'un docteur (achar), soit celle des mandarins de deuxième ou troisième rang (pir pon, bey pon), comme celle d'un homme du peuple. Mais, lorsqu'il aura à recevoir les dépositions de mandarins du quatrième rang et au-dessus, il ne fera pas faire la lecture de la formule du serment (Sacha pra nitam), parce que le témoin doit prononcer lui-même la formule suivante en s'adressant au *Tiparac :* « Moi, Seigneur, je dirai la vérité avec sincérité et « pureté de cœur ; si je ne dis pas la vérité, que j'encoure toutes « les peines énumérées dans le *Sacha pra nitam* et que tous les « malheurs m'accablent dès cette vie. Si, au contraire, je dis la « vérité, répandez sur moi toutes vos bénédictions et faites que « toutes les prospérités renfermées dans le *Sacha pra nitam* « m'arrivent. » Lorsqu'il aura prononcé ces paroles, l'officier de justice l'interrogera et écrira sa déposition, qui doit porter le sceau de celui qui l'a faite. Cette déposition sera remise au tribunal qui doit examiner l'affaire et la juger.

ART. 14. — Tout témoin qui, dans le laps de temps de trois ou de sept jours, après avoir prêté serment, éprouve un des sept malheurs suivants, savoir : 1° si sa maison ou sa barque est consumée par le feu ; 2° s'il fait naufrage ; 3° s'il encourt la disgrâce du roi ; 4° s'il est tué ou blessé par un animal féroce ; 5° s'il est réduit à n'avoir rien à manger ; 6° si les morts le tourmentent ; 7° s'il meurt, est considéré comme parjure ; par conséquent, celui qui l'a invoqué comme témoin perd son procès.

ART. 15. — Si une personne, dont le témoignage est invoqué par les deux parties ou seulement par l'une d'elles, dit qu'elle n'a connu de l'affaire en litige que ce que lui a rapporté une des parties qui l'ont citée, elle sera citée comme témoin *asa :* les deux parties qui l'ont citée comme témoin oculaire ou auriculaire seront mises à une amende de six *tomlong* chacune (17 francs). Le tribunal, sur la déposition (regardée seulement comme renseignement) de ce témoin, ne peut prononcer un jugement ; il continuera à examiner l'affaire en litige. Chaque fois que les deux parties citeront, comme témoins oculaires ou auriculaires, des personnes différentes, qui n'ont connu l'affaire que par ouï dire, elles seront punies d'une amende de six *tomlong* chacune, et l'instruction du procès continuera.

Si une seule des deux parties a cité, comme témoins oculaires ou auriculaires, des personnes qui affirment n'avoir connu l'affaire en litige que par ouï dire, d'après la loi le témoignage de ces personnes ne peut point faire foi.

ART. 16. — Lorsque l'une des parties a des témoins et que l'autre demande qu'on en vienne à l'épreuve, le tribunal doit faire en sorte de découvrir des témoins pour la partie qui demande l'épreuve. S'il ne peut pas en trouver, il examinera l'affaire sur l'exposé par écrit qui en a été fait, pour voir s'il ne pourrait pas la juger d'après l'exposé. S'il s'agit d'une affaire grave, il devra examiner, d'après le livre sacré *Entocas*, s'il doit permettre l'épreuve ou s'il doit faire parler les témoins pour prononcer un jugement selon la justice (1).

ART. 17. — Lorsque des personnes ont un procès et qu'il n'y pas de témoins, le tribunal fera prêter serment aux deux parties et les retiendra, après la prestation du serment, pendant trois jours. Si, pendant ces trois jours, aucune des parties n'éprouve un des sept malheurs énumérés dans l'article 14, elles se retireront, c'est-à-dire que personne ne perdra ni ne gagnera son procès. Mais si l'une des parties éprouve un de ces malheurs, celle-là perdra son procès.

ART. 18. — Lorsque les dépositions des personnes, dont une des parties a invoqué le témoignage, sont défavorables à cette partie même, elle doit être condamnée, quand même elle accuserait ces personnes de s'être laissé suborner ou demanderait l'épreuve. La loi est formelle à cet égard.

ART. 19. — Lorsque, dans son exposé par écrit d'une affaire litigieuse, une des parties nomme des témoins, si l'officier du tribunal, qui va avec cette partie pour citer ces témoins, ne peut pas les trouver, cette partie sera punie d'une amende de six *tomlong* (17 francs), puis le tribunal continuera l'instruction et jugera comme si ces témoins n'avaient jamais existé.

Quiconque, dans un procès, a dit au tribunal qu'il a un écrit qui porte un sceau, sera condamné à une amende de six *tomlong* si, envoyé par les juges pour chercher cet écrit, il ne le trouve pas, ou s'il apporte un écrit qui n'a aucun rapport avec l'affaire qu'il s'agit de juger.

---

(1) Cet article est en contradiction avec l'article 4. (Note du traducteur.)

Art. 20. — Lorsqu'une des parties apporte au tribunal un écrit dont la partie adverse admet l'existence, mais dont elle conteste les ratures et les mots écrits dans les interlignes qui s'y trouvent, le tribunal examinera l'écriture de ces mots et la comparera avec celle de l'écrit, pour savoir si elle est la même ou non. Puis, ils feront venir celui qui a fait l'office de secrétaire et qui a fait cet écrit. S'il n'y a pas eu de secrétaire ou si on ne peut le trouver, d'après la loi c'est comme s'il n'y avait pas de témoins. Par conséquent, les juges feront tirer les deux parties au sort en leur faisant tirer des billets dans l'eau, ou leur feront prêter serment, selon qu'ils jugeront à propos.

S'ils leur font prêter serment, ils les retiendront trois jours pour voir si l'une d'elle éprouve, pendant ces trois jours, un des accidents fâcheux énumérés dans l'article 14. Ces trois jours passés, le tribunal jugera d'après ce qui est prescrit par cet article.

Art. 21. — Lorsqu'une des parties soutient que l'écrit invoqué par la partie adverse devant le tribunal n'est pas de son écriture, et que le secrétaire l'affirme également, le tribunal doit tâcher de se procurer une autre pièce, sur une autre matière, de la partie ou du secrétaire qui soutient que ce n'est point son écriture, pour comparer l'écriture des deux pièces. S'il ne peut pas en trouver, il doit les faire écrire sous ses yeux afin de pouvoir comparer leur écriture avec celle de cet écrit. Si l'expert chargé de faire la comparaison des caractères des deux écrits déclare que l'écriture est la même, le tribunal peut ajouter foi à sa parole.

Art. 22. — Lorsqu'une des parties affirme que le sceau apposé sur l'écrit qu'elle présente au tribunal, est celui de la partie adverse, et si la partie adverse nie, le tribunal doit remettre l'écrit à un officier de la cour, afin qu'il le compare avec l'empreinte du sceau de la personne qui nie, et puisse servir de témoin. Si cet officier n'a pas le sceau pour pouvoir faire la comparaison, on fera porter l'écrit au patron ou au chef de celui qui est supposé avoir imprimé ce sceau sur cet écrit, afin qu'il puisse le comparer et servir de témoin.

Si les deux empreintes sont différentes, c'est, d'après la loi, comme s'il n'y avait pas de témoins, et les deux parties doivent être soumises à l'épreuve.

Lorsqu'une contestation s'élève sur la signature d'un écrit qu'une des parties attribue à la partie adverse, et que celle-ci refuse de reconnaître, le tribunal fera placer sur le papier l'index de la main gauche de celui qui nie l'identité de cette signature, pour la vérifier (1), et si elle concorde, il prononcera que cette signature est bien celle de celui qui n'a pas voulu la reconnaître pour la sienne.

Si elle n'est pas conforme, elle est déclarée fausse. Si la partie adverse admet l'écrit, mais prétend qu'il y a fraude, qu'elle l'a retiré, que déjà elle a rendu tout cè dont l'écrit fait mention, qu'elle a satisfait à toutes les obligations auxquelles elle s'était engagée, etc., etc., le tribunal fera des recherches pour trouver la personne qui a fait les fonctions de secrétaire pour rédiger cet écrit et lui ordonnera d'écrire, à l'effet de comparer son écriture avec celle de l'écrit, et de juger si c'est oui ou non son écriture. Si, au jugement de l'expert qui est chargé de faire la comparaison, elle est la même, l'écrit servira de pièce de conviction pour le jugement à rendre.

Si le tribunal ne peut pas trouver ce secrétaire ou s'il n'y en a pas, il fera en sorte d'avoir un témoin ; à défaut de témoin, il soumettra les deux parties à l'épreuve.

Art. 23. — Lorsque des individus se sont battus dans un lieu solitaire, sans témoins, le tribunal examinera l'affaire en toute justice. S'il veut considérer les meurtrissures ou les blessures comme preuve suffisante, ou s'il veut faire prêter serment devant le *Tiparac*, c'est à son choix.

Art. 24. — Quand, dans leur *peac* (résumé ou exposé de l'affaire), les deux parties disent qu'elles ont des témoins, elles ne doivent point les nommer ; elles doivent simplement dire : « Lorsque l'affaire a eu lieu, lorsque nous nous sommes dis-« putés, il y avait des témoins, des personnes qui ont entendu « et qui s'en souviennent. Ces personnes sont au nombre de... » Lorsque le nom des témoins se trouve dans l'exposé de l'affaire par les parties, le tribunal doit faire comparaître ces témoins le jour même où les deux parties lui ont remis leur *peac* ; sinon,

---

(1) On a indiqué plus haut la manière de signer un écrit. (Voir le *Lakkhana crom chor.)* (Note du traducteur.)

ils deviennent, par le fait, témoins *asa* (c'est-à-dire que leur témoignage n'aura de valeur que comme renseignements). Cependant, si les témoins nommés dans l'exposé et le contre-exposé de l'affaire par les parties, sont des bonzes ou des élèves de bonzes, leur témoignage ne perd pas de sa valeur : ils peuvent servir de témoins.

Dès que le tribunal a décidé que les témoins doivent être cités pour faire leurs dépositions le jour même où il a pris cette décision, il se fera donner le nom des témoins qu'un officier du tribunal ira citer, conjointement avec les deux parties. Les deux parties doivent rester ensemble pendant trois jours, afin de réfléchir : si l'une d'elles veut faire des observations sur les témoins, elle peut les faire, et le tribunal les examinera et les pèsera. Si elles sont justes et suffisantes pour faire rejeter un témoin, celui-ci sera éloigné, puis on procédera à l'audition des témoins, sans attendre plus longtemps.

ART. 25. — Lorsque les personnes, dont le témoignage est invoqué par les deux parties, parlent en faveur de l'une et de l'autre, le tribunal ne pourra prononcer un jugement en faveur d'aucune partie, quand même l'une d'elles aurait des témoins d'une importance supérieure ; il devra procéder à l'épreuve. Si, dans l'épreuve, il n'y a ni vainqueur ni vaincu, le tribunal ne peut prononcer en faveur ni de l'une ni de l'autre des parties, et l'affaire en restera là.

Si, dans une affaire où il n'y a qu'un point en litige, les personnes dont le témoignage a été invoqué par l'une des parties ne s'accordent pas, font des dépositions contraires, d'après la loi leur témoignage doit être rejeté.

S'il s'agit d'une affaire criminelle, si le crime est de la cinquième catégorie (lohutùs), le tribunal examine à laquelle des deux parties il doit déférer le serment, pour pouvoir prononcer sa sentence.

Lorsque deux témoins sont d'accord sur les points importants d'une affaire, leur témoignage l'emporte sur celui d'un témoin qui est en désaccord sur ces points, mais qui s'accorde avec eux sur des circonstances d'une moindre importance, et fait pencher la balance en faveur de celui qui a invoqué leur témoignage.

Art. 26. — Si les deux parties disent qu'elles n'ont pas de témoins parce qu'ils sont morts ou parce qu'ils sont trop loin pour les faire venir, le tribunal citera un témoin étranger aux deux parties (*sacsey condal*), qui pourra, par son témoignage, trancher la difficulté. Si, dans sa déposition, ce *sacsey condal* affirme qu'il y a d'autres personnes qui ont eu connaissance de l'affaire en litige, qui en ont entendu parler, ces personnes seront citées et leurs dépositions seront entendues. Si elles s'accordent avec la déposition du *sacsey condal*, c'est une preuve que ces témoins disent la vérité, et leur témoignage sera reçu. Mais si les dépositions des personnes citées en dernier lieu ne s'accordent pas avec celle du premier témoin, toutes ces dépositions seront rejetées comme nulles et les deux parties seront soumises à l'épreuve.

Art. 27. — Lorsqu'il n'y a qu'un seul témoin, si sa déposition est favorable aux deux parties sur des points qui ne sont pas d'une égale importance, dans le cas où la partie à laquelle son témoignage est moins favorable demanderait d'être soumise à l'épreuve avec ce témoin, le tribunal doit y consentir, pourvu que la partie, à laquelle le témoignage est plus favorable, y consente elle-même. Le résultat de l'épreuve, si elle a lieu, fera connaître la vérité, et la sentence qui sera prononcée sera équitable et conforme à la loi.

IX. — DES ÉPREUVES JUDICIAIRES.

Article premier. — Ces épreuves sont au nombre de sept, savoir :

1º Celle de l'étain fondu ;

2º Celle du serment ;

3º Celle du feu ;

4º Celle qui consiste à faire plonger les deux adversaires ;

5º Celle qui consiste à faire nager contre courant les deux adversaires ;

6° Celle qui consiste à faire traverser, à la nage, un cours d'eau aux deux adversaires ;

7° Celle des cierges allumés.

Dès qu'il aura été décidé que les parties adverses doivent être soumises à une des épreuves, les juges les feront garder à vue et leur feront acheter, dans le même endroit, chacune un coq vivant, de la cire, des fils de coton, des fruits de *sambor* (espèce de casse), des *croch soch* (oranges à écorce rugueuse), une marmite neuve en terre pour cuire le riz, une marmite neuve en terre pour le *samla* (sauces, potages), un sarrau ou langouti blanc, en coton (*sampot slicc*), et une pièce de cotonnade pour se couvrir les épaules (*sampot landop*). On veillera à ce que le riz qu'elles mangent soit cuit dans le même endroit et à ce qu'elles soient habillées de blanc. On les fera soumettre au régime durant trois jours (*trenam*), pendant lesquels elles ne doivent point se parler. Leur gardien doit les observer et cuire leur riz.

Pendant ces trois jours de régime, on doit observer tout ce qui se passe, ce qui leur arrive d'heureux ou de malheureux. Si l'une des parties sort du lieu où elle doit suivre le régime, si elle injurie ou frappe la partie adverse, elle perd, par le fait même, sa cause. Ainsi le veut la loi.

Si, pendant ces trois jours de régime, il n'arrive à aucune des parties, ni entre elles, rien de fâcheux, dans le cas où l'épreuve qu'on doit leur faire subir serait celle qui consiste à les faire plonger dans l'eau, on construira un hangar (sala) pour le *Tiparac* et un pavillon (rung pythi), puis on enfoncera deux pieux fixés dans l'eau, à six brasses de distance l'un de l'autre.

Les deux parties doivent se procurer, à leurs frais, chacune :

1° Un *bay sey* ;

2° Un *sla thor* ;

3° Cinq empans de toile blanche ;

. 4° Deux marmites neuves en terre, pour cuire le riz ;

5° Deux marmites neuves en terre, pour cuire le *samla* (toute espèce de potage) ;

6° Cinq petits cierges allumés en l'honneur du *Tiparac* (génie),

7º Cinq paquets de bâtonnets odoriférants, placés dans cinq tubes, pour les brûler en l'honneur des anges ;

8º Un coq ;

9º Un canard. Ces animaux seront mis en liberté dans une bonzerie.

ART. 2. — Au moment où l'épreuve qui consiste à plonger doit avoir lieu, le tribunal fera savoir, par écrit, aux cautions des deux parties qu'elles doivent exiger de chacune d'elles :

1º Deux *bat*, deux *slong* (2 francs), comme *creia domncng* ;

2º Un *bat,* deux *slong* (1 fr. 40 cent.) pour la récitation de la formule et les invocations aux génies ;

3º Deux *slong* (35 centimes) pour les débarrasser des entraves ;

4º Deux *slong* pour la cymbale ;

5º Un *bat*, deux *slong* (1 fr. 40 cent.) pour leur gardien.

Elles exigeront encore de chacune d'elles :

1º Cinq coudées de toile blanche ;

2º Du riz blanc non cuit ;

3º Une petite corbeille ;

4º Un cierge ;

5º Un *chom ;*

6º Une paire de *bac sey bac chham ;*

7º Une paire de *sla thor ;*

8º Un coq rouge, qui chante les veilles ;

9º Un coq à offrir au *Tiparac ;*

10º Une bouteille d'eau-de-vie de riz ;

11º Du fil de coton pour ceindre la tête des adversaires ;

12º Quarante fils (un *comrong)* de coton pour ceindre les épaules des adversaires.

Les pieux seront plantés par un officier subalterne. Un officier du préfet de police (pra nocor bal) sera chargé de frapper la cymbale et deux officiers du palais de justice seront chargés de presser les épaules des deux adversaires, afin qu'ils plongent simultanément. Dès que les deux adversaires ont disparu sous l'eau, un officier de justice retient sa respiration aussi longtemps qu'il peut, trois fois de suite ; les cautions doivent aussi retenir leur respiration aussi longtemps qu'elles le peuvent, trois fois de suite. Si, après le temps qui s'est écoulé pendant que cet officier et les cautions ont retenu leur respiration trois fois de suite, on ne voit pas les adversaires sortir de l'eau, les gardiens doivent se hâter d'aller les saisir pour les faire monter.

Si l'un des adversaires sort de dessous l'eau pour respirer avant le dernier intervalle que l'officier du tribunal a mis en retenant sa respiration, le gardien doit plonger immédiatement pour aller saisir l'autre et le faire monter. Puis, on demandera à celui qui est sorti le premier de dessous l'eau la cause qui l'a fait monter si tôt. Celui des deux adversaires qui sort le premier de l'eau pour respirer, s'il sort avant le temps fixé pour l'épreuve, perd sa cause.

Art. 3. — Pour l'épreuve du feu, on fait creuser une fosse ayant six coudées de longueur, une coudée de largeur et une coudée de profondeur, dans laquelle on met des charbons ardents d'une épaisseur de six pouces dans toute son étendue. On exige pour les frais divers, comme récitation de la formule des invocations aux génies, salaire du gardien, etc., deux *tomlong*, deux *slong* (6 francs), de chacun des adversaires; puis on leur fait laver les pieds proprement. Ensuite, on fait examiner soigneusement par le gardien-chef, un juge et le secrétaire qui doit réciter la formule des invocations aux génies, le dessous des doigts de leurs pieds, ainsi que la plante des pieds, pour voir s'ils ont des plaies ou des cicatrices, soit récentes, soit anciennes. Le secrétaire, qui a examiné la plante de leurs pieds, doit mentionner dans un écrit l'état dans lequel il les a trouvés, afin qu'après l'épreuve le tribunal puisse prononcer sa sentence avec connaissance de cause.

Après que les adversaires ont marché sur les charbons ardents qui sont dans la fosse, le tribunal les fera observer et garder à vue de trois à sept jours, avant de leur permettre de se laver les pieds. Ensuite, il les fera examiner. S'il y a des ampoules, il fera faire des ponctions avec une aiguille pour s'assurer si elles proviennent du feu ou non. S'il est constaté qu'elles proviennent des brûlures, le tribunal prononcera sa sentence contre celui dont les pieds sont brûlés.

Si ces ampoules proviennent du feu réellement, mais se

trouvent sur les pieds ou les doigts des pieds, le tribunal ne peut pas prononcer sa sentence contre celui qui les a et dire qu'il a perdu sa cause.

Si les adversaires ont également des ampoules à la plante des pieds, c'est une preuve, d'après la loi, que ni l'un ni l'autre n'a raison, et qu'ils doivent être soumis à l'épreuve qui consiste à plonger.

Si aucun des adversaires n'a des brûlures ou des ampoules à la plante des pieds, d'après la loi ils sont également purs.

Art. 4. — Lorsque deux personnes, qui ont un procès, doivent subir l'épreuve du feu, les juges doivent bien examiner si l'une d'elles n'aurait pas quelque artifice magique pour empêcher l'effet des charbons ardents sur ses pieds ou bien pour faire que la partie adverse l'éprouve. Dans le doute, on doit le prendre et l'examiner attentivement.

Art. 5. — Lorsqu'il y a procès entre deux personnes, parce que l'une prétend avoir fait un prêt d'argent ou de toute autre chose à l'autre qui le nie, s'il n'y a pas de témoins pour l'une ni pour l'autre, on doit les soumettre à une des épreuves légales. Si l'une d'elles refuse de subir l'épreuve ou est vaincue en la subissant, d'après la loi elle a perdu son procès et elle sera punie d'une amende double de la somme ou de la valeur de l'objet en litige. Cette amende est pour le tribunal et celui qui a gagné sa cause : ils se la partagent conformément à la loi.

Art. 6. — Ceux qui sont chargés de faire subir l'épreuve à deux personnes qui ont un procès, doivent préalablement exiger d'elles la somme nécessaire pour les frais de justice et pour les dépenses, et la confier à un tiers qui la gardera jusqu'après l'épreuve.

Lorsqu'il s'agit de l'épreuve des cierges allumés, avant tout, un officier de justice et les cautions des deux parties écoutent attentivement et examinent ensemble avec soin le résumé de l'affaire en litige, et avertissent les parents et les amis des deux parties d'éviter toute contestation entre eux, parce que, si un parent ou un ami de l'une d'elles injurie ou insulte le premier, quelqu'un de l'autre côté, la cause de celle dont un parent ou un ami a injurié ou insulté est perdue par ce fait même.

Dans cette épreuve, les cierges doivent être de même grosseur, de même longueur et de même poids ; leurs mèches, de fil de coton, doivent être de même grosseur. Les baguettes qui doivent servir pour allumer les cierges seront préparées d'avance.

Dès que les cierges sont allumés, si une mouche ou un animal quelconque éteint un des cierges, ou si un des cierges s'éteint de lui-même, la partie à laquelle il appartient est déclarée vaincue et perd sa cause. L'amende qui lui sera infligée est triple de la somme ou de la valeur de l'objet en litige.

ART. 7. — Cet article donne une seconde manière de faire subir l'épreuve qui consiste à faire plonger les deux adversaires. Voici en quoi elle consiste : un secrétaire de la cour lit la formule usitée et fait les invocations aux anges ; ensuite, il donne l'ordre aux deux adversaires de se frapper simultanément la tête, comme signal, et de plonger au même moment. Alors, un juge (tralacar) attache aux reins de chacun des adversairesu ne corde qu'il fixe au pieu ; puis, armé d'un maillet, il frappe trois coups sur une cymbale, relâche la corde et les deux adversaires plongent au même instant jusqu'à l'extrémité des pieux enfoncée en terre, au fond de l'eau. Si l'un d'eux, après avoir plongé, sort la tête de l'eau avant l'autre, on lui passe un lacet au cou et on le punit séance tenante.

ART. 8. — Les adversaires qui doivent être soumis à une des épreuves légales, doivent supporter en commun toutes les dépenses requises pour cette épreuve. (1)

Lorsque les deux parties ont pour témoins les mêmes personnes, les dépenses sont communes aux deux parties. Il en est de même lorsque les deux parties ont des témoins différents. Lorsqu'une seule des parties a des témoins pour elle et que la partie adverse consent à s'en rapporter à leur témoignage, c'est la partie qui invoque le témoignage de ces témoins qui doit supporter les dépenses nécessaires pour recevoir leurs dépositions. Si l'une des parties demande à prêter serment et que l'autre y consente, c'est celle qui demande à prêter serment qui doit supporter les dépenses à faire pour la prestation du

____

(1) Voir l'article 2, dans lequel ces dépenses sont détaillées. (Note du traducteur.)

serment. L'usage veut qu'on donne cinq *tomlong* (14 fr. 45 cent.) à chaque témoin.

ART. 9. — NOTE DU TRADUCTEUR. — *Dans cet article, il est question d'une nouvelle épreuve qui n'est pas mentionnée parmi les sept épreuves légales. Voici en quoi elle consiste: on écrit huit billets qu'on place dans une urne neuve, en bronze. Sur quatre de ces billets on écrit les mots :* c'est juste, *et sur les quatre autres on écrit les mots :* c'est injuste. *On les cachète avec de la laque (ach léac) avant de les mettre dans l'urne. Après cela, un des secrétaires de la cour (alac) récite la formule des invocations aux esprits et des malédictions que doit encourir celui dont la cause n'est pas juste, et fait tirer à chacun des adversaires quatre de ces billets. Si l'un d'eux a tiré les quatre billets où sont écrits les mots :* c'est juste, *il gagne sa cause sans aucun doute. Si l'un des adversaires a tiré trois des billets qui portent les mots :* c'est juste, *il gagne aussi sa cause ; néanmoins, il reste un léger doute.*

Si chacun des adversaires tire deux des billets où sont écrits les mots : c'est juste, *aucun d'eux n'a gain de cause.*

D'après une ordonnance royale, le serment à prêter par les étrangers, tels qu'Européens, Ciampois, Malais, etc., doit être conforme à leur religion.

ART. 10. — Lorsque, dans les articles de la loi *sacsey*, le législateur ne précise pas pour qui est l'amende infligée au coupable ou à la partie qui a perdu son procès, elle sera divisée en dix parties égales, dont quatre sont pour le trésor du roi (*khuât pra khlang*), deux pour le tribunal et quatre pour celui qui a gagné son procès.

Si la matière du procès est une somme ou un bien quelconque en litige, l'amende qui, dans ce cas, est double de cette somme ou de la valeur de ce bien, forme une somme totale qui sera divisée en vingt parts égales, dont treize pour celui qui a gagné son procès, trois pour le tribunal et quatre pour le trésor du roi. Dans les treize part qui reviennent à celui qui a gagné sa cause, est compris le bien qu'on lui disputait. Lorsque l'amende est triple ou quadruple de la valeur du bien en litige, après avoir fait la somme totale de l'amende et de la valeur de ce bien, on la divisera en vingt parties égales, qui seront réparties comme dans le cas précédent.

Lorsque c'est le roi lui-même qui a jugé, et qu'il n'y a qu'une amende, elle sera divisée en dix parties égales, dont cinq pour le trésor royal, quatre pour la partie qui a eu gain de cause et une pour le tribunal. Chaque fois que l'objet du litige est une somme ou un bien quelconque, la somme résultant de l'amende et de la valeur du litige sera partagée en vingt parts, dont cinq pour le trésor, treize pour la partie qui a gagné son procès et deux pour le tribunal. Les officiers chargés du trésor (pra khlang) auront soin de partager l'amende, selon la loi.

***

X. — DES TRIBUNAUX ET DES RÈGLEMENTS QUI LES CONCERNENT (LAKKHANA TRALACAR).

***

AVERTISSEMENT. — Dans le royaume du Cambodge, ceux qui peuvent juger les différends ou servir d'arbitres sont nombreux; le code nomme les suivants, auxquels il donne le titre de *tralacar* (juge) :

1° *Tralacar chea puoc tuor kedey moklang* (ceux qui sont de la religion ou du pays d'une des parties);

2° *Tralacar chea neay roi, chau muong, mi sroc khet crau* (ceux qui commandent à cent hommes, ceux qui sont chefs de districts ou maires dans les provinces);

3° *Tralacar mean chot smo smo teang sang khang mun ban lamhieng doi chhu khang na* (ceux qui sont impartiaux et sans parti pris pour aucune des parties);

4° *Tralacar del ki tang rong suang tralacar chea thom* (les substituts des grands juges);

5° *Tralacar del Pra maha khsatr, Pra reach theam amnach chea athibodey kenong ti phiphcassa* (ceux qui sont nommés juges par le roi);

6° *Tralacar del tuor kedey teang pir prom chot anunhat à banh cop bancha eng* (les arbitres que, d'un commun accord, les parties adverses choisissent).

Les juges nommés par le roi, s'ils se trompent, s'ils jugent mal, sans néanmoins faire violence à aucune des parties adverses, seront condamnés à payer une somme égale à celle à laquelle ils ont condamné la partie qui, à cause de leur ignorance ou de leur erreur, a perdu son procès. Mais s'ils ont usé de rigueur ou de violence pour faire payer la partie qui a perdu sa cause par le fait de la sentence injuste qu'ils ont prononcée contre elle, ils seront condamnés à payer le double de la somme que cette partie a été obligée de payer, et ils perdront leurs fonctions et leur dignité.

S'ils ont condamné une des parties, à tort il est vrai, mais sans violence, sans mesure de rigueur pour exiger d'elle la somme à laquelle ils l'ont condamnée et qui n'a pas encore été payée, ils seront condamnés à passer trois jours enchaînés devant le tribunal, après lesquels, ils devront aller saluer le roi et lui demander une nouvelle bénédiction. Dans le cas où ils n'auraient pas encore exigé la somme à laquelle ils ont condamné, injustement et en usant de violence ou de rigueur, une des parties, ils seront condamnés à une amende *tam bonda sac.* (Voyez le *Lakkhana crom chor.*)

S'ils ont maltraité une personne qu'ils ont condamnée injustement, ils seront condamnés à subir le double des mauvais traitements qu'ils lui ont fait endurer.

S'ils privent de la liberté et font garder à vue (co, khang, khot, khum) une personne qui, voyant que la sentence est injuste, ne veut point s'y soumettre et refuse de subir sa condamnation, et l'empêchent par là même, plus longtemps que la loi ne le permet, d'aller gagner sa vie en travaillant, ils seront condamnés à des dommages-intérêts envers cette personne pour le temps qu'ils lui ont fait perdre. Pour un homme, on comptera six *slong* par jour (1 franc); pour une femme, trois *slong* par jour (0 fr. 50 cent.).

Quiconque accuse faussement un juge de l'avoir condamné injustement ou d'avoir usé de violence envers lui, s'il ne fait pas la preuve de son accusation ou s'il est démontré que son accusation est fausse, sera condamné à l'amende *tam bonda sac.* (Voyez le *Lakkhana crom chor.*)

Quant aux arbitres choisis d'un commun accord par les deux parties, s'ils prononcent une sentence qui n'est point conforme à la loi et à l'équité, ils ne sont passibles d'aucune peine, d'après la loi. Bien plus, si l'une des parties n'est point satisfaite de leur sentence, elle n'a pas le droit d'en appeler et de demander d'autres juges, parce qu'ils ont été choisis, d'un commun consentement, par les parties adverses.

Ceux qui sont du même pays ou de la même religion que l'une des parties, les gouverneurs de province, les chefs de districts (chao muong), les maires des villages dans les provinces (mi sroc); ceux qui commandent à cent hommes (mi roi); ceux qui sont établis juges à cause de leur impartialité, les substituts des grands juges; s'ils rendent une sentence qui ne satisfait pas une des parties qui refuse de s'y soumettre, ils ne peuvent pas l'y forcer en la frappant à coups de rotin, et s'ils abusent de leur autorité pour l'y obliger, ils sont passibles des mêmes peines que les juges nommés par le roi. Les parties peuvent en appeler de leur sentence sans encourir aucune peine, parce qu'elles ne sont pas définitives, attendu qu'ils ne peuvent pas juger en dernier ressort.

Les jugements seront basés sur le témoignage, l'épreuve et l'examen de l'affaire. Lorsque la sentence, basée sur un de ces fondements ou sur les trois, devra être prononcée, on le fera en présence des parties, afin qu'elles puissent voir et entendre. Lorsque les juges auront bien examiné l'affaire et employé ces trois moyens pour découvrir la vérité, ils devront prononcer leur sentence avant qu'un mois ne se soit écoulé, conformément à l'ordonnance royale.

Dans une ordonnance qui fait suite à ce qui vient d'être dit et réglé, le roi enjoint aux officiers du palais de surveiller l'administration de la justice, afin que les procès ne traînent point en longueur, ce qui rendrait le peuple malheureux et l'empêcherait de gagner sa vie par son travail.

Ces officiers doivent surveiller tous les tribunaux : 1º ceux du roi; 2º ceux de l'*Oknha ioumrécch*; 3º ceux de l'*Obbarach*; 4º ceux de la *Pra vorécchini*, et les exciter à ne pas laisser s'écouler plus d'un mois (temps fixé par l'ordonnance) avant d'avoir jugé un procès. Comme le lieu où les juges doivent se réunir pour rendre la justice est le *sala bonchon song* (tribunal), les surveillants doivent faire en sorte qu'aucun procès ne soit jugé dans une maison particulière. Si les officiers chargés de la surveillance des tribunaux sont négligents dans l'accomplissement de ce devoir, l'*oknha* du palais doit en avertir Sa Majesté, qui les punira. Si l'*oknha* du palais (pra reach montir), soit par négligence, soit par crainte, soit par connivence, ne fait point connaître ceux qui se sont rendus coupables de contravention, et que le roi le sache, il sera passible d'une des peines *prambey pracar* rapportées dans le *Lakkhana oknha luong*.

Dans cette même ordonnance, Sa Majesté prescrit aux *crom maha thai, crom tomruol, crom pra reach bontut*, d'aller dans les tribunaux, trois fois par mois, voir s'il y a des procès qui durent depuis plus d'un mois. Si le cas se présente, ils doivent se faire remettre le résumé de l'affaire en litige pour l'examiner. Si, après examen, ils voient que l'affaire n'est ni très-embrouillée, ni bien épineuse, ni d'une gravité telle que le tribunal ne puisse juger, ils doivent ordonner aux juges de prononcer leur sentence bien vite, sinon ils arrêteront l'*oknha sala* (huissier du tribunal), les secrétaires (smien) et celui auquel a été confiée la garde de l'exposé de l'affaire, les mettront à la chaîne durant trois jours et feront payer à chacun d'eux cinq *tomlong* (14 francs) pour la chaîne et un *bat* pour la citation (chung ca). Les trois jours écoulés, ils les mettront en liberté, afin qu'ils aillent presser les juges de terminer vite cette affaire et de prononcer leur sentence. Si le *crom maha thai*, le *crom torvol* et le *crom pra reach bontut*, après avoir examiné l'affaire, voient qu'elle est très-épineuse, très-grave et que le tribunal n'ose pas prononcer son jugement, ils doivent les presser de la porter à la connaissance du *séna badcy*, du *chado sdam* et du *sam maha ncay ioc*, afin qu'ils se réunissent au tribunal pour la juger. Si, vu la gravité de l'affaire, ces grands mandarins n'osent rendre une sentence, ils doivent en référer au roi, qui prononcera lui-même.

Dans les provinces, l'*oknha luong* doit se rendre au *sala* (tribunal) avec le gouverneur pour juger les affaires ensemble. Un agent ou un officier du trésorier aura soin, trois fois par mois, de les presser pour qu'ils ne laissent point traîner en longueur les procès.

Dans le cas où une affaire est facile et peut être jugée promptement, s'ils la laissent traîner, s'ils la font durer longtemps, il arrêtera celui qui est chargé de garder les exposés de l'affaire, le mettra à la chaîne durant trois jours, lui fera payer cinq *tomlong* pour la chaîne et la citation, puis le mettra en liberté, afin qu'il aille presser les juges de terminer promptement cette affaire en prononçant leur sentence.

S'il s'agit d'une affaire épineuse, grave, qu'ils ne peuvent pas juger, l'agent ou l'officier du trésorier (pra klang) pressera le gouverneur et l'*oknha luong*, de faire conduire les deux parties ou le coupable, avec les exposés de l'affaire, au tribunal de la capitale, qui l'examinera et la jugera. S'ils n'écoutent point l'agent ou l'officier du trésorier qui remplit son devoir, et laissent traîner l'affaire, ils se rendent passibles des peines édictées contre ceux qui sont coupables de contravention aux ordres du *Pra reach oknha*. L'huissier du tribunal et celui qui est préposé à la garde des parties ou des prévenus, ne doivent pas leur permettre de s'absenter en dehors des temps déterminés; s'ils le leur permettent et qu'au moment de l'audience ils soient absents, l'huissier et celui qui est préposé à leur garde seront eux-mêmes gardés à vue (khum) par des agents de l'autorité qui les accompagneront partout, jusqu'à ce qu'ils les aient retrouvés. Si les parties ou prévenus s'absentent et vont courir de côté et d'autre, sans prévenir l'huissier du tribunal et celui qui est préposé à leur garde, on leur mettra les entraves aux pieds (kheno) pendant un intervalle de temps égal au temps de leur absence.

ARTICLE PREMIER. — Dès que les juges seront réunis pour prendre connaissance des exposés de l'affaire et les examiner, l'*oknha sala* (huissier) exigera de chacune des parties un *bat*. Si elles n'ont pas d'argent pour payer ce *bat* et ne peuvent point s'en procurer, l'*oknha sala* ou le secrétaire qui s'est porté caution pour elles le paiera à leur place. L'instruction ne commencera que lorsque cet argent aura été apporté au tribunal.

ART. 2. — Lorsqu'on a saisi un prévenu ou des personnes qui ont des affaires litigieuses et que personne ne cautionne, l'*oknha sala* et le *neay khiem* (gardien), qui sont chargés de leur surveillance, ne pourront exiger que cinq *tomlong*

(14 francs) *thlay khum,* quelle que soit la durée de cette surveillance. S'ils leur ont mis la chaîne ou les entraves aux pieds
durant le temps qu'ils ont été chargés de les garder, ils exigeront
de chaque personne un *bat* pour les entraves et cinq *tomlong*
pour la chaîne. Ils ne pourront point exiger et le prix des
entraves et le prix de la chaîne, mais seulement l'un ou l'autre.
S'ils ont fait payer le prix de la chaîne (thlay chervac), ils ne
pourront pas exiger celui de la surveillance (khum). Si c'est
une femme qui a été sous la surveillance ou qui a été mise à la
chaîne, on lui fera remise d'un cinquième du prix du *khum* ou
de la chaîne, c'est-à-dire d'un *tomlong.* Le prix pour la cangue
ou les entraves aux pieds est le même pour les hommes et les
femmes.

Art. 3. — Si une personne privée de sa liberté, qui n'a pas
de caution et qui n'a personne pour la nourrir, n'a mangé le
riz de son gardien qu'une ou deux fois, celui-ci doit lui en
faire l'aumône, car il n'est pas convenable qu'il en exige le
prix. Mais si elle l'a mangé durant trois jours ou plus longtemps (quelle que soit la durée du temps qu'elle l'a mangé),
elle paiera cinq *tomlong* (14 francs) si c'est un homme, et si
c'est une femme, elle paiera quatre *tomlong.* Cependant, si on
a exigé de cette personne et le prix de la surveillance et le prix
de la chaîne, on ne doit point lui faire payer celui de la nourriture (thlay bai). Si on lui a fait payer le *thlay khum* (1) et le
thlay bai, on lui fera remise du *thlay chervac* (2). La loi autorise celui qui est préposé à la garde d'une personne privée de
sa liberté (comno) à la faire travailler pour lui, selon ses forces ;
il est libre de ne pas user de ce privilége. Si quelqu'un se porte
caution pour une personne privée de sa liberté et paie l'amende
à laquelle elle a été condamnée, il pourra la faire travailler
pour lui, sans néanmoins exiger d'elle le prix de sa nourriture.

Art. 4. — Quiconque se porte caution pour une personne
privée de sa liberté (comno) et pour des biens en litige, doit
faire un écrit qu'il signera, s'il n'a pas de sceau, ou scellera,
s'il a un sceau.

---

(1) Prix de la surveillance.

(2) Prix de la chaîne.

Dès que la caution a signé ou scellé l'écrit qu'elle a fait, on la conduit à son domicile pour avertir, si la caution est une femme, son mari, ses enfants et ses petits-fils qui y sont restés, et leur faire savoir qu'elle s'est rendue caution. Si la caution est un homme, on le conduit également à son domicile pour avertir sa femme, ses enfants et petits-fils qui y sont restés, et leur faire savoir qu'il s'est porté caution. Si le mari et les enfants consentent à ce que cette femme serve de caution, ou si la femme et les enfants consentent à ce que cet homme se rende caution, l'huissier du tribunal fera mention de leur consentement sur le dos de l'écrit de la caution. Si le consentement est refusé, on rendra l'écrit à la personne qui l'a fait et on cherchera une autre caution qui aura obtenu le consentement des personnes dont il est nécessaire de l'obtenir, d'après la loi.

Si un homme qui s'est porté caution prend la fuite, le tribunal peut agir contre sa femme et ses enfants qui, avertis, ont consenti à ce qu'il se rendît caution. Il pourra également agir contre le mari et les enfants d'une femme qui, avec leur consentement, s'est portée caution et qui, ensuite, a pris la fuite. Par conséquent, si celui pour lequel la caution a répondu perd son procès, ceux qui ont donné leur consentement à cette caution qui a pris la fuite, sont censés avoir perdu le procès et en subiront les conséquences, c'est-à-dire que si le coupable devait être mis à l'amende, ils la paieront; s'il devait être condamné à une restitution quelconque, ils la feront, s'il fait défaut.

Mais si le tribunal a admis un homme marié, qui a des enfants, à cautionner, sans prévenir sa femme et ses enfants et sans s'assurer de leur consentement, au cas où cette caution prendrait la fuite, il ne pourra pas agir contre cette femme et ces enfants. Il en est de même si le tribunal a admis une femme mariée, qui a des enfants, à servir de caution sans prévenir le mari et les enfants de cette femme; si elle prend la fuite, la justice ne peut point agir contre ce mari et ces enfants, et si, malgré leur ignorance et le manque de consentement de leur part, les juges veulent les forcer à subir les conséquences de la perte du procès et les faire payer, ces derniers se rendent passibles des peines édictées contre ceux qui sont coupables de contravention au *Pra reach okñha*.

ART. 5. — Le jour de l'audience arrivé, si ceux qui ont des affaires et qui ont promis de s'y rendre, ou si la caution qui s'est engagée soit à y conduire ceux qu'elle a cautionnés, soit à apporter au tribunal des objets en litige, empêchés par une raison très-sérieuse, comme, par exemple, la mort ou une maladie très-grave de leur père, de leur mère, de leur femme, d'un enfant ou d'un parent qu'ils ne peuvent abandonner; par le mariage d'un membre de leur famille, par un travail très-pressé ordonné par le roi, demandent que l'audience soit renvoyée à un autre jour : le tribunal, après avoir exigé d'eux un écrit par lequel ils s'obligent à se présenter le jour déterminé, la remettra à quinzaine. Mais s'ils ne se présentent pas pour demander le renvoi de l'audience à un autre jour ou si, après avoir demandé le renvoi, ils ne se présentent pas au tribunal le jour fixé, les juges les feront saisir et exigeront d'eux les objets en litige et si, après un délai de trois à neuf jours, ils ne les ont pas apportés, il prononceront leur sentence selon la loi.

ART. 6. — Si les deux parties adverses se disputent, s'injurient ou se battent devant le tribunal pendant que les juges y sont réunis, l'huissier (oknha sala) doit les faire cesser. Si sa voix n'est point écoutée, il saisira celui qui n'obéit pas à ses ordres, il lui mettra les entraves aux pieds et le fera placer au bas du tribunal, jusqu'à ce que les juges aient quitté la salle d'audience. Alors, il lui ôtera ses entraves et le punira d'une amende pour avoir manqué de respect à la justice. L'amende sera employée à faire des réparations au tribunal. Quelques jours après, l'instruction du procès sera continuée.

Lorsque les parties adverses sont arrivées au tribunal où les juges se trouvent réunis, l'huissier exigera d'elles l'argent nécessaire pour le *srang peac* et pour le *sang car peac*. Si l'une d'elles n'a pas d'argent pour acheter le papier et l'encre nécessaires, l'huissier les fournira. Le prix d'une feuille de papier est de un *fuong* et celui de l'encre est aussi d'un *fuong* (1).

---

(1) C'est-à-dire que chaque partie doit ainsi payer 40 centimes environ. (Note du traducteur.)

Le prix du *srang peac* et du *sang car peac* est de un *slong* pour chacune des deux parties. Si, après que le tribunal a déterminé le temps, soit pour l'instruction du procès, soit pour la prestation du serment des témoins, soit pour le prononcé de sa sentence, une des parties se fait attendre durant un *vilea* (environ une heure), elle ne sera passible d'aucune peine. Mais si elle se fait attendre durant deux *vilea*, on l'attachera les pieds en l'air, à l'avant-toit du *sala* (tribunal), durant une heure; après, l'audience sera reprise et continuée.

Art. 7. — Si un condamné, qui n'a pas de quoi payer l'amende et les frais du procès, est livré aux juges, qui l'acceptent, par celui qui s'était porté caution pour lui, à l'effet de réclamer l'écrit qu'il avait fait et souscrit et d'être par là même libéré de son cautionnement, les juges deviennent garants, et s'ils laissent échapper ce condamné, ils seront tenus de payer pour lui. Si une caution, qui s'est chargée de conduire un condamné pour aller chercher l'argent nécessaire pour payer la somme à laquelle il a été condamné, le laisse échapper, elle sera obligée de payer à sa place.

La caution qui n'a pas retiré des mains de la justice l'écrit qu'elle a fait lorsqu'elle s'est rendue caution, et qui a laissé entre les mains des juges un condamné qu'elle a cautionné, est obligée de payer à la place de ce condamné s'il a pris la fuite durant son absence.

Art. 8. — Le tribunal ne doit point accéder au désir d'une des parties qui, après avoir gagné son procès, voyant que la partie qui l'a perdue est peu punie ou que la portion de l'amende qui lui revient est peu de chose, demande à se rendre justice elle-même en maltraitant son adversaire d'une manière quelconque ou en le blessant avec des armes.

Si, malgré le refus du tribunal, ce plaideur vindicatif, n'écoutant que son mauvais cœur, injurie, maudit son adversaire ou en vient à des voies de fait contre lui, d'une manière quelconque, ces insultes, ces malédictions et ces voies de fait deviennent matière à un nouveau procès. Mais celui qui s'est porté à ces violences sera, avant que ce procès ne commence, condamné préalablement à une amende, pour avoir manqué de déférence au tribunal.

Art. 9. — Un huissier du tribunal qui a reçu l'ordre des juges d'aller saisir une des parties adverses et qui n'y va pas, mais ordonne à l'autre partie d'y aller à sa place, s'il n'en résulte aucun inconvénient, rien de fâcheux, ne sera pas puni; mais si la partie ainsi appelée par son adversaire refuse de venir, elle n'est point en faute non plus; s'il en résulte quelque chose de fâcheux, comme des querelles, des insultes ou même des rixes, dans lesquelles il y ait des coups donnés, des blessures faites avec des armes ou des instruments quelconques, la faute de ce qui est arrivé retombe sur l'huissier pour les deux tiers et sur celui qui a commencé la querelle ou la rixe pour un tiers.

Art. 10. — Si un prévenu ou un plaideur, interrogé trois fois par le tribunal, ne répond pas, il lui sera donné trois coups de palette sur la bouche; celui qui doit recevoir ces trois coups peut, en donnant un *bat* (0 fr. 70 cent.) pour chaque coup, se racheter de cette peine.

Si, pendant que les juges sont à lire et à examiner les exposés de l'affaire avant de commencer l'instruction du procès, une des parties adverses se permet de prendre la parole pour contester ou se met à agiter ses bras, ses mains, et à faire du tapage de manière à interrompre les juges, on lui mettra la chaîne et les entraves aux pieds, puis on l'obligera à descendre au bas du *sala* (tribunal) et à y rester jusqu'à ce qu'elle avoue sa faute et promette de se corriger. Après, on la ramènera à l'audience, et l'instruction sera continuée.

Art. 11. — Tout individu qui, après avoir prié quelqu'un de lui servir de caution, prend la fuite, disparaît et est cause, par sa fuite, que celui qui s'est rendu caution pour lui subit la peine du rotin et toutes les conséquences du procès perdu à sa place, sera, s'il peut être saisi, condamné, sur la plainte de sa caution portée au tribunal, à lui offrir une paire de *bac sey bac cheam* et sept coudées de toile blanche pour *boloc pra lung* (pour lui faire réparation de la peur qu'elle a eue), et à lui rembourser toutes les dépenses qu'elle a faites pour ce procès. Si cette caution a été louée et a reçu de l'argent, le fugitif saisi ne sera pas tenu de faire l'offrande pour le *boloc pra lung :* il ne sera obligé qu'à lui rembourser les frais judiciaires.

Dans ces frais, on tiendra compte du prix du *kheno* (entraves), qui est d'un *bat* (0 fr. 75 cent.), de la cangue *khencang,* qui est également d'un *bat,* de la chaîne, qui est de cinq *tomlong* (14 francs). Si la caution a été obligée de payer le prix de la nourriture et une amende, celui qui l'avait priée de la cautionner ou louée à cet effet, sera tenu de lui rembourser tout ce qu'elle a dépensé pour cela, ainsi que pour le *khuat chum nam* (somme prélevée par le tribunal) et le *predap kedey* (somme versée lorsque les juges commencent l'instruction du procès.)

Art. 12. — Si les exposés (peac) d'une affaire, dans laquelle des sommes d'argent sont engagées, déposés au tribunal, périssent dans un cas de force majeure, comme par exemple un incendie, une tempête, l'invasion d'une armée ennemie, la mort ou la disparition du juge qui en avait la garde, ou le pillage de la maison de ce juge par des brigands, le tribunal n'est point responsable. Dans ce cas, les parties intéressées referont les exposés et les présenteront aux juges qui devront recommencer l'instruction du procès.

Si, lorsque ces exposés avaient été déposés la première fois, le secrétaire en avait perçu le prix, la seconde fois il ne pourra point l'exiger.

Si le tribunal, par négligence ou défaut de soins, laisse égarer l'exposé (peac) de l'une des parties, il sera tenu à des dommages-intérêts envers elle si, à cause de la perte de son exposé, elle perd son procès. La partie dont l'exposé n'a pas été égaré peut consentir à ce que la partie adverse refasse le sien.

Si celui qui est chargé de conserver les exposés les laisse perdre par négligence, il sera puni de l'amende *tam bonda sac* au profit du trésor du roi, qui en aura la moitié et les deux parties adverses qui se partageront l'autre. Après, les deux parties feront de nouveau leurs exposés pour que l'affaire soit jugée.

Si, par suite de la perte de l'exposé d'une des parties, cette partie perd son procès, celui à qui il avait été confié subira toutes les conséquences de la perte de ce procès (chanh sach kedey chuos).

Art. 13. — Lorsque le tribunal ordonne à la caution d'entendre la lecture de l'exposé de l'affaire, il doit interroger la partie à laquelle cet exposé appartient, pour savoir quels sont les points sur lesquels elle veut que l'examen porte principalement. Quand elle les aura fait connaître, la caution, qui a entendu sa lecture, fera ses réserves et ses réflexions, puis le secrétaire écrira la réponse qui a été faite par la partie et les réserves faites par la caution. Si ensuite, dans la discussion, cette partie change ses paroles, varie dans ses réponses, nie ce qu'elle a avoué et avoue ce qu'elle a nié précédemment, on lui donnera quinze coups de rotin, et le tribunal jugera d'après les premières réponses données par elle.

Art. 14. — Lorsqu'il y a un procès soit pour des rizières, soit pour des jardins, soit pour une plantation, soit pour des bois, soit pour des pêcheries, etc., aucune des parties ne pourra percevoir ni les revenus, ni le loyer de l'immeuble en litige durant le procès : un officier subalterne (phneac ngear) en aura la garde. Si l'une des parties ou une personne de sa famille, par exemple son père ou sa mère, son enfant ou un de ses amis, use de violence pour en avoir la jouissance ou en percevoir les revenus, elle sera punie d'une amende *tam bonda sac* pour sa contravention à l'ordre du tribunal, au profit du trésor du roi, du tribunal et de la partie adverse, qui se la partageront par égales parties.

Si, pour en jouir ou pour en percevoir les revenus, cette personne a maudit ou injurié, ou frappé celui qui en avait la garde, elle sera condamnée à une amende proportionnée à la dignité de celui qui a été injurié ou frappé, et punie selon la gravité et le nombre des coups ou des imprécations.

Art. 15. — Lorsqu'une personne revêtue d'une dignité a un procès avec un homme du peuple, d'après la loi le tribunal peut les faire asseoir au même rang à l'audience. Si un mandarin qui a un procès va s'asseoir avec les juges et au même rang qu'eux, sans une invitation ou une permission, l'huissier (ocknha sala) doit lui faire observer qu'il ne peut pas le faire et l'inviter à prendre une place plus convenable à sa position. S'il ne l'écoute pas ou s'il fait semblant de ne pas l'entendre, il doit le prendre par la main pour le faire descendre et le faire asseoir à une autre place. S'il résiste, il se rend passible de dix coups de rotin pour avoir contrevenu aux ordres du roi.

Art. 16. — Si, durant l'instruction d'un procès, une des

parties adverses éprouve un malheur, par exemple si le feu brûle sa maison, s'il lui survient un procès avec une autre personne, si un de ses bœufs, de ses buffles, de ses éléphants, de ses chevaux, un de ses esclaves est blessé de manière à le rendre incapable de travailler ou à le faire périr, ou enfin s'il lui arrive un accident fâcheux quelconque, la loi prononce que son procès est *scon* (funeste et de mauvais augure). Dans ce cas, les juges doivent engager, par des paroles de conciliation, les deux parties à en venir à un arrangement à l'amiable et à se réconcilier. Si elles n'y consentent pas, l'instruction suivra son cours comme à l'ordinaire et le tribunal prononcera sa sentence.

Dans le cas où, durant l'instruction du procès, le tribunal acquerrait la conviction que les malheurs, les pertes subies par une des parties arrivent par le fait de l'autre partie et doivent lui être imputés, il la condamnera à perdre son procès pendant et lui infligera une amende double de celle qu'elle mérite, vu sa culpabilité, pour la punir de ce qu'elle a fait contre sa partie adverse.

Art. 17. — Si une caution qui a promis, lors de la lecture de l'exposé de l'affaire, de s'en tenir, durant la discussion de cette affaire, à certains points spécifiés, change d'avis et fait de nouvelles observations qui portent sur d'autres points, le tribunal les examinera en toute justice.

Dans le cas où l'examen de ces observations ou des allégations faites après coup en démontrerait la fausseté, cette caution sera condamnée à une amende *tam bonda sac* et à quinze coups de rotin.

Si, dans l'exposé d'une affaire en litige portée devant la justice, une personne qui a un emploi s'attribue une dignité ou un titre qu'elle n'a pas, ou si une personne qui a un sceau, marque de sa dignité, en appose un autre qui n'est pas à lui sur un exposé, la loi la condamne pour cette fourberie à recevoir quinze coups de rotin et à payer une amende *tam bonda sac*.

Art. 18. — Si une des parties adverses meurt avant qu'un procès où des intérêts sont engagés soit terminé, dans le cas où cette partie n'aurait été accompagnée au tribunal ni par ses enfants, ni par ses petits-enfants, ni par aucun de ses parents pour l'aider à soutenir sa cause, ou bien si ceux qui l'y ont accompagnée sont morts, le tribunal abandonnera ce procès sans plus s'en occuper. Si elle a été accompagnée au tribunal soit par ses enfants, ses petits-enfants, soit par quelqu'un de ses parents, après sa mort, ceux qui l'y ont accompagnée pour soutenir sa cause peuvent demander que l'instruction du procès soit continuée et que l'affaire soit jugée. Si le procès a été intenté au défunt pour une action contre les mœurs, comme par exemple pour avoir eu des relations criminelles soit avec la femme, soit avec la fille, soit avec la petite-fille de quelqu'un, après sa mort, toute poursuite cesse et l'affaire en reste là. Si c'est l'accusateur qui meurt avant que le jugement ne soit prononcé, ses parents peuvent poursuivre l'affaire et demander que la sentence soit rendue.

L'amende à laquelle le coupable sera condamné est, par parties égales, pour le trésor du roi et pour faire de bonnes œuvres en faveur du défunt. Quant à la personne avec laquelle ce coupable a eu des relations coupables, qu'elle soit la femme, la fille ou la petite-fille de l'accusateur, il convient de la livrer à celui qui l'a séduite et qui, avant de l'épouser, devra aider aux funérailles du mort et arroser ses ossements.

Cependant, s'il est prouvé que ce coupable est l'auteur de la mort de l'accusateur, il sera puni comme homicide.

Art. 19. — Lorsque le tribunal a envoyé un mandat d'amener soit au patron, soit au maître, soit à la caution d'un prévenu ou d'une personne citée en justice, si ce patron, ce maître ou cette caution, après trois délais qui lui ont été accordés, ne l'amène pas ou vient demander le renvoi de l'affaire à un autre temps pour la faire traîner en longueur, l'huissier du tribunal (ocknha sala) doit aller saisir celui qui s'est rendu coupable de cette désobéissance aux ordres de la justice et lui mettre les entraves aux pieds jusqu'à ce qu'il ait amené ce prévenu ou cette personne citée devant le tribunal. Pour ces entraves, lorsqu'on les lui enlèvera, le délinquant paiera un *bat ;* il devra aussi payer dix *slong* pour la citation.

Si l'huissier du tribunal, parce que sa dignité est petite, ne peut point obliger, soit ce patron, soit ce maître, soit cette caution qui a une grande dignité et une grande autorité, à livrer à la justice le prévenu ou la personne citée, il doit le faire savoir au roi, qui ordonnera d'infliger à ce maître, à ce patron, à cette caution, une des huit peines mentionnées dans le *Lakkhana ocknha luong,* selon la faute qu'il a commise en résistant au tribunal.

Art. 20. — Si, lorsque le tribunal a envoyé au patron d'un accusé un mandat d'amener, ce patron répond que l'accusé est absent ou qu'il a fui, les juges doivent prendre des renseignements pour s'assurer qu'il dit la vérité.

Si ce qu'il dit est vrai, l'affaire sera remise à un autre temps ; cependant, le tribunal devra exiger de ce patron un écrit par lequel il s'oblige à lui amener le prévenu aussitôt qu'il sera de retour. Si l'on sait l'endroit où le prévenu est en ce moment, on accordera dans l'écrit, à ce patron, le nombre de jours nécessaire pour aller le prendre, afin qu'il puisse faire ce qu'il a promis. Si, après le retour de l'accusé, il ne le conduit pas au tribunal, ou bien s'il ne va pas le prendre dans le temps fixé, il sera saisi et gardé à la chaîne jusqu'à ce qu'il ait livré cet accusé, et on lui infligera une peine en rapport avec la faute dont il s'est rendu coupable en manquant à sa promesse.

Art. 21. — Si une personne qui, à cause de la fuite de celui pour lequel elle s'est rendue caution, est obligée de chercher pour elle-même une autre caution afin de se mettre à la recherche du fugitif, et si, après l'avoir saisi et s'être fait payer par lui les frais de procédure et l'amende, elle vient mentir au tribunal en disant qu'elle n'a pas pu le trouver ou qu'elle n'a pas pu lui faire payer les frais judiciaires ni l'amende, elle sera punie d'une amende double de la somme totale des frais judiciaires et de l'amende qu'elle s'est fait payer.

Art. 22. — Dans cet article, le législateur rappelle aux juges que, pour se conformer aux règles d'indulgence et au *pra thom ma sat,* ils doivent être justes en prononçant leurs sentences, sans aggraver les peines des coupables, ni les adoucir lorsqu'il s'agit de crimes énormes ou d'une amende très-forte. *(Note du traducteur.)*

Art. 23. — Lorsque les deux parties adverses sont arrivées au tribunal, l'huissier doit ordonner ou faire en sorte que chacune d'elles ait quelqu'un pour écouter la lecture de l'exposé de l'affaire. Les personnes qui doivent s'acquitter de cette fonction étant désignées, l'huissier s'adresse à chacune d'elles à tour de rôle pour leur poser la question suivante : « Vous, un « tel, avez-vous été désigné pour écouter l'exposé de l'affaire « de N....? » Puis, si sa réponse est affirmative, il ordonne à un secrétaire d'écrire son nom et ceux de sa femme, de son village et de sa province. Cela fait, le tribunal fait lire trois fois l'exposé de l'accusateur ou du demandeur au prévenu ou au défendeur. Ensuite, il lui demande s'il veut répondre de vive voix à cet exposé ou se retirer pour faire un contre-exposé. Il le laissera libre de choisir.

Si le prévenu ou le défendeur désire répondre de vive voix, un secrétaire en prendra note par écrit, puis il prendra son *crang* (cahier) pour écrire sa réponse à l'exposé. Lorsque ce sécrétaire écrira cette réponse, l'huissier sera près de lui à l'effet de le surveiller, afin qu'il écrive exactement ce que le prévenu ou le défendeur répond. Si le secrétaire n'écrit pas fidèlement les réponses ou s'il se trompe en écrivant les caractères, l'huissier l'empêchera immédiatement d'écrire et le fera lier et exposer au soleil depuis le moment où il a commencé à écrire inexactement jusqu'au soir, et le fera relâcher ensuite. Si le prévenu ou le défendeur demande à se retirer pour faire un contre-exposé, le tribunal lui donnera trois jours pour le faire. Si, au bout de trois jours, il n'est pas prêt à l'apporter, il lui accordera un délai de trois jours, lequel écoulé, il pourra, si c'est néessaire, lui en accorder un second de trois jours. Si le neuvième jour au plus tard il ne l'apporte pas, le tribunal le fera saisir et lui fera mettre les entraves aux pieds pour le forcer à donner son contre-exposé. Après quinze jours, à dater de celui où il a promis de faire son contre-exposé, s'il ne l'a pas donné au tribunal, que ce soit sa faute ou celle de sa caution qui a fait trainer ce travail en longueur, l'affaire sera jugée d'après le *Lakkhana atbarvotto*.

ART. 24. — Lorsque le prévenu ou le défendeur a fait son contre-exposé, l'huissier le remet au juge d'instruction et exige le prix convenu (un bat) pour le dépôt et la garde de ce contre-exposé. Si l'huissier l'a transcrit, il se fera payer deux *slong* pour sa peine et autant pour le papier; il exigera en outre un *bat* pour garder le *peac*, un *bat* pour la confrontation du contre-exposé avec l'exposé (pheum peac), dix *slong* pour la citation (du prévenu ou du défendeur). S'il y a plusieurs personnes, c'est dix *slong* pour chacune d'elles; dix *slong* par *samnal chung* pour chaque personne, s'il y a plusieurs accusateurs ou plusieurs demandeurs.

Si un prévenu ou une personne assignée à comparaître devant le tribunal se trouve dans la province où est le tribunal, le prix de la citation (chung ca) est de dix *slong* (1 fr. 75 cent.). S'il se trouve éloigné, le prix augmente en raison de l'éloignement; ainsi, s'il y a une province (khet) intermédiaire à traverser, il est de trois *bat*, deux *slong;* s'il y a un grand nombre de provinces intermédiaires, le prix augmente de deux *bat* par province.

Il en est de même du prix du *samnar chung* (invitation faite aux accusateurs ou aux demandeurs à se rendre au tribunal), qui est aussi de dix *slong* s'ils se trouvent dans la province où est le tribunal, et qui va en montant progressivement, comme le *chung ca*, selon le nombre des provinces à traverser pour se rendre au tribunal. Le prix du *chung ca* est pour le juge d'instruction; le prix du *samnar chung* est pour celui qui a été chargé d'aller porter la citation ou d'aller arrêter un prévenu; le prix de la garde de l'exposé et du contre-exposé, qui est d'un *bat* pour chaque écrit, est pour l'huissier auquel ils sont confiés; enfin, le prix de la craie (dey sa) est pour les secrétaires. Lorsqu'il n'y a pas de prix de la craie, les secrétaires auront le tiers du prix de la garde de l'exposé et du contre-exposé; dans ce cas, l'huissier qui en a la garde n'aura pour lui que les deux tiers de ce prix. Quant au *khuat,* qui revient aux juges, ils en donneront un dixième à l'huissier, qui donnera aux secrétaires un tiers de ce dixième.

ART. 25. — Si c'est un capital ou un bien-fonds (immeuble) qui est la matière du procès, le tribunal en prélèvera le dixième comme *khuat*. Si ce sont les intérêts d'un capital ou les fruits ou les revenus d'un bien-fonds, il en prélèvera les 2/10es. Il prélèvera aussi les 2/10es de l'amende infligée à celui qui perd sa cause dans de tels procès. Lorsque la loi ne dit pas que l'amende sera versée intégralement au trésor du roi, elle sera divisée en dix parties égales, dont quatre pour le trésor du roi, quatre pour celui qui a gagné son procès et deux pour le tribunal.

Lorsqu'un capital et ses intérêts ou un bien-fonds et ses revenus sont la matière d'un procès, la partie qui le gagne aura 13/20es de la somme totale du capital et des intérêts ou du bien-fonds et de ses revenus. Le tribunal en aura 3/20es et le trésor 4/20es : sur les 4/20es qui reviennent au trésor, il y en aura un pour le trésorier lui-même (chaufai khuat pra khlang). Ce 20e, qui est pour le trésorier, sera lui-même divisé en trois parts, dont deux pour le trésorier et une pour ses *phneac ngear* (mandarins subalternes). La part des *phneac ngear* sera elle-même divisée en trois parts, dont deux pour eux-mêmes et une pour les secrétaires. Telle est la règle que le trésorier doit suivre pour le partage.

ART. 26. — Les produits et les revenus des bénéfices, des apanages, etc., que les mandarins tiennent de la munificence du roi, selon l'usage du royaume et d'après leurs dignités, comme forêts, rizières, plantations, pêcheries, etc., doivent être partagés en trois. Le roi en aura les deux tiers et celui qui a le bénéfice ou l'apanage l'autre tiers. Le tiers qui revient à celui qui a la jouissance du bénéfice ou de l'apanage, sera lui-même partagé en trois parties dont deux pour les *phneac ngear* (mandarins subalternes) et le troisième pour le premier secrétaire qui, s'en réservant un tiers pour lui-même, divisera les deux autres entre tous les secrétaires, selon l'usage et les convenances.

ART. 27. — Lorsque le tribunal choisit ceux qui doivent écouter la lecture de l'exposé d'une affaire et le contre-exposé de l'accusé ou du défendeur (neac sdap peac), son choix doit se porter sur des personnes vertueuses et justes (cas neac sdap peac).

S'il choisit des individus sans aveu, adonnés à la boisson, qui n'ont aucune connaissance du bien et du mal, du juste et de l'injuste, dans le cas où la partie qui a été condamnée attaquerait sa sentence ou en appellerait, les juges ne pourraient point s'appuyer sur le témoignage de tels individus pour se défendre. De plus, le tribunal, après avoir jugé une affaire, doit conserver pendant trois ans l'exposé et le contre-exposé de cette affaire, ainsi que les pièces sur lesquelles il a basé sa sentence. Après, il pourra les faire disparaître. S'il perd, avant trois ans, l'exposé et le contre-exposé d'une affaire qu'il a jugée et les pièces sur lesquelles il s'est appuyé pour rendre sa sentence, et que la partie qui a perdu sa cause demande la révision du procès ou interjette l'appel, les juges sont tenus de subir les conséquences de la perte du procès et de payer tout ce que la partie qu'ils ont condamnée a dépensé ou a déboursé (amende, frais judiciaires, etc.. *trou tous sang sach kedey).*

ART. 28. — Lorsque le tribunal a reçu une plainte portée contre quelqu'un, si l'accusé est à proximité, il doit le faire arrêter le jour même où la plainte a été portée.

Si l'accusé est éloigné de trois journées de chemin, l'envoyé du tribunal doit partir le jour même pour mettre à exécution le mandat d'amener. S'il laisse s'écouler plus de trois jours avant son départ, dans le cas où il ne pourrait pas rencontrer l'accusé, il sera passible de la peine qu'aurait dû subir cet accusé et sera obligé de payer tout ce qu'il aurait dû payer s'il avait perdu son procès (trou tous sang sach kedey).

Si l'accusé habite dans la province où siége le tribunal et que l'envoyé puisse partir le soir même du jour où la plainte a été déposée, s'il n'est pas parti ce soir-là et que l'accusé ait pris la fuite, il subira toutes les conséquences de la perte du procès (trou tous sang sach kedey), c'est-à-dire que si l'accusé doit être condamné à l'amende, l'envoyé la paiera; s'il doit être condamné à payer des dommages-intérêts ou une somme quelconque et les frais du procès, il les paiera; s'il doit être condamné à subir une peine quelconque, il la subira à sa place.

Lorsque l'accusé est loin, si l'envoyé du tribunal est parti avant que trois jours ne fussent écoulés, ou bien si, lorsque l'accusé est très-près, l'envoyé est parti le jour où la plainte a été portée devant le tribunal, dans le cas où il ne le trouverait pas, il n'est passible d'aucune peine, parce qu'il n'est pas coupable.

Si, après avoir déposé sa plainte, le demandeur ou l'accusateur ne conduit pas l'envoyé ou l'huissier du tribunal au domicile de l'accusé ou du défendeur, et ne le lui montre pas, cet envoyé ou l'huissier n'est point coupable, si l'accusé ou le défendeur s'esquive et prend la fuite.

Le tribunal doit commencer l'instruction du procès aussitôt

qu'il a reçu le contre-exposé du défendeur ou de l'accusé ; il ne doit pas laisser s'écouler plus de sept jours. S'il ne la commence qu'après que sept jours se sont écoulés, l'huissier du tribunal (ocknha sala) sera puni d'une amende *tam bonda sac*, au profit du trésor du roi. Aussitôt après que le juge *khlang chhebap* a prononcé sa sentence, l'huissier doit exiger du condamné ou de la partie qui a perdu sa cause l'amende et les frais judiciaires. Si, après trois délais, le premier de trois jours, le second de cinq et le troisième de sept, il n'a pas payé, il sera garroté et exposé au soleil durant trois jours. Si, après ces trois jours, il n'a pas encore pu payer, il sera attaché dans l'eau pendant trois autres jours. Si, ces trois jours écoulés, il n'a pas payé, il sera conduit sur un marché pour être vendu. Dans le cas où, à cause de son prix trop élevé, personne ne voudrait l'acheter, il sera livré comme esclave à celui qui a eu gain de cause et on n'exigera de lui que la part de l'amende qui revient au trésor du roi. Quant au *khual chumnum,* on ne pourra pas l'exiger.

Art. 29. — Dès que l'audience doit commencer, quand les deux parties adverses ou l'accusateur et l'accusé sont en présence devant le tribunal, l'huissier doit avertir les patrons ou les maîtres qui sont venus pour y assister et ceux qui ont été désignés pour écouter la lecture de l'exposé de l'accusateur ou du demandeur, et du contre-exposé de l'accusé ou du défendeur, de se tenir tranquilles ; d'écouter en silence afin que la vérité puisse se faire jour ; de ne point prendre la parole à la place des plaideurs ou de l'accusateur et de l'accusé ; de ne pas répondre pour eux aux questions qui leur sont posées ; de ne point leur suggérer les réponses qu'il doivent faire. Si, dans le cours de l'instruction, la caution ou ceux qui ont été désignés pour écouter la lecture de l'exposé et du contre-exposé de l'affaire, ou les parties adverses, remarquent que les juges parlent de choses étrangères ou contraires à l'exposé ou au contre-exposé, ils emploieront des paroles convenables pour le leur faire remarquer et les rappeler à la question. Il ne leur est permis ni d'élever la voix, ni d'entrer en discussion avec les juges, ni de discuter l'affaire eux-mêmes. Quiconque, ne tenant pas compte de cet avertissement, voudra faire selon son bon plaisir, sera condamné, pour cette contravention, à une amende *tam bonda sac* au profit du roi et du tribunal, par parties égales. Mais si le tribunal leur a donné la parole, ils ne sont point coupables.

Aᴿᴛ. 30. — Lorsque les deux parties adverses ou les accusateurs et les accusés sont devant le tribunal, l'huissier les empêchera d'avoir ni bâtons, ni armes quelconques avec lesquelles des coups puissent être donnés ou des blessures faites. Si, en entrant, les deux parties adverses ou les accusateurs et les accusés portent des armes ou des instruments quelconques, il les leur enlèvera. Au tribunal, l'huissier, armé de son épée, se placera entre les parties adverses; s'il ne le fait pas et que les parties adverses s'injurient, se battent, s'entre-tuent, ou bien si, par incurie, par défaut de vigilance, il quitte son épée, qu'une des parties adverses saisit pour blesser l'autre, il sera puni d'une amende *tam bonda sac* au profit du trésor du roi.

Les cautions et les avoués (ncac sdap peac) qui maudissent les juges ou lancent des imprécations contre eux, sont passibles d'une amende *tam bonda sac* et d'une autre amende proportionnée à la gravité de leur faute.

Les cautions ou les *ncac sdap peac* (ceux qui sont désignés pour écouter la lecture de l'exposé et du contre-exposé d'une affaire) qui frappent les juges à coups de poing ou à coups de pied, ou les bousculent, sont passibles d'une amende *tam bonda sac* et de trente coups de rotin.

Si les juges, inconséquents et trop vifs, ont donné occasion à ce qui est arrivé en frappant illégalement, en bousculant, en donnant des coups de poing, des coups de pied aux cautions ou à ceux qui doivent écouter la lecture de l'exposé et du contre-exposé, ou en les maudissant, l'affaire sera jugée comme si elle était arrivée entre des personnes du peuple, sur la voie publique ou dans un marché, et chacun de ceux qui se sont ainsi battus sera puni d'une amende de un *ánching*, dix-sept *tomlong* (105 francs), au profit du trésor du roi. Il en sera de même si c'est l'huissier du tribunal qui se bat avec les cautions ou avec les personnes désignées pour écouter la lecture de l'exposé et du contre-exposé d'une affaire.

Aᴿᴛ. 31. — Lorsque l'huissier du tribunal voit qu'un juge s'écarte, dans l'instruction d'un procès, des règles de l'équité, il doit l'en avertir et l'exhorter à procéder en toute justice. Si le juge ne l'écoute pas, il doit en prévenir les grands mandarins (ac sena bodey montrey ena del chea thom), afin qu'ils le rappellent à son devoir et l'excitent à suivre les règles de l'équité. Si le juge ne prend pas en considération leurs avertissements, alors l'huissier en référera au roi, qui punira le coupable selon la gravité de sa faute. Si, lorsque l'huissier, voyant un juge s'écarter des lois de la justice, le lui fait remarquer en toute convenance et justement, celui-ci, bien loin de l'écouter, se met en colère contre lui et veut l'opprimer parce qu'il ne le craint pas, il sera puni d'une amende de trois *ânching,* dix-sept *tomlong* (218 francs), au profit du trésor du roi et de l'huissier, par égales parties, comme coupable de contravention.

L'huissier du tribunal qui, voyant un juge s'écarter des lois de la justice en jugeant un procès, se tait parce qu'il craint l'autorité de ce juge ou parce qu'il est son complice, se rend coupable de contravention à l'ordre du roi et sera puni d'une amende *tam bonda sac* au profit du trésor du roi, et de quinze coups de rotin.

ART. 32. — Quand le secrétaire donne lecture de l'exposé ou du contre-exposé d'une affaire, afin que le juge d'instruction ou l'une des parties en prenne connaissance, l'huissier doit veiller à ce qu'il lise exactement, sans rien ajouter ni retrancher. S'il remarque qu'il ne lit pas exactement ou qu'il se trompe, il lui frappera la bouche de trois coups de palette, ensuite il lui fera recommencer la lecture exacte de l'écrit, sans y ajouter ni retrancher. Si le secrétaire veut se racheter des trois coups de palette, il le peut en donnant un *bat* pour chaque coup.

ART. 33. — On laissera demeurer, dormir, aller et venir ensemble des plaideurs qui se sont fait des menaces au tribunal, mais l'huissier les surveillera avec vigilance et ne les perdra point de vue, ni le jour, ni la nuit, afin de voir ce qui se passe entre eux, attendu qu'ils sont ennemis les uns des autres. S'ils se querellent ou se disputent, quel que soit le sujet de leur querelle ou de leur dispute, il leur imposera silence, et s'ils ne l'écoutent pas, il leur mettra les entraves aux pieds et les fera éloigner les uns des autres. Il n'exigera le prix des entraves que de ceux qui ont commencé la querelle ou la dispute, ou de ceux qui en ont été cause.

Si une personne étrangère au procès vient frapper, bousculer une des parties, lui donner des coups de pied devant le tribunal de manière à l'aveugler ou à lui faire des blessures à la tête ou des meurtrissures quelconques, on la punira d'une amende triple de celle qui serait proportionnée aux blessures ou aux meurtrissures. Cette amende sera divisée par tiers, entre le trésor du roi, le blessé et le tribunal; puis, l'instruction continuera son cours. Si celui qui a soit frappé, soit blessé une des parties adverses, est parent de l'autre partie, après lui avoir infligé l'amende comme on vient de le dire, le tribunal peut punir aussi la partie dont un parent s'est si mal conduit; si, d'après l'instruction, la partie qui a été maltraitée doit perdre son procès ou si elle ne doit ni le perdre ni le gagner, c'est-à-dire si les deux parties doivent être renvoyées dos à dos, celui qui a frappé perdra le procès et subira toutes les conséquences de cette perte. Si la partie dont un des parents est venu frapper ou maltraiter la partie adverse doit avoir gain de cause, le tribunal renverra les deux parties dos à dos, et celui qui, de sa propre autorité, s'est porté à ces voies de fait, sera condamné à payer, à la partie qui devait gagner sa cause, l'amende que celui qui devait la perdre aurait dû lui payer.

Si la partie dont un des parents est venu maltraiter l'autre partie est complice de celui qui a frappé ou maltraité, le tribunal la condamnera immédiatement, sans même examiner l'affaire en litige.

Lorsqu'un étranger vient au tribunal se disputer avec une des parties adverses, l'huissier lui fera des observations et lui imposera silence, et, s'il ne l'écoute pas, il le saisira et le mettra à la chaine pendant douze heures, puis exigera de lui le prix de la chaîne et le prix de son arrestation, et le relâchera.

Art. 34. — Quiconque, sachant que quelqu'un est allé porter une plainte ou un acte d'accusation à un tribunal qui a lancé contre lui un mandat d'amener, se livre à des voies de fait contre l'auteur de cette plainte ou de cette accusation, le frappe, le blesse ou lui enlève ses biens, sera condamné à une amende de trois *ânchéng*, dix-sept *tomlong* (218 francs), au profit du trésor du roi, pour le punir de sa brutalité, sans compter la peine et l'amende qu'il doit subir pour le crime ou la faute dont il est accusé. Cette dernière amende sera pour le trésor du roi et l'accusateur, par parties égales.

ART. 35. — Si des plaideurs en viennent aux voies de fait entre eux devant le tribunal, se battent, se donnent des coups de pied, des coups de poing, se font des blessures avant que l'huissier n'ait pu les en empêcher ou parce qu'ils ne l'ont point écouté lorsqu'il a voulu les en empêcher, le tribunal, après avoir fait examiner et constater les blessures, punira celui qui les a faites, conformément à la loi, d'une amende au profit du trésor du roi, du tribunal (pour son entretien et les réparations dont il a besoin) et du blessé, par tiers.

ART. 36. — Tout juge qui, abusant de son autorité, met soit la cangue, soit les entraves aux pieds, soit la chaîne, soit les *antcac* (autre sorte d'entraves), soit le *neng nong* (bambou suspendu au cou), à des personnes dont la faute ne mérite pas cette peine, sera condamné à une amende de trois *ânching*, dix-sept *tomlong* (218 francs), au profit du trésor du roi, et subira la peine qu'il a infligée à la victime de sa brutalité. Tout juge qui frappe du rotin des personnes dont la faute ne mérite pas cette peine, ou qui fait soit frapper sur la bouche, soit suspendre par les pieds, soit exposer au soleil, des personnes qui ne méritent point ce supplice, sera condamné à trois *ânching*, dix-sept *tomlong* d'amende, au profit du trésor du roi, et subira la peine qu'il a infligée à la victime de sa brutalité.

Tout juge qui tient un langage obscène, de manière à faire rougir de honte devant l'assemblée une personne du sexe féminin, qui lui saisit la main, lui palpe les seins, l'embrasse, l'étreint entre ses bras, etc., sera condamné à une amende de trois *ânching,* dix-sept *tomlong* (218 francs), au profit du trésor du roi. Si cette personne est mariée, en outre de cette amende, on fera l'application de la loi contre les adultères à ce juge indigne.

ART. 37. — Le juge qui commet le crime de fornication avec une personne qui a une affaire pendante à son tribunal, s'il le commet du consentement de cette personne ou s'il l'a louée à cet effet, sera condamné à l'amende selon le *Lakkhana pra reach ocknha.* S'il lui a fait violence, cette amende sera double. Si la personne avec laquelle il a commis le crime de fornication est une jeune fille, il sera condamné à payer, en outre de l'amende dont on vient de parler, une seconde amende *tam bonda sac* au profit de celui dont dépend cette fille et qui en a la surveillance (père, mère, grand-père, grand'mère, oncle, tante, tuteur, etc.), et du trésor royal, par parties égales. Si la personne à laquelle il a fait violence a un mari ou un fiancé, ce juge sera puni d'après l'article du *Lakkhana phodey prapon*, concernant tout individu qui viole la femme d'un autre, et sera dégradé, sans pouvoir conserver aucune dignité. Quant à cette femme, si elle a consenti librement ou si elle a reçu de ce juge un salaire pour son action coupable, elle subira la peine des adultères, après avoir reçu dix coups de rotin.

Ce qui vient d'être dit du juge s'applique à l'huissier et aux secrétaires qui seraient dans le même cas que ce juge.

Art. 38. — Un juge, comme toute autre personne qui, voyant deux parties adverses au tribunal s'injurier, se maudire ou se battre, prendra fait et cause pour l'une d'elles, excitera sa colère ou l'aidera à injurier, à maudire ou à frapper l'autre, subira la même peine que la partie reconnue coupable de ces injures, de ces malédictions ou des coups qui ont été donnés.

Art. 39. — Lorsqu'un juge interroge un prévenu ou une personne qui a un procès, il doit lui recommander de répondre exactement et conformément à la vérité. Si un prévenu ou un plaideur ment impudemment ou s'exprime d'une manière insolente, pour inspirer la terreur; s'il pousse des cris contre le juge, fait des signes de menace avec les mains, avec les poings, soit contre le tribunal, soit contre la partie adverse; s'il grince des dents, tire la langue, s'il trace des signes en forme de pied de corbeau, soit sur les cloisons, soit sur le plancher, soit sur le seuil du tribunal; s'il broie entre ses doigts des feuilles de bétel, de bananier ou toute autre chose; s'il tient des conversations à voix basse avec ses associés; s'il leur fait des signes avec les yeux ou de toute autre manière, etc., etc., d'après la loi et sur la demande de la partie adverse ou des accusateurs, le tribunal peut suspendre l'audience commencée, pour juger préalablement la conduite de celui qui se comporte ainsi. S'il juge qu'il mérite d'être puni du rotin, il le fera frapper sans avoir aucun égard, et s'il juge qu'il doit être attaché, il le fera attacher. Puis il reprendra l'instruction interrompue.

Art. 40. — Quand le tribunal reçoit un acte d'accusation contre quelqu'un qui demeure auprès de quelque grand dignitaire, il doit écrire au *balat* (lieutenant) de ce dignitaire pour l'inviter à conduire l'inculpé devant le tribunal compétent. Si l'inculpé est le client d'un grand mandarin, le tribunal écrira au *chamcrom* de ce mandarin pour qu'il lui amène le prévenu, afin de le juger. Si l'accusé est une personne de la cour, le tribunal écrira au *crom-vang* (dignitaire de la cour qui a la surveillance du personnel du palais), afin qu'il l'amène et qu'on puisse le juger. A la demande du tribunal, le *crom-vang* mettra l'accusé à la cangue ou à la chaîne pour le lui amener; arrivé devant le tribunal, l'accusé sera débarrassé de sa chaîne ou de sa cangue. Lorsque le *crom-vang* ou le *chamcrom* d'un grand mandarin reçoit du tribunal une demande d'amener une personne, il doit examiner s'il est utile ou non d'avertir le patron de l'accusé. Si ce patron est du palais, il examinera s'il convient qu'il sorte pour se présenter devant le tribunal; ensuite, il avisera le patron de l'accusé, qui donnera la permission de l'emmener. S'il est opportun que le roi ait connaissance de l'affaire, on la lui fera connaître et il décidera si l'accusé doit être livré au tribunal ou non. Le *crom-vang* devra se conformer à la décision de Sa Majesté, sous peine de se rendre coupable d'une contravention qui le rendrait passible d'une des huit peines rapportées dans le *Lakkhana pra reach ocknha*.

S'il s'agit de saisir un mandarin qui tient sa dignité du roi ou qui est occupé à un travail pour Sa Majesté, le tribunal doit écrire soit au *chang-vang*, soit au *chamcrom*, soit au *balat crom*, afin qu'il donne connaissance de l'accusation au roi qui décidera si l'on doit le livrer à la justice. Si, de sa propre autorité, le *chang-vang*, ou le *chamcrom*, ou le *balat crom*, autorisent son arrestation, ils se rendent coupables d'une contravention qui les rend passibles d'une des huit peines mentionnées dans le *Lakkhana pra reach ocknha*.

Art. 41. — Un patron, un maître, ou quiconque ayant autorité sur une personne, qui, après avoir été averti plusieurs fois par l'huissier du tribunal, continue à empêcher l'arrestation d'un accusé, parce qu'il est son client, son esclave ou son protégé, et qui s'oublie jusqu'à en venir aux voies de fait contre l'huissier ou l'envoyé du tribunal, ou qui l'injurie et le maudit, sera condamné à cinquante coups de rotin et à une amende double de celle qui serait infligée à un particulier qui se rendrait coupable des mêmes actes; cette amende sera prononcée au profit de celui qui a été maltraité et du trésor du roi, par moitié.

Art. 42. — Quiconque a l'audace de venir arracher des mains de l'huissier ou de l'envoyé du tribunal un prévenu ou un accusé qu'il a saisi et qu'il emmène au tribunal, sera condamné à cinquante coups de rotin et à une amende double de celle qui est infligée à un individu quelconque qui se rendrait coupable de la même violence envers un simple particulier. Cette amende est pour la personne à laquelle on a fait violence et pour le trésor, par parties égales.

Quiconque injurie, maudit ou frappe soit un envoyé, soit l'huissier du tribunal, soit un juge (tralacar), sera puni de cinquante coups de rotin et d'une amende double de celle à laquelle serait condamné tout individu qui se rendrait coupable des mêmes injures, des mêmes malédictions ou des mêmes coups envers un simple particulier. Cette amende revient par moitié à la personne ainsi maltraitée et au trésor du roi.

Art. 43. — Un huissier ou un secrétaire du tribunal qui, envoyé pour saisir un accusé, ne le trouvant pas, s'emporte soit contre le père ou la mère, soit contre des parents avancés en âge de cet accusé, et leur cause une grande frayeur, ou qui, trouvant l'accusé malade, le saisit sans rien écouter et, malgré l'état ou il le trouve, l'entraîne avec violence et lui cause une grande frayeur, sera puni d'une amende *tam bonda sac;* tous ceux qui l'ont accompagné et qui se sont rendus complices de sa violence, seront aussi punis de la même amende. Toutes ces amendes reviennent par moitié à la victime des violences et au trésor du roi. Si, par suite de cette frayeur ou de cette violence, celui qui en a été la victime tombe malade dans l'espace de sept jours et meurt, tous ceux qui ont été cause de sa mort par la conduite qu'ils ont tenue à son égard, seront condamnés à payer sa vie au prix de dix *ânching,* dix *tomlong* (588 francs). La moitié de cette somme sera employée à faire de bonnes œuvres pour le défunt et l'autre sera versée au trésor du roi.

Art. 44. — Quiconque, se trouvant dans l'embarras, a prié quelqu'un de lui servir de caution, puis a pris la fuite, sera condamné, s'il est saisi, à payer à sa caution tout ce qu'elle a déboursé en son lieu et place. Si celui qui s'est rendu caution change d'avis après avoir remis au tribunal l'écrit par lequel il s'est engagé à servir de caution, ne veut plus être caution et redemande son écrit aux juges, il sera tenu, pour se libérer et recevoir son écrit, de chercher quelqu'un qui consente à servir de caution et de l'amener au tribunal qui, alors, lui rendra son écrit. Lorsque celui qui a fourni une caution est saisi pour une affaire autre que celle pour laquelle il l'a fournie et est conduit devant un autre tribunal, si l'affaire pour laquelle il est saisi en dernier lieu n'est point un crime qui le rende justiciable du préfet de police (crom pra nocor bal), celui qui l'a saisi sera puni d'après l'article de la loi qui concerne et punit quiconque empêche la justice d'avoir son cours, en soustrayant un prévenu, et le tribunal qui a reçu le premier acte d'accusation obligera celui qui a saisi en second lieu ce prévenu à le lui remettre afin qu'il soit jugé.

Art. 45. — Si le tribunal ou l'huissier du tribunal a rendu, à celui qui s'était rendu caution, l'écrit par lequel il s'y était engagé, ou si le prévenu n'a point de caution et n'a pas de quoi payer l'amende et les frais judiciaires, l'huissier doit maintenir ce dernier en état d'arrestation et le mettre à la chaîne, puis il le confiera à celui qui est préposé à la garde des personnes arrêtées et des prévenus. S'il s'évade, le gardien sera condamné à payer en son lieu et place.

Lorsqu'un créancier a mis lui-même soit le *kheno* (entraves aux pieds), soit la chaîne à son débiteur insolvable, qui a été remis au gardien des prévenus et des personnes détenues pour dettes, ou l'a attaché lui-même et a aidé à le garder, et si ce débiteur prend la fuite, le gardien ne sera obligé de payer que la partie de l'amende qui revient au trésor du roi. Ce créancier ne pourra avoir l'espoir de recouvrer sa créance et la partie de l'amende qui lui revient que quand le fugitif aura été repris. Si, au commencement du procès, on a apporté au tribunal des biens ou de l'argent, ce qui y a été porté sera partagé selon la loi.

Art. 46. — Si la partie qui a perdu un procès où des intérêts étaient engagés, meurt dans la quinzaine qui suit le prononcé de la sentence, avant que le tribunal ait pu exiger d'elle soit l'amende, soit l'argent ou les biens qui étaient en litige, la partie gagnante en supporte les conséquences ; elle ne peut avoir recours pour se faire payer ni contre la caution, ni contre la femme, ni contre les enfants du défunt.

Cependant si, dans l'écrit qu'elle a fait, la caution s'est donnée comme étant de moitié dans le procès avec celui qu'elle cautionne et a considéré ce procès comme sien, dans ce cas, cette caution devra payer la moitié de ce qu'aurait dû payer celui pour lequel elle s'est rendue caution. Si plusieurs personnes ont pris part à ce procès et en ont fait leur affaire propre, elles seront tenues, comme la caution, à payer la moitié de ce que celui qui est mort aurait dû payer en argent ou en nature.

Lorsque la mort de la partie qui a perdu son procès arrive après la quinzaine qui a suivi le prononcé de la sentence, le tribunal sera obligé de payer tout ce que le défunt aurait dû payer, parce qu'il a transgressé la loi en laissant s'écouler le temps légal avant d'exiger le bien de la partie qui a eu gain de cause et l'amende prononcée.

Art. 47. — Quiconque se porte caution pour quelqu'un qui a un procès et fait un écrit par lequel il s'engage, non-seulement à répondre pour lui s'il prend la fuite, mais encore à se considérer comme gagnant ou perdant le procès, selon que la sentence sera pour ou contre celui qu'elle cautionne, ne peut, sous peine d'une amende ou d'une punition en rapport avec le délit ou la faute de celui pour lequel il s'est engagé, nier son engagement ou chercher à s'en dégager avant que la sentence ne soit prononcée. Cette amende est pour le trésor du roi. Si, pour se dégager de sa promesse et de l'engagement qu'il a pris, il paie l'amende ou subit la peine en rapport avec le délit ou la faute de celui qu'il a cautionné, celui-ci sera tenu de chercher une autre caution, afin que l'instruction du procès puisse se poursuivre.

Art. 48. — Tout juge qui reçoit à son tribunal et juge l'affaire d'une personne qui n'est pas justiciable de lui, sera puni d'une amende de trois *ânchîng*, dix-sept *tomlong* (218 francs), au profit du trésor du roi. Quant à la personne dont il a jugé l'affaire, elle sera livrée au tribunal dont elle est justiciable.

Art. 49. — Si un juge (tralacar) n'appose pas son sceau sur le jugement qu'il a prononcé et ne fait pas verser au trésor du roi ce qui lui revient (kemean pro thop pra thomnunh), il sera puni comme s'il avait volé dans le trésor du roi; par conséquent, il sera condamné à une amende quintuple de la part qui revient au trésor dans l'amende à laquelle a été condamné celui qui a perdu sa cause. Cette amende sera intégralement versée au trésor du roi.

Art. 50. — Un juge qui, après avoir prononcé sa sentence et exigé de celui qui a perdu son procès l'amende et ce qui revient à la personne qui a eu gain de cause, laisse passer plus de cinq jours avant de verser au trésor la partie de l'amende qui lui revient et de remettre à la partie qui a gagné son procès ce à quoi elle a droit, soit dans l'amende, soit dans les biens en litige, sera puni d'une amende double de la somme totale de ce qui revient au trésor et à la partie qui a eu gain de cause. Si ce juge meurt avant d'avoir versé au trésor et remis à la partie qui a gagné son procès ce qui leur revient, on aura recours contre sa femme et ses enfants pour les faire payer.

Art. 51. — Quiconque a saisi une personne qui lui doit ou qui a une affaire litigieuse avec lui, pour la conduire au tribunal et y déposer sa plainte contre elle, ne pourra, dans le cas où cette personne prendrait la fuite, avoir son recours contre quelqu'un qui s'était présenté pour lui faire des supplications ou se porter caution pour celui qu'il avait saisi, s'il n'a pas consenti à remettre cette personne entre ses mains et s'il a rejeté ses prières et ses supplications.

Art. 52. — Un huissier ou un envoyé du tribunal qui va arrêter une personne autre que celle dont le nom est dans l'acte d'accusation, se rend coupable de vexations envers le peuple (comchoc rucreas); par conséquent, si le peuple porte plainte contre lui, on lui passera une corde au cou pour le conduire au tribunal, qui le condamnera à une amende *tam bonda sac* au profit de la personne qu'il a saisie et du trésor, par moitié. Cet huissier ou cet envoyé, en outre de l'amende, paiera un *bat* pour prix de la corde.

Si non-seulement il a saisi un innocent, dont le nom n'est point celui qui se trouve dans l'acte d'accusation, mais si, de plus, il l'a mis à la chaîne ou à la cangue, ou s'il l'a maltraité d'une manière quelconque, on lui fera subir une des huit peines mentionnées dans le *Lakkhana pra reach ocknha.*

Art. 53. — Lorsque, dans un acte d'accusation contre un grand nombre de prévenus, on ne met que les noms de quelques-uns parce que ceux des autres sont inconnus à l'accusateur, on ne doit saisir que les prévenus dont les noms sont mentionnés dans l'acte d'accusation, pour les amener au tribunal qui doit les obliger à faire connaître tous ceux dont les noms sont inconnus, si, toutefois, ceux qui ont été saisis sont d'accord avec l'accusateur sur le nombre des prévenus ou s'ils avouent avoir des complices. Si, au contraire, ils prennent sur eux seuls la responsabilité de ce dont ils sont accusés et toutes les conséquences qui peuvent s'en suivre, le tribunal, après avoir exigé d'eux un écrit par lequel ils s'engagent, comme ils le promettent, à subir toutes les conséquences de la perte du procès, on commencera l'instruction. Lorsque l'accusateur et les accusés saisis diffèrent sur le nombre des prévenus, qui est, d'après l'accusateur, plus grand, et plus petit d'après les aveux des prévenus qui ont été appréhendés, le tribunal obligera ceux-ci à prêter serment; puis, on commencera l'instruction du procès. Toutes les dépenses à faire pour la prestation du serment sont à la charge de l'accusateur.

S'il s'agit d'un procès criminel, en cas de désaccord entre l'accusateur et les prévenus saisis, sur le nombre plus grand ou moindre des prévenus, on procédera selon le *Lakkhana crom pra nocor bal* pour le juger.

Art. 54. — Si un des juges (tralacar) fait lui-même l'exposé d'une affaire (peac) pour l'une des parties, s'il écrit dans les interlignes de l'exposé ou du contre-exposé, ou s'il efface ou change des mots; s'il prend des engagements par écrit envers une des parties ou se rend caution pour l'une d'elles, il se rend coupable et sera puni d'une amende de trois *ânching*, dix-sept *tomlong* (218 francs), au profit du trésor du roi.

Art. 55. — Les plaideurs qui font un écrit par lequel ils se désistent de la poursuite d'une affaire qui n'a pas encore été jugée par le tribunal et affirment qu'ils se sont réconciliés, n'auront à payer que deux *tomlong* et deux *bat* (7 francs), comme *khuất chumnum* et *predap kedey*, chacun, au profit du tribunal. Si leur désistement et leur réconciliation ont lieu ailleurs que devant le tribunal et avant le prononcé de la sentence, ils paieront au même titre deux *tomlong*, deux *bat*, à son profit.

ART. 56. — Le tribunal ne peut exiger l'amende et les frais judiciaires que de la partie qui a été condamnée et de sa caution; il ne peut l'exiger ni de leurs femmes, ni de leurs enfants. Si la partie qui a perdu son procès et sa caution veulent vendre leurs femmes et leurs enfants, afin de se procurer l'argent nécessaire pour payer, cela dépend de leur volonté; le tribunal ne peut les saisir ni les vendre lui-même pour avoir l'amende et les frais judiciaires, et, s'il le fait, il sera puni d'une amende égale à la somme qu'il a obtenue de la vente de ces personnes ou qu'il a exigée d'elles, au profit du trésor du roi.

ART. 57. — Quiconque va saisir un client ou un esclave dont le patron ou le maître n'a pas reçu du tribunal une invitation ou un avertissement par écrit de le lui amener, comme c'est l'usage, sera, pour cette contravention, condamné à subir une des sept peines mentionnées dans le *Lakkhana ockuha luong* et à une amende proportionnée aux mauvais traitements qu'il a fait endurer à celui qu'il a saisi; s'il l'a lié, s'il lui a donné des coups de pied, des coups de poing, etc., il sera jugé et puni selon la gravité et le nombre des blessures ou des meurtrissures. Parmi les personnes qui ont accompagné celui qui est allé saisir ce client ou cet esclave, toutes celles qui l'ont aidé, qui ont coopéré activement à ses actes, subiront les mêmes peines que lui-même. Quant à celles qui n'ont rien fait, qui n'ont pas coopéré à ses actes (day mun dal), elles seront punies chacune d'une amende égale à la moitié de celle dont le chef et chacun de ceux qui ont coopéré à ses actes sont punis. La somme totale de l'amende du chef et de ceux qui ont coopéré à ses actes sera divisée, par parties égales, entre la victime de ces mauvais traitements et le trésor du roi. Quant à celle qui provient de l'amende de chacun de ceux qui ont accompagné le coupable, mais qui n'ont point coopéré à ses actes, elle sera intégralement versée au trésor du roi.

Art. 58. — Si un envoyé du tribunal va seul ou avec une suite, pour arrêter un prévenu et, soit par ses mauvais traitements et sa violence, soit parce qu'il lui donne l'éveil en parlant haut, est cause qu'il disparaît et prend la fuite avant que son patron ou son maître n'en ait été averti, il sera puni de trente coups de lanière de cuir de buffle desséché. Si quinze jours s'écoulent avant qu'il ait pu le trouver, il paiera le procès (oi sang sach kedey ki), c'est-à-dire qu'il subira les peines et paiera l'amende et les frais judiciaires que ce prévenu aurait dû supporter, s'il avait été condamné. Par exemple, si le prévenu est un débiteur, celui qui est cause de sa fuite devra payer : 1º ce qu'il doit ; 2º les frais judiciaires ; 3º l'amende, si le débiteur avait dû y être condamné.

Si celui qui a fui est un client ou un esclave, celui qui a été cause de sa fuite ne peut pas obliger son patron ou son maître à le chercher pour le livrer. Si ce fugitif est serviteur ou *pol* (soldat) du roi, celui qui l'a fait fuir sera tenu de travailler à sa place jusqu'à ce qu'il l'ait retrouvé. S'il est l'esclave de quelqu'un, il sera obligé d'en payer le prix à son maître, selon sa demande. De plus, il sera tenu de payer toutes les dépenses faites pour le chercher ou le saisir.

Art. 59. — Lorsque le maître ou le patron d'un prévenu n'est point connu, celui qui est porteur d'un mandat d'arrêt contre ce prévenu peut le saisir partout où il le rencontre. Mais, après l'avoir saisi, le tenant par la main, il doit lui demander où demeure son maître ou son patron, et quand il le saura, il y conduira ce prévenu et le livrera à son maître s'il est esclave, à son patron s'il est client, lui ordonnant de l'amener au tribunal pour qu'il soit jugé. Si, après que cet envoyé ou cet agent de la justice a pris connaissance de la demeure du maître ou du patron du prévenu, il ne le lui conduit pas ou ne le lui livre pas afin qu'il l'amène lui-même au tribunal, et si, contrairement à l'usage, il l'y amène lui-même, il se rend coupable et sera condamné à une des sept peines dont il est question dans le *Lakkhana ocknha luong* ; ensuite, le tribunal invitera ce maître ou ce patron à venir répondre pour le prévenu et suivre l'instruction du procès.

Art. 60. — Quiconque est chargé d'exécuter les ordres du

roi doit s'y conformer ponctuellement. Si Sa Majesté ordonne soit de citer, soit d'appréhender, soit de surveiller et garder à vue, soit de mettre la cangue ou la chaîne, soit d'infliger une peine quelconque, il doit le faire sans hésiter et sans égards, parce que la parole écrite ou verbale du roi est la justice même.

Art. 61. — Si l'accusateur est une personne de la cour et l'accusé une personne qui n'en est pas, le *crom vang* mandera au juge de la cour royale (sala luong) d'écrire au patron ou au maître du prévenu, afin qu'il l'amène ; puis, le *crom vang*, le juge de la cour royale et ce patron ou ce maître réunis, jugeront l'affaire.

Art. 62. — Si la femme d'un mandarin ou d'un homme du peuple, ayant une affaire avec quelqu'un, demande au tribunal de le citer, on doit, d'après l'usage, écrire au mari de cette femme pour qu'il l'accompagne et vienne suivre l'instruction du procès. Le mari, dans ce cas, peut empêcher sa femme de se présenter au tribunal et s'y présenter seul, en son lieu et place, pour poursuivre l'affaire, parce que la loi dit que « le mari et « la femme ne font qu'une personne » et que « ce que l'un « gagne ou perd, l'autre le gagne ou le perd avec lui. »

Art. 63. — Le patron ou le maître d'un prévenu, ou le prévenu lui-même, qui, après que l'envoyé ou l'huissier du tribunal lui a remis un mandat d'arrêt, se met en colère contre l'accusateur et fait des imprécations devant cet envoyé ou cet huissier, se rend coupable d'injures envers lui et sera condamné à une amende égale à la moitié de l'amende *tam bonda sac*. (Voir le *Lakkhana crom chor.)*

Art. 64. — Un envoyé du tribunal qui, en l'absence du mari, va citer ou garder à vue une femme, se rend coupable et sera puni d'une amende *tam bonda sac;* s'il la saisit et l'entraîne, il sera condamné à l'amende double. Si, après l'avoir saisie, il lui met soit la chaîne, soit la cangue, soit les entraves aux pieds, et l'amène, il sera condamné à une amende triple de l'amende *tam bonda sac* et subira la peine qu'il a fait endurer à cette femme.

Art. 65. — Si, pendant qu'un envoyé du tribunal, qui est allé citer une femme dont le mari est absent, saisit celle-ci, la garde à vue, lui met soit la chaîne, soit la cangue, soit les entraves aux pieds, ou l'entraîne, le mari survient et, emporté par la colère, maudit, frappe ou perce cet envoyé et lui fait des blessures, ou lui casse un membre, il n'est pas coupable, parce que « l'époux et l'épouse doivent s'entr'aider et s'exposer à mourir « l'un pour l'autre. »

Si ce mari tue l'envoyé du tribunal qui a maltraité sa femme, il ne sera condamné qu'à payer sa vie, selon l'usage (trente *tomlong* = 84 francs).

Si, au contraire, cet envoyé du tribunal maudit ou frappe ce mari, lui fait des meurtrissures ou des blessures, ou l'estropie, il sera condamné à une amende *tam bonda sac* et à une peine afflictive ou pécuniaire, selon le nombre et la gravité des meurtrissures ou des blessures, et perdra sa dignité. S'il tue le mari de cette femme, il sera puni de mort et ses biens seront confisqués.

Art. 66. — Si une femme qu'un envoyé du tribunal est allé citer, garder à vue ou saisir, de sa propre autorité, sans prévenir son mari, s'arme soit d'un bâton, soit d'un fusil, soit d'un sabre, et frappe, blesse ou perce cet envoyé, lui fait des blessures graves ou le tue, la loi la déclare innocente. De plus, si cet envoyé ne meurt pas, il sera puni d'une amende de trois *ânching*, dix-sept *tomlong* (218 francs), au profit du trésor du roi.

Art. 67. — Un mari qui, recevant du tribunal une lettre pour l'avertir que sa femme est accusée et qu'il doit l'accompagner à l'audience, se met en colère contre elle, l'abandonne, la laisse amener sans vouloir l'accompagner pour répondre pour elle, suivre l'instruction du procès et l'aider, peut être abandonné par cette femme, parce qu'il a prouvé qu'il n'a plus d'affection pour elle.

Si cette femme, abandonnée par son mari et par ses parents, a été accompagnée au tribunal par un étranger qui s'est rendu caution pour elle, qui a suivi l'instruction du procès, qui a payé l'amende et les frais judiciaires pour elle, elle peut épouser, si elle le veut, cet étranger, sans que son premier mari puisse s'y opposer, en prétextant qu'il lui vole sa femme.

Art. 68. — Si une femme, qui a une affaire litigieuse et à qui son mari a refusé l'autorisation de la poursuivre en justice, ne l'écoute pas, mais veut plaider et s'adresse à ses parents pour se faire cautionner et pour défendre sa cause (sdap peac), le tribunal doit, avant de recevoir sa plainte, examiner si elle a assez de biens propres pour faire face à toutes les dépenses. Si elle n'en a pas assez, il la renverra et ne recevra pas sa plainte. Si elle en a suffisamment, il la recevra et jugera l'affaire. Après la sentence, cette femme sera remise à son mari, quand même elle protesterait qu'elle ne le veut pas parce qu'il l'a abandonnée, attendu que la loi la considère, non pas comme une femme abandonnée, mais comme une entêtée qui n'a pas voulu écouter son mari.

ART. 69. — Une femme qui, en l'absence de son mari, oubliant sa condition, maudit, insulte, frappe quelqu'un, le meurtrit, lui brise les membres ou lui donne la mort, doit être considérée comme une furie. En conséquence, le tribunal ne sera pas tenu d'attendre le retour de son mari pour la faire saisir et comparaître; il devra mander, soit aux parents de cette femme, soit à ceux de son mari, de la lui amener pour qu'elle soit jugée.

Si cette femme n'a plus ni son père, ni sa mère, ni son grand-père, ni sa grand'mère, ou quelqu'un de ses parents, on la conduira au tribunal pour qu'elle soit jugée. Celui qui l'amènera au tribunal répondra d'elle et l'aidera dans sa défense.

ART. 70. — Si une femme mariée est accusée en justice soit d'être sorcière ou magicienne, soit de faire mourir les enfants des autres ou de faire des sortiléges pour nuire; d'avoir eu commerce criminel avec un bonze, d'avoir procuré le moyen aux femmes de la cour d'avoir des amants; de s'être rendue coupable de lèse-majesté par des paroles injurieuses contre le roi ou de toute autre manière, d'être complice de rebelles; d'avoir maudit, injurié, insulté les princes, la reine ou les femmes du roi, les employés de la cour et les mandarins qui ont plus de cinq *pon;* d'avoir commis un crime de deuxième catégorie (mobanta tus); pourvu que l'accusation soit fondée et que les renseignements soient certains, en l'absence de son mari, le tribunal ordonnera, soit au père ou à la mère, soit à un des parents de cette femme, de l'amener afin qu'elle soit jugée.

ART. 71. — Si un huissier du tribunal, qui a été envoyé pour arrêter une femme mariée, lui dit des plaisanteries, des paroles galantes pour la provoquer à faire mal avec lui, il sera puni d'une amende *tam bonda sac*. S'il s'oublie jusqu'à l'embrasser, lui donner des baisers, lui prendre les mains ou lui palper les seins, il sera puni d'une amende *tam bonda sac* et de trente coups de lanière de cuir de buffle desséché. Si, pour commettre l'adultère avec elle, il use de violence, la lie, quand même il n'aurait pas pu consommer l'acte coupable, il sera puni d'une amende double de la précédente et de soixante coups de lanière de cuir de buffle desséché. Si, en usant de violence envers elle, il est parvenu à commettre l'adultère, l'amende sera triple, le nombre de coups de lanière de cuir de buffle qu'il devra recevoir sera de quatre-vingt-dix, et il perdra sa dignité.

ART. 72. — Tous ceux qui sont accusés d'avoir fait la piraterie, d'avoir tiré sur quelqu'un, de l'avoir percé, de lui avoir fait des blessures avec des armes tranchantes, de l'avoir tué, d'avoir détruit un mausolée, une *prasat*, un *chay dey* (tourelle), ou d'avoir fait des excavations pour voler des objets cachés ; d'avoir incendié une maison, une pagode, ou d'avoir fondu des statues de Somana Codom ; d'avoir tué leur mère, d'avoir incendié le palais du roi, d'avoir commis l'adultère avec la femme d'autrui ou d'avoir eu des rapports coupables avec la fille, la petite-fille ou la nièce de quelqu'un ; d'avoir fait fuir des esclaves ou d'avoir volé des bœufs, des buffles, des éléphants, des chevaux, des bateaux ou des chariots ; tous ceux qui, mal famés, se promènent armés la nuit ; ceux qui sont surpris au moment où ils font des ouvertures à des haies ou à des cloisons, ou lorsqu'ils coupent les treillis qui servent de plancher aux maisons ou les parois des habitations ; les malfaiteurs qui montent dans une maison à une heure indue, soit du jour, soit de la nuit ; les empoisonneurs, les bonzes coupables de fornication, ceux qui font mal avec une bonzesse ; les voleurs qui sont arrêtés tenant en main les objets volés, ceux qui se disputent ou se battent dans un marché ou dans un endroit quelconque, ceux qui sont surpris au moment où ils volent, pillent ou ravissent le bien d'autrui, ou lorsqu'ils coupent une valise ou l'enveloppe d'un paquet pour voler, seront saisis partout où on les rencontrera et amenés au tribunal, qui écrira, si l'accusé est client ou esclave de quelqu'un, à son patron ou à son maître, afin qu'il vienne assister à l'instruction du procès. Si on ne s'adresse soit au patron, soit au maître du prévenu, qu'après que celui-ci a eu l'éveil et s'est enfui ou s'est caché, afin que ce patron ou ce maître le saisisse et le livre, dans le cas où le prévenu ne pourrait pas être saisi, son patron ou son maître n'est pas coupable.

Art. 73. — Lorsqu'une accusation est lancée contre la fille, la petite-fille, la nièce ou la sœur cadette de quelqu'un, le tribunal doit écrire au père ou à la mère, au grand-père ou à la grand'mère, à l'oncle ou à la tante, au frère aîné de l'accusée, pour lui ordonner de la lui amener, afin qu'elle soit jugée. S'ils ne veulent pas l'amener au tribunal, ils doivent s'y présenter eux-mêmes pour elle; si le père ou la mère, le grand-père ou la grand'mère, l'oncle ou la tante, le frère aîné ou la sœur aînée de l'accusée ne peut venir, pour cause d'absence, alors le tribunal examinera les chefs d'accusation, et s'il ne s'agit que de malédictions, d'injures, de paroles de mépris, de coups donnés sans blessures, ou bien de l'entrée dans une maison d'invités qui vont et viennent, montent et descendent; ou bien si l'accusée s'est libérée, de sa propre autorité, d'une dette ou d'un emprunt de peu de valeur, le tribunal surseoira au jugement jusqu'à ce que la personne qui a autorité sur l'accusée, qui, de fait ou de droit, est chargée de sa tutelle, soit revenue; alors il lui mandera d'amener l'accusée, afin qu'elle soit jugée. Mais, s'il y a accusation d'un crime de la deuxième catégorie (mohanta tus), quand même la personne dont dépend l'accusée serait absente, le tribunal ne peut différer et remettre à un autre temps l'instruction du procès; par conséquent, il ordonnera à un de ses parents de l'amener pour qu'elle soit jugée.

Art. 74. — Tout envoyé du tribunal (même l'huissier) qui doit aller citer soit la fille, soit la petite-fille, soit la nièce, soit la sœur cadette (non mariée) de quelqu'un, doit s'adresser à celui dont cette jeune personne dépend (néac eyson) (1) et lui ordonnera de la conduire devant le tribunal. S'il va, de sa propre volonté, la citer ou l'appeler lui-même, il se rend coupable et sera

---

(1) On désigne ainsi quiconque a autorité sur une fille, comme, par exemple, le père ou la mère sur la fille, le grand-père ou la grand'mère sur la petite-fille, les oncles ou les tantes sur leurs nièces, le frère aîné, la sœur aînée sur leurs cadets. (Note du traducteur.)

puni d'une amende *tam bonda sac*. S'il lui prend la main pour l'amener, qu'elle aille ou non avec lui, il sera puni d'une amende double de l'amende *tam bonda sac*. S'il lui met soit la cangue, soit la chaîne, soit les entraves aux pieds, il sera condamné à une amende triple et subira le supplice qu'il lui a fait endurer.

Art. 75. — Lorsque l'huissier ou un envoyé du tribunal est allé citer ou appeler lui-même soit la fille, soit la petite-fille, soit la nièce, soit la sœur cadette non mariée (cremom) de quelqu'un, sans avertir celui qui a autorité sur elle, si celui-ci maudit ou frappe cet huissier ou cet envoyé, il n'est point coupable. Cependant, s'il le frappe de manière à lui faire des meurtrissures, des blessures graves au visage ou à la tête, ou s'il lui brise un membre, il ne sera puni que selon le nombre et la gravité des meurtrissures ou des blessures, parce que la faute qu'il a commise en frappant un envoyé du tribunal est compensée par celle de l'envoyé qui s'est rendu coupable de contravention.

D'après la loi, une femme qui a injurié, maudit, insulté ou frappé, de manière à lui faire des blessures, un envoyé du tribunal qui a usé de violence envers elle pour la saisir ou la lier, n'est point coupable.

Art. 76. — L'huissier du tribunal qui, envoyé pour citer quelqu'un, dit des plaisanteries ou des paroles déplacées soit à la fille, soit à la nièce, soit à la petite-fille, soit à la sœur cadette non mariée (cremom) de celui qu'il doit citer, pour la séduire, sera puni d'une amende *tam bonda sac*. S'il lui prend la main, l'embrasse ou lui palpe les seins, il sera condamné à une amende *tam bonda sac* et à trente coups de lanière de cuir de buffle desséché. S'il la saisit, la lie et la viole, il sera condamné à une amende double de celle *tam bonda sac,* et à soixante coups de lanière.

Art. 77. — Si un huissier, envoyé par le tribunal, va faire violence soit à la fille, soit à la petite-fille, soit à la nièce, soit à la sœur cadette non mariée de quelqu'un, dans le cas où celui dont cette jeune fille dépend arriverait sur ces entrefaites et, emporté par la colère, maudirait ou frapperait cet envoyé de manière à lui faire des blessures graves ou lui briserait un membre, devant la loi, il n'est point coupable.

S'il le tue, il ne sera condamné qu'à payer sa vie.

Art. 78. — Si une accusation est portée contre une veuve qui habite chez quelqu'un qui est son protecteur, le tribunal doit écrire à celui-ci pour lui enjoindre de l'amener, afin qu'elle soit jugée. S'il est absent, le tribunal écrira à quelqu'un des parents de cette veuve pour lui ordonner de la faire comparaître devant lui. Si l'envoyé du tribunal va la citer, la saisir ou la lier lui-même, il subira la même peine que celui qui va, de sa propre autorité, soit citer, soit appeler, soit saisir, soit lier la femme de quelqu'un, parce que, d'après la loi, une veuve mérite des égards.

Art. 79. — Un patron, un maître, ou quiconque ayant autorité sur une personne, qui, après avoir reçu du tribunal l'ordre écrit d'amener un accusé, refuse d'obtempérer à cet ordre, se rend coupable ; par conséquent, il sera arrêté et mis à la cangue ou à la chaîne jusqu'à ce qu'il ait livré l'accusé.

Art. 80. — Avant de commencer l'instruction d'un procès civil, le tribunal examinera quelle est la somme que le perdant devra payer et ordonnera aux deux parties de tenir cette somme prête et de la faire voir aux juges. Si elles ne peuvent se la procurer d'avance et la tenir prête, elles doivent s'engager par écrit à rester en gage pour cette somme et à subir les conséquences de la perte ou du gain du procès. Si c'est le demandeur qui ne peut se procurer et tenir prête la somme nécessaire, en cas de perte du procès, il sera renvoyé et son accusation ne sera pas reçue. Si c'est le défendeur qui n'a pu se la procurer, dans le cas où il n'aurait pas fait d'écrit pour s'obliger à rester en gage pour cette somme, s'il perd sa cause, le tribunal le mettra à la cangue ou à la chaîne jusqu'à ce qu'il se soit procuré la somme. Si, dans le procès, il n'y a pas d'amende infligée, s'il n'y a ni perdant ni gagnant, chacune des deux parties paiera le *predap kedey,* mais il n'y aura pas de *khuat* pour le tribunal et le trésorier.

Art. 81. — Si l'une des parties, ne pouvant pas se procurer la somme qu'elle devra payer, perd son procès et qu'elle veuille faire un écrit pour engager sa personne pour cette somme, le tribunal comptera à combien cette somme doit monter et jugera si oui ou non il doit accepter cet écrit. S'il consent à l'accepter, il doit préalablement le faire porter à la femme et aux enfants de celui qui l'a fait; il ne peut l'accepter sans avoir rempli cette formalité.

Art. 82. — Lorsque la matière d'un procès est un bien meuble, il doit être apporté au tribunal. S'il n'est pas éloigné de l'endroit où l'affaire doit être jugée, celui qui le garde doit l'apporter dans l'espace de trois jours, sous peine d'être mis à la chaîne ou à la cangue jusqu'à ce qu'il l'ait apporté ou au moins livré. S'il est loin, celui qui doit l'apporter sera tenu de faire un écrit par lequel il s'obligera à l'apporter dans un temps déterminé. Si, ce temps écoulé, il ne l'a pas encore apporté, il sera mis à la cangue ou à la chaîne jusqu'à ce qu'il l'ait livré; ensuite, l'instruction du procès commencera.

Art. 83. — Si un prévenu, amené par l'envoyé du tribunal devant celui-ci, s'esquive pour aller se mettre sous la protection d'un grand personnage ou de son patron, il sera, pour ce fait, puni d'une amende *tam bonda sac*, puis l'instruction du procès commencera.

Art. 89 (1). — Lorsqu'un envoyé du tribunal amène la partie défenderesse dans un procès civil, la partie demanderesse doit accompagner cet envoyé et l'aider à garder le défendeur durant la route. Si, pendant qu'on le conduit de l'endroit où il a été arrêté au tribunal, celui-ci s'esquive soit de jour, soit de la nuit, l'envoyé ne peut pas être rendu responsable ni être obligé de payer le procès (sang sach kedey); mais, si l'envoyé ou l'huissier du tribunal conduit seul la partie attaquée, en cas de fuite il sera tenu de payer à l'autre partie les dommages-intérêts, c'est-à-dire à lui payer tout ce que la partie qui a fui aurait dû lui payer si elle avait perdu son procès. Si, plus tard, on peut saisir la partie qui a pris la fuite, elle sera condamnée sans autre forme de procès, et le tribunal exigera d'elle tout ce que l'envoyé ou l'huissier a payé en son lieu et place, et le lui rendra.

Art. 90. — Lorsqu'un envoyé ou l'huissier va arrêter un prévenu qui demeure au loin et doit passer une ou plusieurs nuits en route pour l'amener au tribunal, il l'obligera à fournir une caution qui s'engage, en cas de fuite du prévenu, à perdre

---

(1) Les articles 84, 85, 86, 87 et 88 manquent. (Note du traducteur.)

le procès en son lieu et place et à en subir toutes les conséquences. Si personne ne veut se rendre caution pour lui, sa
femme et ses enfants, ou son père ou sa mère, devront servir de
caution pour lui. Si, en chemin, il se sauve, la caution est responsable et paiera le procès (sang sac kedey), c'est-à-dire que
la caution paiera tout ce qu'aurait dû payer le prévenu s'il avait
perdu son procès. S'il s'enfuit après que la caution l'a conduit
et livré au tribunal, celle-ci n'est plus responsable : c'est sur
l'huissier que la responsabilité retombe, et c'est lui qui doit
payer les frais du procès dans ce dernier cas.

Art. 91. — Si l'huissier du tribunal peut ressaisir un prévenu qui a pris la fuite après qu'il a été amené devant la justice
et qu'il lui a été livré, il doit le mettre à la cangue ou à la
chaine, sans pitié. Si un prévenu qui a pris la fuite est allé se
réfugier dans la maison de quelqu'un et que le maitre de cette
maison, au lieu de le dénoncer, le cache, il sera puni comme
donnant asile à un malfaiteur. Par conséquent, si ce prévenu a
pu être repris et jugé, celui qui lui a donné asile sera condamné à
une amende égale à la moitié de celle qui a été infligée au coupable
lui-même. Si le prévenu n'a pu être ressaisi, le maitre de la maison qui l'a caché ou fait esquiver perdra le procès en son lieu
et place (c'est-à-dire qu'il subira les peines soit pécuniaires, soit
corporelles, qu'aurait dû subir le prévenu s'il avait été condamné).

Art. 92. — Lorsqu'un envoyé ou l'huissier du tribunal conduit un prévenu qui n'a pas de caution, dès son arrivée dans
un village ou dans un hameau, il en avertira le chef (mi scroc),
afin qu'il lui donne des gens de l'endroit pour surveiller le prévenu. S'il est nécessaire de lui mettre la cangue ou les entraves
aux pieds durant la nuit, on le fera; mais, le matin, on l'en
débarrassera pour continuer la route. Si, par négligence ou
imprévoyance, l'huissier ou l'envoyé n'a pas mis la cangue et
les entraves aux pieds du prévenu et que, pendant la nuit, il
ait pris la fuite, l'huissier et le chef du village supporteront
chacun un tiers de l'amende (creia piney) et de ce qui devait
être payé à la partie adverse, qui perdra l'autre tiers (1), parce

---

(1) Il s'agit là d'un débiteur ou de quelqu'un qui avait à payer des dommages-intérêts ou à rendre un bien quelconque. (Note du traducteur.)

qu'elle n'a pas aidé à garder le prévenu. Si, plus tard, on peut ressaisir ce fugitif, il sera condamné, sans autre forme de procès, à ce que l'envoyé ou l'huissier et le chef du village ont payé pour lui ; ceux-ci seront remboursés.

ART. 93. — Quiconque conseille à un prévenu de fuir ou lui indique un lieu où il peut se retirer pour se soustraire aux recherches de la justice, sera puni d'une amende égale à la moitié de celle qui serait infligée à ce prévenu s'il était pris ; si ce prévenu, suivant les conseils ou les indications qui lui ont été donnés, a pris la fuite et ne peut être saisi, celui qui les lui a donnés paiera le procès (sang sach kedey), c'est-à-dire qu'il subira les peines pécuniaires ou afflictives que ce prévenu aurait dû subir s'il avait été jugé et condamné.

ART. 94. — Quiconque délie furtivement un accusé qui a été arrêté, lui ôte les entraves ou la chaine pour le faire fuir, sera condamné, s'il est saisi, à une amende égale à celle à laquelle l'accusé aurait été condamné et à quinze coups de lanière de cuir de buffle desséché. Si cet accusé fugitif est repris plus tard, il sera condamné sans autre forme de procès et puni sans pitié ni miséricorde, comme il le mérite, d'après la gravité de son crime ou de son délit.

ART. 95. — Quiconque, ne faisant pas le métier de passer les voyageurs d'un bord d'un cours d'eau ou d'un lac à l'autre, passe sans discernement quelqu'un qui est sous le coup d'un mandat d'arrêt, sera condamné à payer le procès (sang sach kedey), c'est-à-dire à payer tout ce que celui qu'il a passé aurait dû payer s'il avait été condamné, et subira les peines qu'il aurait dû subir. Mais si, avant de le passer, il a averti les anciens de l'endroit, il n'est point coupable. Quiconque, ne faisant pas le métier de passer les voyageurs d'un bord d'un cours d'eau ou d'un lac à l'autre, passe sans discernement un esclave fugitif, sera condamné à payer les trois quarts de son prix. Cependant, si, avant de le passer, il a prévenu les anciens de l'endroit, il n'est pas coupable et ne sera pas tenu de payer quoi que ce soit.

ART. 96. — Si celui qui a passé au-delà d'un cours d'eau ou d'un lac un individu qui est sous le coup d'un mandat d'arrêt ou un esclave en fuite, l'a fait parce que cet individu ou cet esclave a usé de violence envers lui et l'y a forcé, il n'est point coupable. Dans ce cas, le tribunal se contentera de lui faire prêter serment et de lui faire payer le prix de la citation, qui est de dix *slong*.

ART. 97. — Quiconque a prêté soit un animal (cheval, éléphant, etc.), soit une barque, soit un chariot à un individu qui est sous le coup d'un mandat d'arrêt, pour qu'il puisse fuir, si ce fugitif a néanmoins pu être saisi, sera condamné à quinze ou trente coups de lanière de cuir de buffle desséché et à la confiscation de l'animal ou de l'objet prêté, qui devient la propriété du roi. Si ce fugitif n'a pu être saisi, celui qui a favorisé sa fuite en lui fournissant les moyens de fuir sera condamné à subir, à sa place, les peines pécuniaires ou afflictives qu'il aurait dû subir s'il avait été condamné.

Quiconque fournit à un esclave les moyens de fuir, en lui prêtant soit un animal (cheval, éléphant, etc.), soit une embarcation, sera condamné, si cet esclave ne peut être saisi, à payer son prix et à recevoir de quinze à trente coups de lanière de cuir de buffle desséché, si cet esclave a été saisi.

ART. 98. — Quiconque a vendu à un individu en état d'arrestation qui veut fuir, soit un cheval, soit un éléphant, soit un bœuf, soit un buffle, soit un chariot, soit une barque, ou les lui a donnés en échange d'un objet quelconque, si la vente ou l'échange a eu lieu en secret, sans témoins, sera condamné à subir la moitié de la peine pécuniaire ou afflictive que ce fugitif aurait dû subir s'il avait été condamné et si ce fugitif n'a pu être saisi. Mais, s'il a été ressaisi, celui qui a fait cette vente ou cet échange avec lui, ne sera point puni. Si, lorsqu'il a vendu ou échangé cet animal ou cet objet, il y avait des témoins, il n'est pas coupable, parce que tout homme est libre de vendre ou d'échanger ce qui lui appartient.

Quiconque vend à un esclave en fuite soit un cheval, soit un éléphant, soit un bœuf, soit un buffle, soit un chariot, soit une barque, ou les lui donne en échange d'un objet quelconque, si la vente ou l'échange ont eu lieu en secret et sans témoins, sera condamné à payer le prix de cet esclave, s'il ne peut être saisi; mais, s'il peut être saisi, il ne sera point puni. Si, lorsque la vente ou l'échange ont eu lieu, il y avait des témoins, celui qui a vendu ou fait l'échange n'est point coupable et n'est obligé à rien.

ART. 99. — Quiconque reçoit inconsidérément comme passager, dans un bateau ou dans un chariot, un individu en état d'arrestation, si cet individu a pu être ressaisi, sera puni de quinze coups de rotin, puis relâché; si l'individu ne peut être repris, dans le cas où il l'aurait reçu dans son bateau ou dans son chariot sans rien dire et sans témoins, il sera condamné à subir les peines pécuniaires ou corporelles que le fugitif aurait dù subir s'il avait été condamné. Mais si, lorsqu'il l'a reçu comme passager, le maire ou les anciens de l'endroit étaient présents, il n'est point coupable; aussi, que ce fugitif puisse être ressaisi ou non, il n'est passible d'aucune peine.

Quiconque reçoit inconsidérément comme passager, dans son bâteau ou dans son chariot, un esclave fugitif, si cet esclave peut être repris, sera puni de quinze coups de rotin, puis relâché; si cet esclave ne peut être repris, dans le cas où, lorsqu'il l'a reçu, il n'aurait rien dit et où il n'y aurait pas eu de témoins, il sera condamné à payer le prix de cet esclave; mais si, lorsqu'il l'a reçu dans son bateau ou dans son chariot, le maire ou les anciens de l'endroit étaient présents, il n'est point coupable; aussi, que cet esclave puisse être repris ou non, il n'est passible d'aucune peine et ne peut être obligé de rien payer.

ART. 100. — Si un individu en état d'arrestation ou un esclave en fuite se joint à des voyageurs pour faire route avec eux sur une voie publique ou à travers une forêt, pour aller à des endroits différents, dans le cas où il serait établi par l'instruction que ces voyageurs n'ont eu aucune connaissance de la condition ou de l'état de celui qui s'est joint à eux, la loi déclare qu'ils ne sont point coupables.

ART. 102. — (1) Quiconque a indiqué le chemin pour aller soit dans un village, soit dans une province, soit dans une forêt ou dans un endroit quelconque, à un individu qui est en état d'arrestation ou à un esclave en fuite, est déclaré innocent, pourvu que l'instruction établisse qu'il a ignoré l'état et la condition de celui qui le lui demandait ou qu'il a été trompé

---

(1) L'article 101 manque. (Note du traducteur.)

par lui ; par conséquent, il n'aura à payer que le *chung ca* (prix de la citation).

Art. 103. — Lorsque quelqu'un accuse en justice une personne de détenir chez elle soit son esclave, soit son débiteur, soit un animal qui lui appartient, soit enfin un bien quelconque, le tribunal doit écrire, dans l'espace de quinze jours, pour faire saisir et amener ou apporter devant lui la personne, l'animal ou le bien, sujet de la plainte. Si, après avoir reçu la plainte, il laisse s'écouler plus de quinze jours avant d'écrire, dans le cas où cet esclave, ce débiteur, cet animal, ou, en un mot, le bien qui est le sujet de l'accusation périrait ou se perdrait, le tribunal sera obligé de payer son prix et les frais judiciaires.

Art. 104. — Si un esclave veut accuser son maître d'un crime, il doit préalablement payer ce qu'il lui doit ; après, il pourra déposer au tribunal un acte d'accusation contre lui (1). S'il l'accuse d'un crime de la deuxième catégorie (mohanta tus), dans le cas où il ne pourrait point faire la preuve de son accusation ou s'il était prouvé qu'elle est fausse, d'après la loi, on doit le faire monter sur le *chhu andot*. (Voyez le *Lakkhana crom chor.*) Ensuite, on lui infligera la peine *acros* durant trois jours, puis on lui coupera l'extrémité des lèvres et on le vendra pour une somme trois fois plus forte que celle qu'il doit à son maître (loc chea thvi cun). Mais si l'accusation est prouvée, s'il est établi que le maître s'est rendu coupable du crime dont il est accusé, cet esclave sera mis en liberté et son maître sera puni comme il le mérite (thu tus mechas tam tusa nutus).

XI. — CROM SANG KREY.

Article premier. — Quiconque épouse les deux sœurs sera puni d'une amende de trente *tomlong* et de la confiscation de ses biens : cette peine atteint les deux conjoints, qui doivent être séparés. Quiconque épouse la sœur aînée de la femme de son

---

(1) Le paiement de la dette, avant la déposition de l'acte d'accusation, n'est pas de rigueur lorsqu'il s'agit d'un crime de la deuxième catégorie ; dans ce cas, il suffit que le tribunal connaisse le prix de l'esclave qui accuse.

père (la femme dont il s'agit ne peut être que la femme en secondes noces ou la seconde ou troisième femme) sera puni, lui et sa femme, chacun d'une amende de trente *tomlong* et de la confiscation de leurs biens. Les conjoints doivent être séparés. Quiconque épouse la tante et la nièce sera puni d'une amende de trente *tomlong* et de la confiscation de ses biens. Les deux conjoints encourent cette peine et doivent être séparés. Quiconque épouse la mère et la fille sera puni d'une amende de trente *tomlong* et de la confiscation de ses biens. Les deux conjoints encourent cette peine et doivent être séparés. Quiconque épouse la grand'mère et la petite-fille sera puni de trente *tomlong* d'amende et de la confiscation de ses biens. Les deux conjoints encourent cette peine et doivent être séparés. Quiconque se marie à une enfant qui lui a été donnée ou qu'il a achetée et nourrie depuis son berceau, à laquelle il a fait la cérémonie de la coupe des cheveux (cat soc tuc icam) comme signe d'adoption ; un enfant, garçon ou fille, d'une famille, qui se marie avec un enfant (fille ou garçon) adoptif de cette famille; quiconque se marie avec sa grand'mère ou son grand-père, ou avec sa grand'mère ou son grand-père par adoption, sera puni d'une amende (dach surel bang) de trente *tomlong* et de la confiscation de ses biens. Les deux conjoints encourent cette peine et doivent être séparés. S'il n'y a pas eu mariage entre les personnes dont on vient de parler dans les cas précédents, mais seulement inceste ou fornication, les coupables ne seront condamnés qu'à l'amende *dach surel bang;* leurs biens ne seront pas confisqués.

Si, le crime étant prouvé, le juge fléchit et fait une remise de la peine aux coupables, il sera condamné à payer au trésor du roi dix fois la valeur de la remise qui leur a été faite.

Art. 2. — Celui ou celle qui se marie soit avec sa grand'mère ou son grand-père, soit avec sa grand'mère ou son grand-père par alliance, se rend gravement coupable et passible de l'amende

---

(1) Le *sang krey* est le magistrat chargé de veiller à ce que personne ne contracte mariage quand il y a empêchement légal; c'est lui qui juge ceux qui ont violé la loi, et c'est aussi à son tribunal que ressortissent les affaires concernant des bonzes. (Note du traducteur.)

surel bang (trente tomlong) ; l'époux et l'épouse subissent tous les deux cette amende.

Les cousins et cousines, germains, qui se prennent pour époux et épouses seront punis de l'amende *surel bang* (trente tomlong). Quiconque épouse soit sa petite-fille, soit sa nièce, soit sa tante, sera puni de l'amende *surel bang*. La personne qu'il a épousée subira aussi cette amende. Si la nièce épouse son oncle, les deux conjoints seront punis de l'amende *surel bang*.

Quiconque se marie soit avec sa petite-fille, soit avec sa nièce, soit avec sa tante par alliance, sera puni de l'amende *surel bang*. La personne qu'il a épousée subira aussi cette amende.

Si la nièce se marie avec son oncle par alliance, les deux conjoints seront punis de l'amende *surel bang* (chacun trente tomlong).

Si les personnes mentionnées ci-dessus, dans cet article, ne se marient pas, mais commettent l'inceste ou la fornication ensemble, les coupables seront punis chacun d'une amende de quinze *tomlong*.

Art. 3. — Celui ou celle qui se marie avec sa bisaïeule ou son bisaïeul, avec sa grand'tante ou son grand oncle, avec sa petite-fille ou son petit-fils, avec sa nièce ou son neveu, que le lien résulte de parenté ou d'alliance, se rend passible d'une amende de quinze *tomlong*. Les deux conjoints doivent payer cette amende.

Si les personnes mentionnées ci-dessus n'ont pas contr mariage, mais ont commis l'inceste ou la fornication, l'amende de chaque coupable sera de sept *tomlong*, deux *bat* (21 francs).

Art. 4. — Quiconque se marie avec une personne qui lui est unie par parenté ou par alliance, soit en ligne directe, soit en ligne collatérale au quatrième degré, sera condamné à une amende de sept *tomlong*, deux *bat* (21 francs). S'il y a eu inceste, fornication entre ces personnes, sans mariage, l'amende sera de trois *tomlong*, deux *bat* pour chacun.

Art. 5. — Quiconque épouse deux sœurs nées de même père et de même mère, et les garde simultanément pour femmes, ou bien prend d'abord pour épouse l'aînée, dont il a des enfants, puis, après sa mort ou après son divorce avec elle, prend la cadette pour femme ; ou bien encore épouse d'abord la cadette, dont il a des enfants, ensuite, après sa séparation soit par le divorce, soit par la mort, se marie avec l'aînée, sera puni de l'amende *dach surel* (trente tomlong ou 84 francs) et de la confiscation de ses biens. La personne qu'il a épousée sera aussi punie de cette amende.

Quiconque contracte mariage avec la nièce de sa femme, soit de son vivant, soit après avoir divorcé avec elle, soit après sa mort, sera puni de l'amende *dach surel* et de la confiscation de ses biens. La personne qu'il a épousée subira les mêmes peines que lui.

Quiconque épouse la petite-fille de sa femme, soit de son vivant, soit après sa mort, soit après s'être séparé d'elle par le divorce, sera condamné à l'amende *dach surel* et à la confiscation de ses biens. La personne qu'il a épousée subira les mêmes peines que lui.

Quiconque épouse une enfant qu'il a achetée ou qui lui a été donnée et qu'il a nourrie dès son berceau, pour laquelle il a fait la cérémonie de la coupe des cheveux en signe d'adoption, sera puni d'une amende *dach surel* (trente tomlong) et de la confiscation de ses biens. La personne qu'il a épousée subira les mêmes peines que lui.

Art. 6. — Quiconque, après avoir épousé sa cousine germaine, contracte un nouveau mariage avec la sœur cadette de sa femme, sera condamné à l'amende *surel bang* (trente tomlong) ; la personne avec laquelle il a contracté ce nouveau mariage sera aussi condamnée à cette amende.

Quiconque, après avoir épousé la petite-fille de sa tante, se marie avec la nièce de celle-ci, sera condamné à l'amende *surel bang* ; la personne avec laquelle il s'est marié en dernier lieu sera aussi condamnée à cette amende.

Quiconque épouse la grand'mère de sa femme, qui est sa cousine germaine, sera condamné à une amende de trente *tomlong*. La personne qu'il a épousée en dernier lieu sera aussi condamnée à cette amende.

Dans les trois cas qui précèdent, peu importe qu'il ait contracté ce dernier mariage du vivant de sa femme ou après la séparation, soit par le divorce, soit par la mort ; s'il a eu des enfants avec elle, il tombe sous le coup de la loi.

Quiconque contracte mariage soit avec la tante, soit avec la nièce, soit avec la petite-fille de sa femme, qu'il contracte ce mariage du vivant de celle-ci, après sa mort ou après avoir divorcé avec elle, s'il en avait eu des enfants, il sera puni d'une amende de sept *tomlong,* deux *bat.* La personne avec laquelle il a contracté ce mariage sera également punie de cette amende. Lorsque la personne qu'il a épousée est du cinquième degré de parenté avec sa femme, l'amende est de cinq *tomlong,* un *bat* pour chacun des conjoints si le mari avait eu des enfants de sa femme.

Art. 7. — Quiconque prend pour femme une personne qui a été l'épouse de son frère aîné, de son frère cadet, de son oncle, de son neveu, de son grand-père, de son petit-fils, de son beau-frère, de son père ou de son fils, et qui a eu des enfants de ce premier mari, mort ou séparé d'elle par le divorce, sera puni de la confiscation de ses biens et d'une amende de trente *tomlong,* sans remise ni pitié.

Art. 8. — Quiconque épouse une personne qui a été la femme soit de son cousin germain, soit de quelqu'un qui est du second degré de parenté ou d'alliance avec lui, en ligne directe ou en ligne collatérale, et qui a eu des enfants de ce premier mari, mort ou divorcé avec elle, sera puni d'une amende de trente *tomlong ;* mais ses biens ne seront pas confisqués. La personne avec laquelle il a contracté ce mariage illicite sera aussi punie de cette amende. Si la personne qu'il a épousée, a été l'épouse d'un de ses parents ou alliés au troisième degré, l'amende est de quinze *tomlong* pour lui et de quinze *tomlong* pour celle avec laquelle il a contracté ce mariage illicite. Lorsque la personne avec laquelle il a contracté ce mariage contrairement à la loi, est du quatrième degré de parenté ou d'alliance avec la femme de celui qui l'a épousée, chacun des conjoints sera puni de sept *tomlong,* deux *bat* d'amende, s'il y a eu des enfants du premier mariage de cette femme.

Art. 9. — Si deux frères, qui épousent deux sœurs, intervertissent l'ordre, l'aîné prenant la sœur cadette et le cadet la sœur aînée, ce qui s'appelle *tos dong cam,* ils seront condamnés à une amende de quinze *tomlong* chacun; chacune des deux sœurs sera aussi condamnée à quinze *tomlong* d'amende.

Art. 10. — Le bonze qui, après avoir reçu les ordres (phu

sang) défroque et se marie avec la personne qui, au défaut de ses parents, lui fournissait sa nourriture et ses vêtements de bonze (sbang chipor), ou avec la grand'mère, la tante, la sœur aînée ou la sœur cadette, la fille, la nièce, la petite-fille de cette personne, ou bien avec une femme unie par alliance à celle qui lui fournissait sa nourriture et ses habits de bonze, au même degré que les personnes énumérées plus haut, commet une faute grave; — il sera puni de la confiscation de ses biens au profit du roi et d'une amende de trente *tomlong* (dach surel bang). Celle qu'il a épousée subira les mêmes peines que lui. Les juges ne peuvent leur faire aucune remise, sous peine d'une amende quintuple de la remise qu'ils auraient faite au détriment du trésor du roi.

ART. 11. — Si la personne que ce bonze défroqué a prise pour femme est parente de la personne qui lui fournissait sa nourriture et ses habits pendant qu'il était en religion, ou si elle lui est unie par alliance au second degré, lui et sa femme seront condamnés à l'amende *surel bang* (trente tomlong) chacun; mais leurs biens ne seront pas confisqués. Si la personne que ce bonze défroqué a épousée est parente de la femme qui lui fournissait sa nourriture et ses vêtements de bonze ou si elle lui est unie par alliance au troisième degré, lui et sa femme seront punis d'une amende de quinze *tomlong* chacun (42 francs), sans aucune remise.

Si ce bonze a épousé une personne qui est parente de celle qui lui fournissait ses vivres et ses habits ou qui lui est unie par alliance au quatrième degré, lui et celle qu'il a épousée seront punis d'une amende de sept *tomlong,* deux *bat* chacun (21 francs).

ART. 12. — Celui qui a *ordonné* (1) un jeune homme devient, par ce fait, parent spirituel de ce jeune homme, qui est considéré comme *sel;* par conséquent, quand même ce jeune homme viendrait à défroquer ou à mourir quelque temps après, si celui qui l'a *ordonné* quitte l'habit religieux et prend pour femme la sœur, la tante, la nièce, la belle-sœur, la grand'-mère ou la petite-fille de ce jeune homme, il commet ce que le

---

(1) Admis dans les ordres religieux.

Code appelle *sal val*. Pour cela, lui et celle qu'il a épousée seront condamnés à la confiscation de leurs biens et à l'amende *surel bang* (trente tomlong) chacun.

Si le jeune homme qui a été ordonné défroque et se marie avec la sœur, la belle-mère, la tante, la nièce, la petite-fille, la grand'mère, ou la belle-sœur de celui qui l'a *ordonné (cru,* maître, précepteur), lui et sa femme seront punis de la confiscation de leurs biens et d'une amende de trente *tomlong* (surel bang) chacun.

Art. 13. — Si l'*ordinant,* après avoir défroqué, épouse une personne parente de l'*ordonné* ou unie à lui par alliance au second degré, ou bien si l'*ordonné,* après avoir quitté ses habits de bonze, se marie avec une personne parente de l'*ordinant* ou unie à lui par alliance au second degré, lui et celle avec laquelle il a contracté mariage seront punis d'une amende de trente *tomlong* chacun (dach surel bang), mais leurs biens ne seront pas confisqués. Si la personne que l'*ordinant* défroqué prend pour femme est du troisième degré de parenté ou d'alliance avec l'*ordonné* chacun des conjoints sera mis à l'amende de quinze *tomlony.*

Si la personne que l'*ordonné* défroqué épouse est du troisième degré de parenté ou d'alliance avec l'*ordinant,* le mari et la femme seront punis d'une amende de quinze *tomlong* chacun.

Si la personne que cet *ordinant* défroqué prend pour femme est du quatrième degré de parenté ou d'alliance avec celui qu'il a *ordonné,* lui et sa femme seront mis à l'amende de sept *tomlong,* deux *bat* (21 francs) chacun.

Si l'*ordonné* défroqué contracte mariage avec une personne qui est du quatrième degré de parenté ou d'affinité avec celui qui l'a *ordonné,* lui et sa femme seront condamnés à une amende de sept *tomlong,* deux *bat* chacun.

Art. 14. — Tout bonze qui, ayant reçu les ordres (chea phic), quitte les habits religieux et se marie avec une personne qui habite près de la bonzerie où il était, ou avec une personne qui, quoique demeurant loin de cette bonzerie, a assidûment donné l'aumône (rop bat) à ce bonze lorsqu'il y était, sera puni d'une amende de quinze *tomlong.* Celle qu'il a épousée devra aussi payer cette amende.

Art. 15. — Si un bonze, qui a conversé en tête-à-tête avec

une femme ou une fille, soit chez lui, soit dans un bois, a fait naître des soupçons contre lui ou a donné lieu à des conversations sur son compte, le *sang krey* et ses officiers l'appelleront dans la pagode et lui enjoindront de dire la vérité. S'il nie, il doit intenter un procès à celui qui l'a accusé, et s'il a gain de cause, l'accusateur sera condamné à arracher les mauvaises herbes de la bonzerie pendant sept jours, à puiser cent cruches d'eau pour la bonzerie, à donner cent petits cierges, cent bâtonnets odoriférants, cent *troui*, cent cure-dents (ston), un habillement complet pour ce bonze et une amende de trente *tomlong*.

S'il y a plusieurs accusateurs, chacun d'eux sera puni de la même manière.

Art. 16. — Tout laïque qui accuse un bonze soit de l'avoir maudit, soit de l'avoir injurié, soit de lui avoir dit des paroles blessantes, et demande que ce bonze soit arrêté, doit faire preuve de ce dont il accuse ce bonze. S'il ne le peut pas ou s'il est prouvé que l'accusé n'est point coupable, l'accusateur sera condamné à lui donner cent petits cierges, cent bâtonnets odoriférants, cent *troui*, cent cure-dents (ston) et un habillement complet; à payer une amende de quinze *tomlong* et à faire des excuses au bonze qu'il a faussement accusé. S'il y a plusieurs accusateurs, chacun d'eux subira la même punition.

Si le bonze est reconnu coupable, on le dégradera, en lui faisant quitter ses vêtements de bonze, et on le condamnera à trente *tomlong* de *khual chumnum*.

Art. 17. — Tout bonze ou disciple de bonze (somner) qui se rend coupable soit de fornication, soit d'adultère, soit d'inceste, soit de bestialité (en s'accouplant avec un animal), soit d'un vol de deux *bat* et au-dessus, soit d'avoir poussé quelqu'un à un vol de deux *bat* et au-dessus, soit d'avoir assassiné ou d'avoir ordonné d'assassiner, soit d'avoir fabriqué une drogue pour tuer un enfant dans le sein de sa mère, soit d'avoir fait étalage d'une puissance qu'il n'a pas (ouot mac ouoc phal), si le crime est prouvé, sera condamné, par le *sang krey* et ses ministres (phnéac ngéar), à la dégradation et à la confiscation de tous ses biens au profit du roi, et à devenir esclave de la pagode royale.

Si les parents, les amis ou les connaissances qui ont en dépôt des biens appartenant à ce bonze coupable, connaissant sa culpabilité, n'en font pas la déclaration ou ne les livrent pas au tribunal, il seront punis de la confiscation de leurs biens et d'une amende de trente *tomlong* (dach surel bang) comme complices. Chacun de ceux qui ont en dépôt quelque objet ou quelque bien du bonze coupable sera passible de la confiscation et de l'amende. Mais si les personnes qui ont quelque chose appartenant au coupable, dès qu'elles ont connaissance de sa culpabilité, remettent ce qu'elles ont au tribunal, elles ne sont passibles d'aucune peine.

Art. 18. — Quiconque, faisant preuve d'un cœur pervers et cruel, frappe son père, sa mère, son grand-père, sa grand'mère, son oncle, sa tante, son beau-père, sa belle-mère, son frère aîné ou le mari de sa sœur aînée, s'il y a des contusions ou des blessures, sera saisi et mis dans une cage, chargé de la chaîne, de la cangue et les entraves aux pieds. Ensuite, il sera attaché à un poteau, un panier de bambous tressés sur le visage (cheal phnec erouech), et il aura à recevoir cinquante coups de *chho sandos* (flèche enflammée), tirés d'une distance égale à sept fois la longueur d'un arc. S'il veut se racheter à ces cinquante coups de *chho sandos,* il le pourra en payant un *tomlong* par coup. Enfin, ses biens seront confisqués au profit du roi et il sera condamné à l'amende *boncho sampou* (soixante tomlong). De cette amende, il y a cinq *tomlong* pour le père et la mère du coupable. Si la personne qui a été frappée comme on vient de le dire garde le silence et n'accuse pas le coupable, elle se rend passible d'une amende de quinze *tomlong.* Si les mauvais traitements n'ont consisté qu'en paroles outrageantes ou blessantes, le coupable sera puni de quinze coups de rotin et de l'amende *surel bang* (trente tomlong) (1).

Art. 19. — Toute personne qui frappe son bisaïeul, sa bisaïeule, son grand-oncle, sa grand'tante, son cousin germain plus âgé qu'elle, le mari de sa cousine germaine plus âgé qu'elle, le père ou la mère de son beau-père ou de sa belle-mère

______

(1) L'article 18 concerne les femmes aussi bien que les hommes. (Note du traducteur.)

ou bien une personne qui lui est unie par des liens de parenté ou par alliance au même degré que les personnes dont on vient de parler, et lui fait des meurtrissures ou des blessures, sera condamnée à l'amende *dach surel bang* (trente tomlong). Si cette personne a seulement injurié ou dit des paroles outrageantes à une des personnes énumérées ci-dessus, elle sera condamnée à une amende de quinze *tomlong,* sans aucune remise.

ART. 20. — Quiconque frappe son arrière-grand-oncle, son arrière-grand'tante, le fils de son grand-oncle plus âgé que lui, le mari de la fille de son grand-oncle ou de sa grand'tante plus âgé que lui, l'aïeul ou l'aïeule de son beau-père ou de sa belle-mère, son trisaïeul, sa trisaïeule, le trisaïeul ou la trisaïeule de sa femme et lui fait des contusions ou des blessures, sera puni d'une amende de quinze *tomlong*. S'il y a plusieurs coupables, chacun d'eux subira cette amende. S'il n'y a pas eu de coups donnés à une des personnes ci-dessus mentionnées, mais seulement des paroles blessantes ou des injures dites, le coupable sera puni d'une amende de sept *tomlong,* deux *bat*.

Si la personne qui a été frappée et qui a des contusions ou des blessures est du quatrième degré de parenté ou d'affinité avec celui qui l'a frappée, celui-ci sera puni de sept *tomlong,* deux *bat* d'amende.

Quiconque dit des injures ou des paroles blessantes à des personnes qui sont du quatrième degré de parenté ou d'affinité avec lui, sera puni d'une amende de cinq *tomlong*. S'il y a plusieurs coupables, chacun d'eux paiera cette amende.

Si la personne qui a été frappée, contusionnée ou blessée, est du cinquième degré de parenté ou d'affinité avec celui qui l'a frappée, celui-ci sera mis à l'amende de quatre *tomlong*.

Quiconque insulte ou injurie une personne qui est du cinquième degré de parenté ou d'affinité avec lui, sera puni d'une amende de trois *tomlong*.

Quiconque frappe et fait des blessures ou des contusions à une personne qui est du sixième degré de parenté ou d'affinité avec lui, sera puni d'une amende de trois *tomlong,* deux *bat*.

Quiconque insulte ou dit des injures à une personne qui est

du sixième degré de parenté ou d'affinité avec lui, sera condamné à payer six *bat* comme *khuat chumnum* (1).

ART. 21. — Si une personne non mariée, qui est devenue enceinte, provoque l'avortement, le juge ou ses officiers doivent la saisir et l'interroger pour connaître :

1º Son amant ;

2º La personne qui lui a fourni la drogue qu'elle a employée ;

3º Celle qui a préparé l'eau *(dam tuc cadau tuc trachac)* ;

4º Celle qui a favorisé son commerce criminel avec son amant ;

5º La personne qui leur a donné asile dans sa maison.

Puis le tribunal condamnera la coupable et son amant, chacun à une amende de trente *tomlong ;* celui qui a fourni la potion dont elle s'est servie, également à trente *tomlong* d'amende ; la personne qui a préparé l'eau, celle ou celui qui a favorisé le commerce criminel de la coupable avec son amant et celui ou celle qui leur a donné asile, chacun à une amende de quinze *tomlong.* Les juges ne peuvent leur faire aucune remise.

ART. 22. — Toute personne qui s'accouple avec un animal sera saisie, mise à la cangue et condamnée à la confiscation de tous ses biens ; de plus, elle sera attachée comme une brute durant sept jours, pendant lesquels elle devra paître l'herbe et lécher l'eau dans laquelle on a cuit le riz. Après cela, elle sera punie de l'amende *dach surel bang* (trente tomlong).

ART. 23. — Si une personne non mariée devient enceinte, le *sang krey* la fera saisir pour lui demander quel est celui avec lequel elle a eu des rapports coupables. Si c'est un de ses parents, il infligera à la coupable et à son complice (sahai) une amende plus ou moins forte, selon le degré de parenté des coupables et conformément à la loi. Si c'est un voisin, le *sang krey* le fera saisir pour l'interroger. S'il avoue sa faute, il condamnera la coupable et son complice à une amende de quinze *tomlong.* Si cette personne refuse de faire connaître celui

---

(1) Dans cet article, le législateur suppose que l'offensé est l'ascendant, soit en ligne droite, soit en ligne collatérale, de celui qui a frappé ou injurié.

Dans la législation cambodgienne, lorsqu'il y a plusieurs coupables, chacun d'eux est passible de la même peine, pourvu que la culpabilité soit égale. (Note du traducteur).

avec qui elle a eu commerce, son silence fait supposer que c'est avec un parent qu'elle ne veut pas dénoncer ; par conséquent, elle sera condamnée à une amende de quinze *tomlong* pour sa propre faute et à une autre amende de quinze *tomlong* aux lieu et place de son complice qu'elle ne veut pas faire connaître.

Art. 24. — Si un esclave épouse sa maîtresse ou la tante, la belle-sœur ou la belle-mère de sa maîtresse, le *sang krey* doit saisir les deux conjoints, les mettre à la cangue et aux fers, confisquer tous leurs biens et punir chacun d'eux de l'amende *dach surel bang* (trente tomlong).

Si un individu qui a été esclave et qui s'est libéré ou qui a été libéré, épouse, après avoir recouvré sa liberté, celle qui a été sa maîtresse, ou la tante, la belle-sœur ou la belle-mère de celle qui a été sa maîtresse, le *sang krey* doit saisir les deux conjoints, leur mettre la chaîne et la cangue, confisquer leurs biens et les punir chacun de trente *tomlong* d'amende.

Art. 25. — Une femme libre qui prend pour époux un esclave, fût-il esclave du roi, commet une faute grave. Par conséquent, le *sang krey* doit saisir cette femme et l'esclave avec lequel elle s'est mariée, les mettre à la cangue et à la chaîne, les faire couvrir d'une simple toile à moustiquaire (sbay), les faire promener dans cet état durant trois jours dans le marché, et enfin, condamner chacun d'eux à une amende de trente *tomlong* (dach surel bang), afin que les femmes ne suivent pas son mauvais exemple.

Art. 26. — Quiconque intente un procès à son père, à sa mère, à son oncle, à sa tante, à son grand-père, à sa grand'-mère, à son frère aîné, au mari de sa sœur aînée, à son beau-père ou à sa belle-mère, et demande que la personne à laquelle il a intenté ce procès soit arrêtée, se rend coupable d'une insulte envers cette personne. Par conséquent, il sera puni d'une amende de quinze *tomlong,* quand même il aurait le droit pour lui quant à l'affaire en litige.

Quiconque intente un procès à un de ses ascendants, soit en ligne droite, soit en ligne collatérale, qui est du second degré de parenté ou d'affinité avec lui, comme, par exemple, son aïeul, son grand-oncle, son cousin germain plus âgé que lui, etc., etc., et demande que le tribunal l'arrête, sera puni d'une amende de douze *tomlong*, deux *bat*. Quiconque intente un procès à un de ses ascendants en ligne directe ou en ligne collatérale, qui est du troisième degré de parenté ou d'affinité avec lui, et demande que le tribunal le fasse comparaître, sera puni d'une amende de neuf *tomlong*, deux *bat*.

Si l'ascendant en ligne directe ou en ligne collatérale, auquel il a intenté un procès et contre lequel il a demandé un mandat d'arrêt, est du quatrième degré de parenté ou d'affinité avec lui, l'amende sera de six *tomlong*, deux *bat*.

Si l'ascendant, auquel il a intenté un procès et contre lequel il a demandé au tribunal un mandat d'arrêt, est du cinquième degré de parenté ou d'affinité en ligne directe ou collatérale, l'amende sera de trois *tomlong*, deux *bat*.

Si l'ascendant, auquel il a intenté un procès et contre lequel il a demandé au tribunal un mandat d'arrêt, est du sixième degré de parenté ou d'affinité, soit en ligne directe, soit en ligne collatérale avec lui, celui qui a intenté ce procès devra payer six *bat* de *khuat chumnum* (1).

Art. 27. — Quiconque laboure, aplanit soit un terrain où il y a une pagode ou une bonzerie, soit le *sra* (étang) d'une bonzerie qui a été abandonnée et où il n'y a plus de *sema* (caveaux où sont enfouis des objets pour une future transmigration), pour y faire des rizières, sera puni :

1° De quinze coups de rotin ;

2° De la confiscation des animaux et des instruments qui ont servi pour ce travail ;

3° D'une amende de quinze *tomlong* ;

4° De la confiscation de la semence ou des semis qui devaient servir pour faire ces rizières.

S'il y a plusieurs coupables, chacun d'eux subira ces quatre peines.

Art. 28. — Quiconque attache au tronc ou à une branche d'un arbre sacré (dom po) un animal quelconque, sera con-

---

(1) Si plusieurs personnes se sont unies pour intenter ce procès et pour demander le mandat d'arrêt contre un de ceux mentionnés dans l'article 26, chacune d'elles paiera l'amende selon le degré de parenté ou d'affinité, comme ci-dessus.

damné à la confiscation de l'animal qu'il y a attaché, afin de lui apprendre à respecter les choses de la religion.

Art. 29. — Quiconque prend des briques de l'enceinte d'une pagode, d'un édicule ou d'un socle de statue (cuc cuhea), à l'effet d'en faire un foyer destiné soit à cuire le riz, soit à distiller de l'eau-de-vie de riz, soit à cuire des cocons pour les dévider, soit enfin à un usage quelconque, sera puni d'une amende de douze *tomlong*. S'il y a plusieurs coupables, chacun d'eux paiera cette amende.

Art. 30. — Quiconque a fait donation d'un terrain, d'une rizière, d'une plantation de bambous ou d'arbres quelconques à une bonzerie ou à une pagode, ne peut pas reprendre la propriété de ce qu'il a donné, aller couper les arbres ni en recueillir les fruits sans l'autorisation des bonzes, sous peine d'être condamné à une amende de douze *tomlong* et à arracher pendant sept jours les mauvaises herbes du terrain de la pagode.

Art. 31. — Le beau-frère qui commet l'adultère avec sa belle-sœur, l'oncle qui commet l'adultère avec la femme de son neveu, le neveu qui commet l'adultère avec la femme de son oncle, le grand-père qui commet l'adultère avec la femme de son petit-fils, le petit-fils qui commet l'adultère avec la femme de son grand-père, le second mari d'une femme qui commet l'adultère avec la femme du fils que cette femme a eu de son premier mari, le premier mari d'une femme qui a été répudiée et qui a pris un second mari qui commet l'adultère avec la femme du fils qu'elle a eu de ce second mari, le fils d'un premier lit qui commet l'adultère avec la femme que son père a épousée en secondes noces, le fils qu'une femme répudiée et remariée a eu de son second mari qui commet l'adultère avec la seconde femme du premier mari, le fils qui commet l'adultère avec la seconde ou la troisième femme de son père, le gendre qui commet l'adultère avec la femme de son beau-père, le neveu qui commet l'adultère avec la femme de son oncle paternel ou maternel, le grand-père qui commet l'adultère avec la femme du petit-fils de sa femme, le petit-fils par alliance qui commet l'adultère avec la femme du mari de sa grand'mère, seront, dans tous ces cas, si la femme avec laquelle l'adultère a été commis y a consenti, saisis par l'ordre du *sang krey*, ainsi que la complice, et ils seront interrogés pour connaître la personne qui a favorisé leurs rapports criminels (nom sla malu) et celle qui leur a donné asile chez elle, puis on punira chacun des coupables d'adultère de trente *tomlong* d'amende, et les personnes qui ont favorisé leurs relations coupables ou qui leur ont donné asile chez elles pour commettre le mal, chacune de quinze *tomlong*.

Art. 32. — Celui qui se rend coupable d'adultère avec la femme de son grand-oncle, avec celle de son cousin germain ; celui qui commet l'adultère avec la femme de son arrière-petit-fils ou avec la femme de son bisaïeul, seront condamnés à une amende de trente *tomlong* (dach surel bang).

Art. 33. — Quiconque commet l'adultère avec la femme d'un de ses parents du troisième degré sera puni d'une amende de quinze *tomlong*.

Art. 34. — Quiconque commet l'adultère avec la femme d'un de ses parents du quatrième degré sera puni d'une amende de sept *tomlong*, deux *bat*.

Art. 35. — Quiconque commet l'adultère avec la femme d'un de ses parents du cinquième degré sera puni d'une amende de trois *tomlong*, deux *bat*.

Art. 36. — Quiconque commet l'adultère avec la femme d'un de ses parents à un degré plus éloigné que le cinquième, sera condamné à payer six *bat* comme *khuat* (1).

Art. 37. — Le frère qui commet l'adultère avec la femme de son frère, le neveu qui se rend coupable d'adultère avec la femme de son oncle paternel ou maternel, l'oncle avec la femme de son neveu, le petit-fils avec la femme de son grand-père paternel ou maternel, le grand-père paternel ou maternel avec la femme de son petit-fils, le beau-frère avec sa belle-sœur ; celui qui commet l'adultère avec la femme de l'oncle paternel ou maternel de sa femme ; celui qui commet l'adultère avec la femme du grand-père paternel ou maternel de sa femme, si la femme y a consenti, seront saisis avec elle et tous les deux seront mis à la chaîne et à la cangue, puis seront frappés pour

---

(1) Dans tous ces articles, la loi frappe de la même peine les deux complices, c'est-à-dire que l'un et l'autre doivent payer l'amende infligée.

leur faire dénoncer ceux qui ont favorisé leur commerce criminel et les personnes qui leur ont donné asile chez elles pour faciliter leurs rencontres. Enfin, les deux adultères seront condamnés à la confiscation de leurs biens sans rien excepter, et à l'amende *dach surel bang* (trente tomlong). Les biens de cette femme coupable seront divisés en trois parties égales, dont deux pour son mari, qui devra payer le *khuat chumnum,* et une pour le trésor du roi.

Si cette femme a été opprimée, a subi une violence, sans donner son consentement à l'outrage qui lui a été fait, elle ne subira aucune peine, parce qu'elle est innocente.

Quant à ceux qui ont favorisé les relations coupables de ces personnes et qui leur ont donné asile pour faciliter leurs rencontres, ils subiront chacun une amende de quinze *tomlong.*

ART. 38. — Un disciple ou un élève qui commet l'adultère avec une des femmes de son maître (cru) ou avec une de ses concubines (mikha) sera condamné à la confiscation de tous ses biens et à une amende de trente *tomlong,* parce que, d'après la loi, le maître, le précepteur est à l'égard de son élève ce qu'est le père à l'égard de son fils.

ART. 39. — Si un jeune homme ou un homme, se trouvant dans un pays pour gagner sa vie, a sur sa demande été adopté dans une famille soit comme fils, soit comme petit-fils, soit comme frère, soit comme neveu, et se marie avec la personne qui l'a adopté, avec la belle-sœur ou avec la belle-mère de cette personne, il sera condamné à une amende de sept *tomlong,* deux *bat.* La personne qu'il a épousée paiera aussi cette amende.

Quand une femme ou une jeune fille a demandé asile dans une maison et que, sur sa demande, elle a été adoptée par une personne de cette maison, soit comme sa fille, soit comme sa petite-fille, soit comme sa sœur, soit comme sa nièce, si elle contracte mariage avec celui qui l'a adoptée, avec son beau-frère ou son beau-père, elle sera punie d'une amende de sept *tomlong,* deux *bat.* Celui qui l'a épousée paiera aussi cette amende.

ART. 40. — Si une personne, qui s'est unie à une autre

comme *klo* (1) au su de son père, de sa mère, de son grand-père, de sa grand'mère, de ses frères et sœurs et des anciens de l'endroit qui leur ont fait le *chamnang day* (cérémonie usitée en cette circonstance), se marie avec le frère ou la sœur, avec le grand-père ou la grand'mère, avec la tante ou l'oncle, avec le beau-frère ou la belle-sœur, avec le beau-père ou la belle-mère de la personne qui est *klo* avec lui ou avec elle, quand même les personnes qu'on vient de mentionner ne seraient unies à celle qui est *klo* que par des liens d'affinité, elle sera condamnée à la confiscation de tous ses biens et à l'amende *surel bang* (trente tomlong). La personne qui a contracté mariage avec ce ou cette *klo* sera également condamnée à la confiscation de ses biens et à l'amende de trente *tomlong*. S'il n'y a pas eu mariage, mais seulement un commerce criminel entre les personnes dont on vient de parler, les deux coupables ne seront punis que de l'amende de trente *tomlong* chacun (2).

Art. 41. — Si un *klo* épouse la grand'tante, l'arrière-nièce, l'arrière-petite-fille de son *klo*, lors même que ces personnes ne seraient unies avec lui que par affinité au second degré, ce *klo* et la personne qu'il a épousée seront punis chacun d'une amende de trente *tomlong*.

La peine est la même si c'est une *klo* qui s'est mariée avec le grand-oncle, avec l'arrière-neveu de son *klo* ou avec une autre personne qui lui est unie par des liens de parenté ou d'affinité du second degré.

Art. 42. — Si la personne que ce *klo* a épousée est l'arrière-nièce ou l'arrière-petite-fille du 3e degré de parenté ou d'affinité de son *klo*, ou une autre personne unie à ce *klo* par des liens d'affinité du 3e degré, l'amende que chacun des conjoints aura à payer est de quinze *tomlong*.

Si un *klo* (mera) épouse l'arrière-neveu ou l'arrière-petit-fils du 3e degré de parenté ou d'affinité de sa *klo*, ou une personne qui est unie à sa *klo* au 3e degré par des liens de sang ou

---

(1) Deux personnes qui sont *klo* sont tellement unies, quoique non parentes, qu'elles se traitent comme frères ou sœurs. (Note du traducteur.)

(2) Pour l'intelligence de cet article, il faut se souvenir que le mot *klo* désigne un homme ou une femme. (Note du traducteur.)

d'affinité, les deux conjoints seront punis d'une amende de quinze *tomlong* chacun.

ART. 43. — Toute femme qui maudit, injurie, dénonce son mari à la justice pour le faire saisir, sera punie d'une amende d'un *anching* (1), cinq *tomlong*, parce que sa faute est aussi grave que si elle avait maudit ou dit des injures à son père ou à sa mère.

Toute femme qui frappe son mari et lui fait des meurtrissures, des blessures, sera saisie et mise à la chaîne et à la cangue, puis condamnée à la strangulation (2) et à la confiscation de tous ses biens, qui seront partagés par moitié entre le mari de cette femme et le trésor du roi.

ART. 44. — Toute femme qui a tué son mari avec un instrument quelconque, sans le dénoncer, sera condamnée à être étranglée avec une lanière de cuir et à la confiscation de ses biens, qui seront partagés par moitié entre le trésor du roi et son défunt mari. La part du mari sera employée à faire des bonnes œuvres en sa mémoire (3).

Si cette femme n'a pas tué son mari, mais l'a frappé et lui a fait des meurtrissures, des blessures, elle sera condamnée à la confiscation de ses biens et à une amende de quinze *tomlong*. Si elle s'est disputée avec lui et lui a dit des paroles injurieuses, elle sera condamnée à douze *tomlong* d'amende, sans aucune remise.

ART. 45. — Si une femme dont le mari est mort, après l'avoir enseveli se marie ou cohabite avec un amant (sahai) avant d'avoir fait le *bon* (4) d'usage ou avant la fin du deuil prescrit, elle et celui avec lequel elle s'est mariée ou a cohabité seront punis d'une amende de quinze *tomlong* chacun.

ART. 46. — Quiconque est convaincu d'avoir volé un objet quelconque à un bonze (neac pra sang) sera saisi, mis à la

---

(1) Un *anching* vaut vingt *tomlong*. (Note du traducteur.)

(2) Pour l'étrangler, on se servira d'une lanière de cuir.

(3) Cet article semble être un adoucissement aux dispositions de l'article 43, puisque la peine de la strangulation n'est ordonnée que lorsque les blessures ont causé la mort. (Note du traducteur.)

(4) Fête des funérailles, c'est-à-dire la crémation. (Note du traducteur.)

chaine et à la cangue et condamné à la confiscation de ses biens au profit du roi, et à une amende de trente *tomlong*, sans remise.

ART. 47. — Si, par suite d'une dispute, un bonze ou un élève de bonze (samner) et un laïque s'arment de bâtons et se battent, dans le cas où l'un des deux serait tué, l'autre doit être saisi et l'affaire doit être portée au tribunal des grands mandarins de la capitale, qui doivent la faire connaître au roi, parce qu'il s'agit d'un crime *sang kea sat*. Les biens du coupable seront confisqués au profit du roi. Quant à sa personne, Sa Majesté décidera si elle doit être mise au nombre des esclaves de la pagode ou si on doit lui faire subir une autre peine.

ART. 48. — Si deux bonzes ont une dispute ensemble, ou si un bonze et un laïque se disputent, s'arment de sabres ou de lances et se battent, dans le cas où l'un des deux adversaires serait tué par l'autre, celui qui a donné la mort sera saisi et conduit devant l'assemblée des grands mandarins, qui porteront l'affaire au tribunal du roi, afin que Sa Majesté fasse connaître la peine que doit subir le coupable, s'il doit être mis au nombre des esclaves de la pagode ou s'il doit être condamné à payer le prix de la personne tuée. Quant aux biens du coupable, ils seront confisqués au profit du trésor du roi.

ART. 49. — Si un impie, qui a oublié tout sentiment de respect et de reconnaissance envers le *pra tham*, le *pra put* et les *pra sang*, se rend coupable d'un des crimes suivants :

1° De vol et de fusion d'une statue de *pra do ta cot* ou de *pra put* (somana codom) ;

2° De démolition d'un *sema* (caveau où les bouddhistes enfouissent de l'argent et des objets précieux pour une future transmigration) ou d'un *pra chay dey* ;

3° De destruction d'un arbre sacré (dom po) soit par le fer, soit par le feu ;

4° D'incendie d'une habitation de bonze ou d'une pagode ;

5° De brûler des livres sacrés *báli* ;

6° D'extraction et de vol des objets placés dans un édicule (cuc cuhéac).

Cet impie sera saisi et mis à la chaîne ou à la cangue et

condamné à la confiscation de ses biens, dont un dixième sera laissé au gouverneur de la province et à ses mandarins subalternes. Les autres neuf dixièmes de ces biens seront remis aux grands mandarins de la capitale, qui en feront trois parts égales, dont deux sont pour le trésor du roi et une pour eux-mêmes.

Quant au coupable, il sera mis au nombre des esclaves d'une pagode, si telle est la volonté du roi, à qui l'affaire aura dû être soumise.

Lorsque les officiers (phnéac ngéar) du *sang krey* apprennent qu'un bonze a une contestation ou une dispute avec un laïque, ils doivent faire comparaître au tribunal ce bonze et ce laïque, et juger leur affaire selon la loi. Si l'instruction établit que le laïque a tort, il sera condamné à saluer le bonze de la manière qui a été prescrite dans les articles 15 et 16.

Si le bonze avoue qu'il a tort, ou si, après avoir nié qu'il eut tort, il prend la fuite parce qu'il voit qu'il perdra son procès, il sera condamné, si sa faute n'est pas très-grave, à quitter l'habit religieux et à payer une amende de trente *tomlong* pour le *kuat chumnum;* mais, s'il est coupable d'un crime qui est puni de l'esclavage, il sera enrôlé au nombre des *pol* de la bonzerie.

ART. 50. — Quiconque vole dans une bonzerie un objet appartenant à cette bonzerie ou à un bonze, comme, par exemple, un livre sacré (campi dica satra baley), un vêtement de bonze, une cymbale, etc., sera saisi et promené autour de cette bonzerie. Durant cette promenade, il recevra cinquante coups de rotin; puis, il sera condamné à payer le prix de l'objet volé et à saluer le bonze, selon l'usage, et à une amende.

ART. 51. — Lorsque, par manque de témoins, le tribunal ne peut pas juger le procès qu'un bonze a intenté à une personne qui a mal parlé de lui, qui a fait planer sur son compte des soupçons injurieux ou qui a dit que ce bonze a manqué à la sainteté de son état, les deux parties adverses seront soumises à l'épreuve des cierges allumés. A cet effet, les deux parties recevront des mains du juge de la cire qu'elles purifieront et pèseront; puis elles prendront de trente à cinquante fils de coton, selon la quantité de la cire, pour faire les mèches. Avec cette cire et ces mèches, elles feront deux cierges d'égale longueur et d'égale grosseur. Sur l'un d'eux on appliquera le nom du bonze écrit sur du papier ou sur une feuille de latanier, et sur l'autre le nom de celui qui est accusé, également écrit sur une feuille de papier ou sur une feuille de latanier. Cela fait, les deux cierges sont placés sur un *rassena* (planchette placée vis-à-vis de la statue de la divinité).

Lorsque tout est prêt, on invite cinq bonzes purs et irréprochables à venir lire le *matra samay* pour prier les anges et les génies de se rendre présents. Après cette lecture, les ministres du tribunal réciteront le *pra nitean* pour convoquer tous les anges et les génies des dix mille *chacreval* (mondes) et l'on allumera au même moment les deux cierges en ayant soin que le vent ne souffle pas sur eux. Si le cierge sur lequel ou près duquel est le nom du bonze s'éteint le premier, il perd son procès et est convaincu de la faute dont il a été accusé ou soupçonné. Si c'est celui qui porte le nom de la partie adverse, ou près duquel il est, qui s'éteint le premier, il est convaincu de calomnie, d'imposture et perd son procès.

Art. 52. — Il y a une autre épreuve pour savoir si un bonze est coupable ou innocent : on le fait coucher sur un lit préparé exprès dans une pagode où il y a des *sema ;* après que cinq bonzes purs et chastes ont fait les invocations aux anges et aux génies pour les inviter à assister à l'épreuve, et que les officiers (phnéac ngéar) ont lu le *pra nitean* pour inviter tous les esprits et les anges des dix milles mondes à être témoins, si, étendu sur ce lit, ce bonze est tourmenté par des cauchemars, par les âmes des morts qui entrent en lui, par des fantômes de forme humaine qui lui apparaissent ; si des fourmis, en grande quantité, viennent le mordre, ou bien si des pierres, des mottes de terre, etc., sont lancées sur lui par des mains invisibles, c'est un signe qu'il est coupable, qu'il n'est pas pur *(borisot)*. Si rien de ce qui vient d'être dit ne lui arrive, c'est un signe qu'il est innocent, qu'il est pur *(borisot pra sang)*.

Art. 53. — Si un esclave insulte soit le père ou la mère, soit les parents, soit les alliés de son maître, ou leur dit des injures, quand même la personne insultée ou injuriée serait du troisième ou du quatrième degré de parenté ou d'affinité avec son maître, il sera puni de cinquante coups de rotin.

Si, dans une contestation qu'il a avec un des parents ou des alliés de son maître, cet esclave le frappe soit avec le rotin, soit avec le poing, le déchire avec ses ongles, lui fait des blessures avec un instrument tranchant, ou lui arrache ses vêtements et le met à nu, il sera puni ou de la strangulation ou de cent coups de rotin, sans remise d'un seul. Si le maître prend le parti de son esclave et le soutient, cet esclave devient la propriété du roi.

Art. 54. — Si un homme libre qui a une dispute avec l'esclave de quelqu'un et qui est insulté par lui, le frappe, le lie ou lui met la cangue, il sera condamné, après mûr examen, à l'amende *tam bonda sac* au profit du maître de cet esclave.

Si un homme libre, de sa propre autorité et sans motif aucun, lie un esclave d'autrui ou le met à la cangue, il sera condamné à l'amende *tam bonda sac* au profit du maître de cet esclave.

Art. 55. — Si un individu qui a été arrêté comme voleur (chor), comme pirate, comme brigand, comme magicien ou sorcier, comme assassin, dit, dans son interrogatoire, que c'est son maître qui lui a ordonné de commettre le crime dont il est accusé, le tribunal doit examiner si le maître de cet esclave lui a donné, par ses mauvais traitements, des motifs de le haïr et, s'il voit que des motifs de haine existent, il ne doit pas ajouter foi aux assertions de cet esclave. Mais si ce maître n'a jamais fait subir à son esclave de mauvais traitements, s'il ne l'a jamais ni frappé, ni flagellé, et si cet esclave accuse son maître après avoir été mis à la question, alors le tribunal examinera et jugera l'affaire, d'après les paroles de l'esclave et du maître.

Art. 56. — Quant aux accusations des délateurs ou des esclaves des deux sexes, qui ne sont point en cause, si elles ne sont fondées que sur des motifs futiles ou des prétextes frivoles, le tribunal doit les renvoyer au *chao menong* (gouverneur de district) et aux anciens (chas tum) qui se feront assister par le *chom top* (substitut) du juge d'instruction (suphea) pour juger. S'ils doivent imposer une amende ou s'il y a quelques biens provenant du procès qui reviennent au trésor du roi, on en prélèvera le dixième pour le *khuat* du gouverneur et de ses aides (phnéac ngéar), pour le mandarin de la capitale de la province où le procès a été jugé (chufai kenong) et pour l'*ocknha sredey* (juge); ensuite, on prélèvera le dixième des neuf dixièmes qui restent pour le gouverneur de la province, et un dixième de ce qui reste des neuf dixièmes, déjà réduits d'un dixième, pour le dénonciateur ou l'accusateur. Ce qui reste, après ces prélèvements, sera remis par le gouverneur, avec la liste qu'il a dû en faire, à un de ses mandarins qui le portera aux grands mandarins de la capitale; ceux-ci iront l'offrir au roi.

« Après toutes ces minuties, le législateur rappelle aux juges
« qu'ils seront punis sans pitié, s'ils ne jugent pas selon l'équité
« ou s'ils font traîner en longueur le procès. Au contraire, en
« se conformant aux lois et à la justice dans leurs jugements,
« ils se rendront dignes d'honneurs en ce monde et acquerront
« de grands mérites pour une autre vie. » (Note du traducteur.)

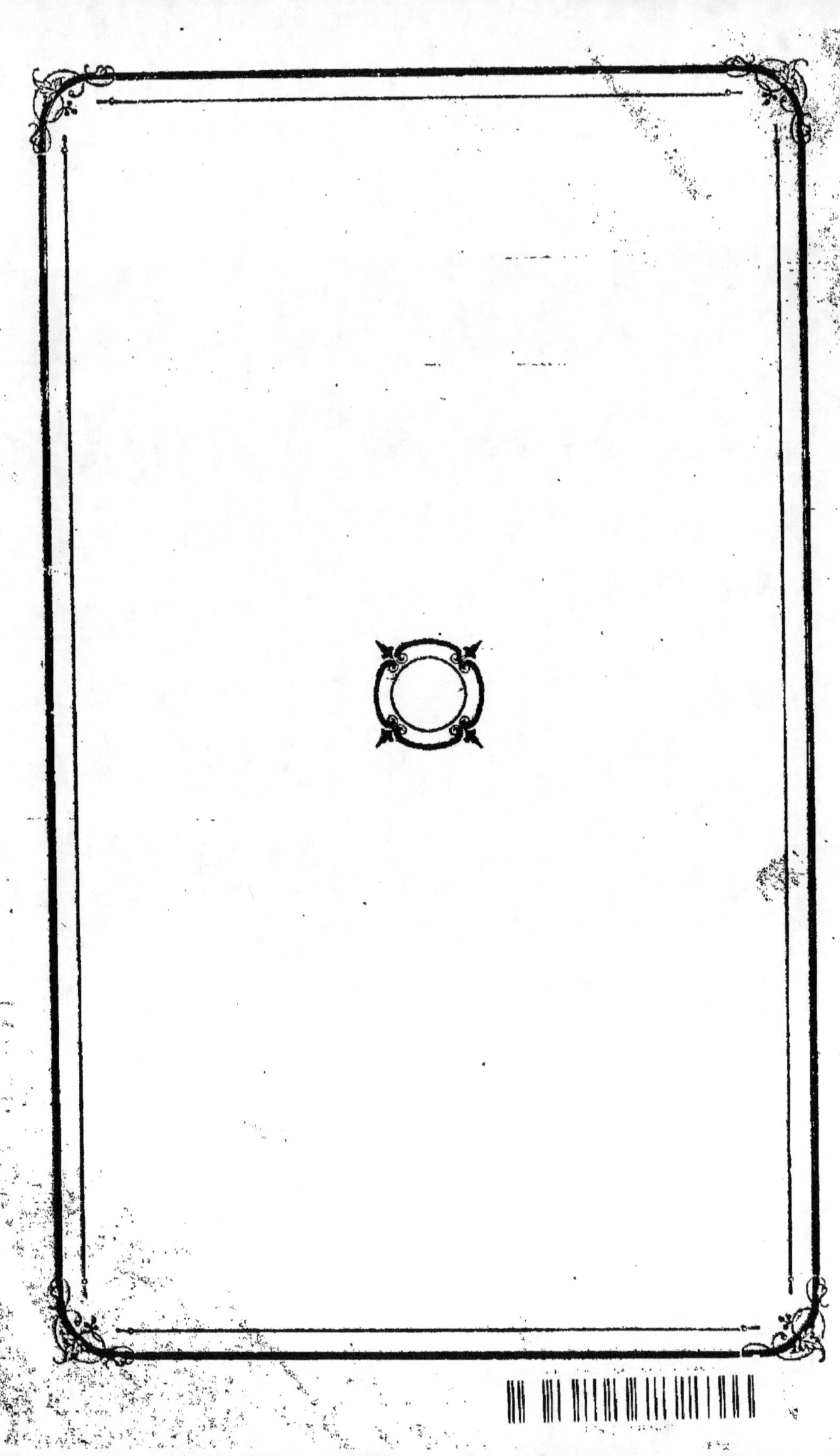